特別支援教育概論

編著

花熊　曉・川住隆一・苅田知則

特別支援
教育免許
シリーズ

監修

花熊　曉・苅田知則
笠井新一郎・川住隆一
宇高二良

建帛社
KENPAKUSHA

特別支援教育免許シリーズ刊行にあたって

　今，「障害」をはじめとする社会での活動や参加に困難がある人たちの支援は，大きな変化の時期を迎えようとしています。困難がある人たちが，積極的に参加・貢献していくことができる全員参加型の社会としての共生社会の形成が，国の施策によって推進されています。

　同時に，政府は人工知能（AI）等の先端技術の活用により，障害の有無に関係なく，だれもが日々の煩雑で不得手な作業などから解放され，快適で活力に満ちた生活を送ることのできる人間中心の社会として「Society5.0」を提唱し，その実現を目ざしています。先端技術は，障害のある人の生涯学習・社会参画を加速させる可能性を有しており，Society5.0 の実現は共生社会の形成およびインクルーシブ教育システムの構築に寄与すると期待されます。その一方で，そのような社会が実現されたとしても，特別支援教育の理念やその専門性が不要になることは決してないでしょう。さまざまな困難のある子ども一人ひとりの教育的ニーズを把握し，そのもてる力を最大限度まで発達させようとする態度・姿勢にこそ，教育の原点があるからです。

　さて，文部科学省によると，特別支援学校教員における特別支援学校教諭免許状保有者率は79.8％（2018 年 5 月現在）と年々上昇傾向が続いており，今後は特別支援学級や通級による指導を担当する教員等も含めて，さらなる免許保有率の上昇が目ざされています。併せて，2019 年 4 月の教職員免許法等の改正に伴い，教職課程の必修科目に「特別の支援を必要とする幼児，児童及び生徒に対する理解」が加えられました。

　こうした流れの中，私たちは特別支援教育を学ぼうとする人が，当該領域にかかわる態度，知識，技能等をより体系的に学ぶことができる指導書が必要であると考えました。しかし，本『特別支援教育免許シリーズ』の企画立案時は，大きな変革に対応した包括的・体系的なテキストがありませんでした。

　この『特別支援教育免許シリーズ』は，教員養成課程に入学し，特別支援教育に携わる教員（特に特別支援学校教諭）を目ざして学習を始めた学生や，現職として勤務しながら当該領域について学び始めた教職員を対象にした入門書です。シリーズ全体として，特別支援学校教諭免許状（一種・二種）の取得に必要な領域や内容を網羅しており，第 1 欄「特別支援教育の基礎理論に関する科目」に対応する巻，第 2 欄「特別支援教育領域に関する科目」として 5 つの特別支援教育領域（視覚障害，聴覚障害，知的障害，肢体不自由，病弱）に対応する巻，第 3 欄「免許状に定められることになる特別支援教育領域以外の領域に関する科目」に対応して重複障害や発達障害等を取り扱った巻で構成しています。

　なお，第 1 欄の巻は，基礎免許状の学校種に応じて，教職必修科目にも対応できる内容としています。また，第 2 欄と第 3 欄の巻では，各障害にかかわる ① 心理，② 生理および病理，③ 教育課程，④ 指導法を一冊にまとめました。このように，免許状取得に必要な領域・内容を包括している点も，本シリーズの大きな特徴のひとつといえるでしょう。本シリーズが，障害のある子・人の未来を，本人や家族とともに切り開こうとする教職員の養成に役立つと幸いです。

このほか，第3欄においては，特別支援教育における現代的課題（合理的配慮としてのICTや支援機器の活用，ライフキャリア発達等）も取り上げており，保健医療福祉（障害児療育や障害者福祉）領域に携わっている人たち，そのほかさまざまな立場で支援する人たちにとっても参考となるでしょう。

　本シリーズの刊行にあたっては，数多くの先生に玉稿をお寄せいただきました。この場を借りて深謝申し上げます。しかし，刊行を待たずに鬼籍入りされた著者の方もおられます。刊行までに時間を要してしまいましたことは，すべて監修者の責任であり，深くお詫び申し上げます。さらに，本シリーズの企画を快くお引き受けいただきました建帛社をはじめ，多くの方々に刊行に至るまで，さまざまなご援助と励ましをいただきました。ここに改めて厚く御礼申し上げます。

2019 年 12 月

監修者　苅田　知則

花熊　　曉

笠井新一郎

川住　隆一

宇高　二良

はじめに

　特別支援教育が法制化されて10年余が経過した現在，特別な教育的ニーズが高まり，個の特性に応じた配慮・支援を必要とする幼児・児童・生徒への理解と対応が，幼児期から高等学校期に至るすべての年齢段階で，また，通常の学級を含む学校教育のあらゆる場で求められています。

　このような状況を受けて公刊された『特別支援教育免許シリーズ』は，特別支援教育について深く学び，特別支援教育の教員免許状（特別支援学校教諭一種・二種免許状）を取得しようとする方々を主な対象としています。教育職員免許法施行規則に定められた第1欄「特別支援教育の基礎理論に関する科目」にあたる本書『特別支援教育概論』は，特別支援教育の免許を取得しようとする人だけでなく，教員を目ざす方々や現在教職についているすべての方々に理解しておいて頂きたい，特別支援教育の基礎知識を網羅した内容となっています。

　本書は，四つの章から構成されています。第1章「特別支援教育について」では，特別支援教育・インクルーシブ教育が何を目ざしているのか，また特別支援教育がなぜ求められるようになったのかについて述べ，障害理解のための基本的な視点や特別支援教育の免許制度を概説しています。

　第2章「特別支援教育の仕組み」では，教育の根本にある学校教育法をもとに，歴史的な経緯も振り返りながら，現在の特別支援教育の制度について詳しく述べ，その中でも特に重要な個別の教育支援計画や基礎的環境整備について説明しています。さらに，子どものライフサイクルを見据えた長期的視点として，障害のある子どもの就学の問題や学校教育修了後の進路と生活についても論じています。

　障害各論にあたる第3章「障害のある子どもとのかかわり方」は，視覚や聴覚の障害，知的障害，運動障害（肢体不自由），健康障害（病虚弱），発達障害や言語障害，重複障害など，さまざまな障害の特性理解とそれに基づく適切な配慮・支援のあり方について説明しています。

　第4章「特別支援教育における現代的諸問題」は，本書を最も特徴づける章で，障害者差別解消法とそこで述べられた合理的配慮，基礎的環境整備など，社会全般の中での障害支援に関する最新の情報を盛り込むとともに，ディスレクシア，教科指導場面における合理的配慮，二次障害の予防，医療的ケア，長期欠席・長期入院への対応，特別支援教育における外国語活動など，特別支援教育が現在抱えている諸課題について説明しています。さらに，同章第7節と第8節では，才能児や帰国・外国人子女への配慮・支援など，従来の「障害」の枠を超えた特別な教育的ニーズへの対応についても論じています。

　以上のような内容の本書が多くの教育関係者の手にとられ，子ども一人ひとりの違いを尊重し，特性や個性に応じた教育の実践につながっていくことを願ってやみません。

2019年11月

編著者　　花　熊　　　曉
　　　　　川　住　隆　一
　　　　　苅　田　知　則

目 次

第3章　障害のある子どもとのかかわり方

第4章 特別支援教育における現代的諸問題

第1章
特別支援教育について

1　特別支援教育，インクルーシブ教育とは

1　特殊教育から特別支援教育へ

　「特別支援教育」という語が使われ始めたのは 2001 年からであるが，特別支援教育が法制化され，正式に始まったのは 2007 年 4 月のことである。この年，学校教育法の改正によって，「特殊教育」という語が**「特別支援教育」へ改称**され，従来の「特殊学級」「盲・聾・養護学校」も，「特別支援学級」「**特別支援学校」へ改称**された。しかしながら，特殊教育から特別支援教育への転換は，単なる名称変更にとどまるものではない。そこには，障害をはじめとする特別な教育ニーズのとらえ方と支援のシステムに関する，理念・制度上の大きな変更がある。表1−1は，特殊教育と特別支援教育の違いを示したものである。

　表1−1のように，特殊教育から特別支援教育への転換とは，「場の教育」から「ニーズの教育」への転換であり，「学校に子どもを合わせる」ことから「学校が子どもに合わせる」ことへの転換であった。障害の種類や程度に応じて特別な教育の場を用意し，小・中学校の特殊学級や盲・聾・養護学校で支援を行ってきた特殊教育とは異なり，特別支援教育では，幼稚園，小学校，中学校，

特別支援教育へ改称
「特別」を冠さずに「支援教育」と呼ぶ地域もあるが通称で，法的には「特別支援教育」である。

特別支援学校へ改称
「盲学校，聾学校，養護学校」の名称を用いている学校もあるが，学校の歴史に根ざした通称で，法的にはすべて「特別支援学校」である。

表 1−1　特殊教育と特別支援教育の比較

	特殊教育	特別支援教育
システム	学校に子どもを合わせる （場の教育）	学校が子どもに合わせる （ニーズの教育）
支援対象	心身に障害のある子ども	特別な教育ニーズのある子ども
支援の場	特殊学級，盲・聾・養護学校，通級指導教室	通常の学級を含むすべての教育の場
学校種	義務教育の場（小・中学校）	幼稚園，小・中学校，高校などのすべての学校・園

　　　　高等学校，中等教育学校の通常の学級を含むすべての教育の場で，子ども一人ひとりの教育ニーズを把握し，そのニーズに応じた適切な配慮・支援を行うことを目ざしている。また，障害のある子だけでなく，不登校で苦しんでいる子や養育環境に問題を抱える子，学習の進度が早いため学校の授業に物足りなさを感じている子など，学校・園で特別な配慮と支援が必要な子どもすべてを支援の対象としている。

　　つまり，特別支援教育とは，従来の学校教育制度に存在した「通常の教育」と「特殊教育」の枠組みを取り払い，障害の「ある／ない」にかかわりなく，すべての子どもの特別な教育ニーズに対応できるようにするための制度改革であり，学校・教員の意識改革だったのである。文部科学省「特別支援教育の推進について（通知）」は，特別支援教育の理念を次のように述べている。

特別支援教育の理念　第3段落

　さらに，特別支援教育は，障害のある幼児児童生徒への教育にとどまらず，障害の有無やその他の個々の違いを認識しつつ様々な人々が生き生きと活躍できる共生社会の形成の基礎となるものであり，我が国の現在及び将来の社会にとって重要な意味を持っている。

文部科学省「特別支援教育の推進について（通知）」2007

コラム　特別支援学級

　特別支援学級とは，学校教育法第 81 条第 2 項に規定され，小学校，中学校，義務教育学校，高等学校および中等教育学校に設置が認められる学級のことをいう。知的障害・肢体不自由・身体虚弱・弱視・難聴・そのほかの障害のある者が対象となる。また，疾病により療養中の児童および生徒に対して特別支援学級を設け，または教員を派遣して教育を行うことができる。

コラム　通級による指導

　通級による指導とは，学校教育法施行規則第 140 条に規定され，小学校，中学校，高等学校もしくは義務教育学校または中等教育学校において，特別支援学級の児童および生徒を除く，言語障害・自閉症・情緒障害・弱視・難聴・学習障害（LD）・注意欠陥多動性障害（ADHD）・そのほか障害のある者を対象として指導を行う特別な教育制度のことである。通級による指導の指導形態には，通級指導教室に児童生徒が通う通級指導と通級指導担当教員が各学校を巡回して指導を行う巡回指導がある。

2　インクルーシブ教育システムの構築

　2014 年 1 月に，日本国政府は国連の「障害者の権利に関する条約」(以下，障害者権利条約) を批准し，この条約にあげられた事項の実現に向けて努力を重ねている。障害者権利条約では，障害のある人とない人が地域で共に暮らす「共生社会」の実現が目ざされているが，この共生社会の実現に向けて学校教育に求められているのが，第 24 条にあげられた「インクルーシブ教育システムの構築」である。

　インクルーシブ教育システム（inclusive education system）とは，障害のある子どもとない子どもが同じ場で共に学ぶ仕組みであり，障害のある子どもが自己の生活する地域において初等中等教育を受ける機会が与えられることを目ざすものである。そのため，個人に必要な「合理的配慮」が提供されることが必要である。

　インクルーシブ教育システムと特別支援教育は深く関連するもので，2012 年 7 月の中央教育審議会（以下，中教審）「共生社会の形成に向けたインクルーシブ教育システム構築のための特別支援教育の推進（報告）」では，① 共生社会の形成にはインクルーシブ教育システムの理念が重要であり，② その構築のために特別支援教育を着実に進めていく必要がある，と述べられている。つまり，子ども一人ひとりの教育ニーズを尊重し，個のニーズにきめ細かく対応しようとする特別支援教育の一層の推進と充実は，インクルーシブ教育システムを構築し，共生社会を実現していくために不可欠である。

障害者の権利に関する条約
2006 年に国連が採択した，障害を理由とする差別の禁止と，障害のある人の権利の擁護を目ざす条約。

初等中等教育
初等教育は小学校の教育，中等教育は中学校と高等学校の教育をさす。

合理的配慮
個人がもつ力を最大限に発揮できるようにするためのサポートのことで，詳しくは第 4 章を参照。

2　特別支援教育を推進する意義

1　特別支援教育が求められた背景

　前節で述べたように，特別支援教育のキーワードは「個の特別な教育ニーズ」であり，特別支援教育では，学校教育のあらゆる場で障害の有無にかかわりなく，子ども一人ひとりのニーズに応じたきめ細かな配慮・支援を目ざしている。こうした個のニーズを重視する特別支援教育が求められるようになったのは，どのような理由からなのだろうか。

（1）発達障害の子どもたちへの支援の必要性
　特殊教育から特別支援教育への転換が求められるようになったそもそもの

ASD
autism spectrum
disorder
自閉症スペクトラム障
害，自閉スペクトラム
症，自閉症等さまざま
な訳語が乱立してい
る。本シリーズでは訳
語はあえて統一しない
が，混乱を避けるため，
極力英語表記の略語と
して ASD を用いてい
る。
発達障害のひとつ。3
兆候（社会性・コミュ
ニケーション・想像力
にかかわる障害）が認
められる。

状態像が異なる
特殊教育の時代には，
全般的な知的発達に遅
れはないが，特定の発
達領域に課題がある子
どもの存在が，想定さ
れていなかった。

きっかけは，通常の学級にいて特別な教育ニーズを示す LD，ADHD，ASD
等の「発達障害」の子どもたちへの支援の必要性であった。特殊教育の時代，
こうした子どもたちは，通常の学級の一般的な教育方法ではニーズが十分に満
たされず，クラス適応や学習に大きな困難を示す一方，従来の特殊教育の対象
児とは状態像が異なるために，伝統的な特殊教育の対象にはならないという，
いわば，通常の教育と特殊教育の「谷間」に落ち込んだような状態におかれて
いた。こうした状態を解消するためには，通常の教育と特殊教育の「二本立て」
の枠組みを取り払って，どのような場においても個のニーズに応じた支援が可
能となるよう，従来の学校教育システムを大きく改める必要があった。

（2）通常の学級の現状

　特殊教育から特別支援教育への転換のもうひとつの重要な背景が，通常の学
級の現状である。1990 年代以降，小・中学校の通常の学級や高等学校では，
表 1-2 に示すようなさまざまな問題が多発し，障害の有無にかかわりなく，
個に応じた配慮・支援を必要とする子どもたちが学級の中に数多く存在してい
た。文部科学省が 2012 年に実施した「通常の学級に在籍する発達障害の可能
性のある特別な教育的支援を必要とする児童生徒に関する調査」によれば，小・
中学校の通常の学級において学習面や行動面に著しい困難を示す児童生徒は
6.5％とされている（第 3 章 p.118 参照）。この数値は全国の平均であり，地域や
学校によっては，困難を示す児童生徒の割合がさらに高いことも多い。

　これら通常の学級でみられる問題は，発達障害とも深く関連しており，学力
面の問題や不登校・いじめ等の生徒指導上の問題を主訴とする児童生徒の中に
は，発達障害の子どもたちが多く含まれているのである。また，こうした問題
を抱える子どもは，発達障害がなかったとしても，発達障害の子どもたちと同
様の支援を必要としている。したがって，学校・園における個に応じた支援は，
発達障害の子どもだけにとどまるものではなく，発達障害を含めた通常の学級
で困難を抱える子ども全体を対象にしていく必要があった。

　2003 年 3 月の文部科学省「特別支援教育の在り方に関する調査研究協力者
会議」の最終報告以来，特別支援教育の体制づくりが全国的に驚くほど急速に

小1プロブレム
小学校という新しい環
境になじめず，集団行
動・授業中座っている
こと・先生の話を聞く
こと等ができない状態
が継続してしまう状
況。

中1ギャップ
中学校に上がり学習・
生活環境や人間関係の
変化から勉強について
いけなくなる，いじめ
を受けるなど学校生活
が楽しめなくなってし
まう状況。

表 1-2　通常の学級が抱える問題

領　域	問題の具体例
学習面	学習の遅れ，学習意欲の低下，授業不参加
学校適応面	登校渋り，不登校，高校中退
就学・進学面	小1プロブレム，中1ギャップ
養育環境面	不適切な生活習慣・リズム（欠食，睡眠不足など） 養育放棄・虐待等による愛着障害
生徒指導面	授業不成立（学級崩壊），いじめ，校内暴力，非行

広まったのは，こうした通常の学級の現状が背景にあったからだといえる。

(3) 子育ての問題と青年・成人期の問題

　特殊教育から特別支援教育への転換が求められた三つ目の背景は，今の社会が抱える子育てにかかわる問題と青年・成人期の問題である。

　近年，子どもの虐待とそれによる**愛着障害**が大きな社会問題となっているが，虐待の問題と発達障害の間には**密接な関連**があり，子どもに発達障害の特性があることは虐待の誘発要因になりやすいし，逆に，幼児期に虐待を経験した子どもは，就学後に発達障害の子どもとよく似た行動を示すといわれている。虐待のような深刻な問題でなくても，今，子育てに悩みを抱える保護者は多く，幼児期から学齢期の子育てを支援していくうえでも，特別支援教育の体制づくりが必要とされていた。

　一方，青年・成人期については，長期のひきこもりや**ニート**状態の青年・成人の増加が大きな社会問題となっているが，こうした状態にある人たちの中には，発達障害の特性を示す人が多くいる。また，障害のない人たちも，発達障害の人たちと**同じ発達課題**を抱えている。長期のひきこもりやニートの人たちは，学校に在学しているときから登校渋りや不登校の状態にあることも多いため，特別支援教育を推進し，すべての子どもが学校生活を順調に過ごせるようにすることは，青年・成人期に生じる問題を予防・軽減するうえでも重要なのである。

愛着障害
養育者との愛着関係が形成されず，情緒や対人関係面に深刻な問題が生じている状態。

密接な関連
児童福祉の領域では，特に ADHD と虐待の関連がいわれている。

ニート
若年不就労。学校卒業後，長期間職に就かずにいる状態。

同じ発達課題
他者とのコミュニケーションの苦手さなどが代表的である。

2　特別支援教育の意義

　特別支援教育が求められた背景と密接に関連することであるが，学校・園のあらゆる場で特別支援教育の体制づくりに取り組み，個の教育ニーズに応じた支援を推進していくことの意義は，次のようにまとめられる。
　① 通常の学級で学ぶ発達障害の子どもたちの理解と適切な支援に役立つ。
　　 特に，通常の教育と特殊教育の壁を取り払い，通常の学級の担当者や校長・教頭等の管理職も特別支援教育に取り組まなければならないとしたこと

コラム　発達障害とは

　学校教育では，学習障害（LD），注意欠如・多動症（ADHD），自閉症スペクトラム症（ASD）などの総称として用いられる。いずれも脳機能に関係する障害特性である。発達障害は特別支援学校の五つの領域には含まれないが，特別支援学校には発達障害を併せ有する幼児児童生徒が在籍している。

は,学校の教職員全員で発達障害支援に取り組むうえで大きな意義がある。

② 障害の有無にかかわりなく,学習面や学校生活面に困難があるすべての子どもたちの支援に役立ち,通常の学級が抱えるさまざまな問題の解決にもつながる。このことの認識は,10年以上前にさかのぼることができるもので,2005年の中教審「特別支援教育を推進するための制度の在り方について(答申)」は,「特別支援教育の普及・定着は,いじめや不登校の防止,確かな学力の向上,豊かな心の育成などの,現在の学校教育が抱えているさまざまな課題の解決に役立つ」と述べている。

③ 子ども一人ひとりの特性理解に基づいた「個の特別な教育ニーズ」の把握から出発することで,学校・園で生じている目の前の問題の解決だけでなく,乳幼児期から青年・成人期までの子どものライフスパンを見据えた**長期的な観点に基づく支援**が可能になる。特別支援教育が目ざすものは,学校や教員の困り感の解消ではなく,子どもや保護者の困り感の解消であり,子どもの発達課題の達成である。「子どもと保護者のニーズ」という視点に立てば,今,目の前の問題・課題だけでなく,子どもの将来を見据えたうえでの「今」の支援の取り組みが可能となる。

④ 子どもの困難への合理的配慮と長期的な観点に立った支援を行うことは,困難のある子どもに生じやすい二次的障害の予防・軽減に役立つことに加えて,学校教育修了後の社会的自立・就労の実現にもつながり,今の社会が抱える青年・成人期の問題の解決にも役立つ。

長期的な観点に基づく支援
このことを可能にするのが「個別の教育支援計画」である。詳しくは,第2章3節を参照。

|演習|課題|
1.「特殊教育」と「特別支援教育」は,どこが違うのかを説明してみよう。
2.「特殊教育」から「特別支援教育」への転換が求められた背景を説明してみよう。

③ 障害のある人を理解する視点

「重複障害者は生きていても意味がないので,安楽死にすればいい」。こう供述した容疑者が引き起こした,神奈川県相模原市障害者入所施設での殺傷事件(2016年7月26日発生)は,障害のある当事者,その家族,関係者に大きなショックをもたらした。この事件は,障害の有無にかかわらず,生産性・効率性等の一側面のみから人間の価値を序列化したり,すべての人を同じ基準で評価したりすることの危険性を示している。自らも重複障害者である東京大学先端科学技術研究センター教授の福島智は「障害者の生存を軽視・否定する思想とは,

すなわち障害の有無にかかわらず，すべての人の生存を軽視・否定する思想」（2016年7月28日，毎日新聞）であると容疑者の思想を断じた。それでは，この世に生を受けた一人ひとりが，自らの人生の主人公として生きるためには，どのような教育や学習が必要であろうか。私たちがもつ既存の知能観，知識や技能の熟達過程に関する枠組みを疑い，多様な能力・学習法・価値を許容することが，この問いに対する答えをみつける出発点になる。

1　「障害がある」とはどういうことか

　2016年の「生活のしづらさなどに関する調査」（厚生労働省）をみると，**身体障害者手帳**を所持する人が428.7万人，**療育手帳**を所持する人が96.2万人，**精神障害者保健福祉手帳**を所持する人が84.1万人，障害者手帳非所持者で自立支援給付等を受けている人が33.8万人となっており，調査結果全体を反映させた日本の障害者の総数は，936.6万人（人口の約7.4％）と推計されている。このうち，身体障害者手帳所持者の約74％，療育手帳所持者の約16％，精神障害者保健福祉手帳所持者の約38％が65歳以上の高齢者である。人間だれしも年を取ると，運動・認知機能等の心身機能が低下する。それに伴い，いわゆる「障害者」として診断・判定される可能性が増加する。

　当然のことながら，心身機能が低下した人がすべて病院等を受診し，障害があることの診断・判断を受けるわけではない。しかし，総人口に占める高齢者の割合が4分の1を超え，かつ75歳以上の人口が1,700万人以上に達したことを考えると，「障害者」と診断・判断されていないものの「障害者」と同じような生活上の困難（見えにくさ，聞こえにくさ，動きにくさ等）を抱えている人は，今後も増加することは間違いない。

　本節では，高齢者のように，生活や学習上にさまざまな困難を抱える状況を「障害状況」と表現する。**定型発達者**であった人も，加齢等により徐々に運動・認知機能が低下していく。老眼，病気（白内障，緑内障，糖尿病性網膜症等）により視力が低下して見えにくさが生じ，老人性難聴に代表される聴力の低下により聞こえにくさ，筋力の低下や関節の可動域の制限により動きにくさが生じる。認知的にも，処理速度が低下して，新しい知識・技能について覚えにくさを感じるようになる。これらは，閾値を超えた時点で，視覚障害，聴覚障害，運動障害，認知障害・認知症と診断される。しかし，これらの心身機能の低下，およびそれに伴う困り感は，ある日突然に生じるわけではなく，徐々に進行していく。この一連の過程において，本人または周囲の人に困り感が認識されない状況では定型発達者であるが，困り感が認識されるようになると障害者と診断・判断される。すなわち，定型発達者と障害者（障害児，高齢者も含む）の間に量的・質的に明確な境界があるわけではなく，両者は連続体（スペクトラム：

身体障害者手帳
視覚障害，聴覚障害，平衡機能障害，音声・言語機能障害，咀嚼障害，肢体不自由，内部障害等，身体に一定以上の障害がある人が，障害の程度に応じて福祉サービスを利用するために必要な手帳。等級は重い順に1～6級がある。

療育手帳
知的障害のある人がさまざまな福祉サービスを受けるために必要な手帳。判定機関にて申請者の知的障害程度を判定し，その結果に基づいて手帳が交付される。障害程度はAとBがある。

精神障害者保健福祉手帳
統合失調症・躁うつ病・てんかん等の精神障害のある人がさまざまな福祉サービスを受けるために必要な手帳。等級は重い順に1～3級がある。

自立支援給付
障害のある人が自立した生活を営むことができるよう，必要な福祉サービスを選択して利用する仕組み。児童デイサービス・居宅介護・重度訪問介護等の介護給付，訓練等給付，自立支援医療費の支給，補装具費の支給等がある。

定型発達者
大多数の人が「普通」とみなす発達的変化を示す人びとという意味で，健常者ともいう。

spectrum）と考えるほうが適切であろう。

　このように，障害とは，「特定の人がもつ性質や属性」ではなく，「個人的・環境的条件が整えばだれにでも生じる状況」と考えることができる。こうした観点は，2001年に，世界保健機関（WHO）総会において採択された国際生活機能分類（international classification of functioning, disability and health：ICF）や，その児童青少年期版であるICF-CY（ICF for children and youth）において，体系化されている。

　ICFの前身である国際障害分類ICIDH（international classification of impairments, disabilities and handicaps）には，①障害を「個人に属するもの」「特定の人の，特定の状態・特性」ととらえており，障害を否定的な側面だけで定義していること，②どのような状況を障害ととらえるかについては，国や文化によって異なっており，国際的な合意が得られにくいことが課題として残されていた。

　対して，ICFは，「障害（障害状況）」の本質を，社会参加における「活動と参加の制約」とし，個人と環境との相互作用の中で生じるものととらえた（図1-1）。また，ICFでは，障害という現象（障害状況）を，健康上の問題から直接的に生じるものであり，専門職（医師，看護師，学校教員，言語聴覚士等）による個別的な対応によって改善しようとする医学モデル（medical model）と，障害を主として社会によってつくられた問題（諸状態の集合体）とみなし，社会のあり方を変えることで障害状況を変えようとする社会モデル（social model）の統合を図っている。学校教育にあてはめてみると，それぞれの障害特性に応じた合理的配慮の提供，基礎的環境整備によって，障害状況の軽減・解消を図ることは社会モデル，各個人の能力・社会適応能力を高めるために支援・指導することは医学モデルに立脚した取り組みといえよう。

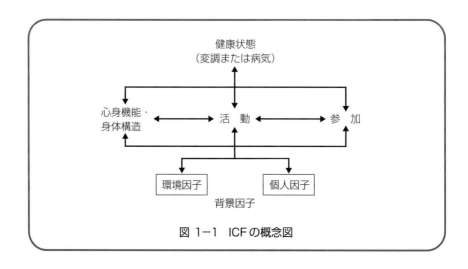

図1-1　ICFの概念図

2　スペクトラムと教育

　特別支援教育・障害福祉領域における大きな変化として，2016 年度から「障害を理由とする差別の解消の推進に関する法律」（以下，障害者差別解消法）が施行された。公立学校を含む行政機関，地方公共団体，私立学校を含む民間事業者は，障害児者等から障害状況を取り除く（もしくは軽減する）ための配慮を求める意思表明があった場合には，負担になりすぎない範囲で，必要かつ理にかなった配慮（合理的配慮）を行うことが求められる。配慮を行わないことで，障害児者等の権利や利益が侵害される場合には，差別にあたる。このことから，教育現場では障害児に合理的配慮を提供するための体制づくりが急速に行われている。その中で，大きな課題になっているのが発達障害児への合理的配慮の提供である。

　発達障害は，発達障害者支援法には「自閉症，アスペルガー症候群その他の広汎性発達障害，学習障害，注意欠陥多動性障害その他これに類する脳機能の障害であってその症状が通常低年齢において発現するものとして政令で定めるもの」と定義されている。このうち，「自閉症，アスペルガー症候群その他の広汎性発達障害」は，近年 ASD と表現される。ASD は，対人的相互作用の希薄さ，コミュニケーションの苦手さ，行動・興味・活動の偏り等を主たる症候・特徴とするが，こうした症候・特徴は ASD 児者だけにみられるものではなく，多くの定型発達児者にも共通してみられる。前述した症候が強くなり，日常生活の中で困り感（障害状況）が自覚・他覚されるようになり，病院等で診察を受けると ASD と診断される。反対に，症候が軽微であり障害状況が顕在化しないと診断を受けないので，定型発達児者のままである（図 1-2）。障害状況が徐々に多くなっていく高齢者の例と同じく，発達障害についても，定型発達児者と発達障害児者の間に明確な境界はない。したがって，スペクトラ

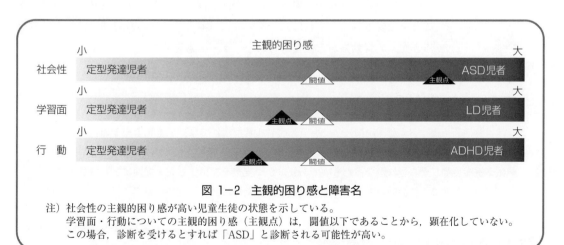

図 1-2　主観的困り感と障害名

　注）社会性の主観的困り感が高い児童生徒の状態を示している。
　　　学習面・行動についての主観的困り感（主観点）は，閾値以下であることから，顕在化していない。
　　　この場合，診断を受けるとすれば「ASD」と診断される可能性が高い。

ム（連続体）という概念があてはまる。

障害者権利条約第 24 条「教育」には，以下のように明記されている。

> **障害者の権利に関する条約第 24 条　教育**
> 　締約国は，教育についての障害者の権利を認める。締約国は，この権利を差別なしに，かつ，機会の均等を基礎として実現するため，障害者を包容するあらゆる段階の教育制度及び生涯学習を確保する。

　つまり，同条約に批准した日本においても，「人間の多様性の尊重等の強化，障害者が精神的及び身体的な能力等を可能な最大限度まで発達させ，自由な社会に効果的に参加することを可能とするとの目的の下，障害のある者と障害のない者が共に学ぶ仕組み」[1] としてのインクルーシブ教育システムの下，障害児者への生涯教育・生涯学習が確保される必要がある。

　なお，同条には，インクルーシブ教育システムを実現するには，① 障害のある者が障害を理由として教育制度一般から排除されないこと，および障害のある児童が障害を理由として無償かつ義務的な初等教育または中等教育から排除されないこと，② ほかの者と平等に，自己の生活する地域において，包容され，質が高く，かつ，無償の初等教育の機会および中等教育の機会が与えられること，③ 個人に必要な合理的配慮が提供されること，④ 障害者が，その効果的な教育を容易にするために必要な支援を教育制度一般の下で受けること，⑤ 学問的および社会的な発達を最大にする環境において，完全な包容という目標に合致する効果的で個別化された支援措置がとられることを確保することが必要であることも示されている。

　インクルーシブ教育システムとして，さまざまな心身機能の状況にある人びとが共に学ぶ以上，学習内容や指導・学習法，教材教具（ツール），学習環境（社会システム等も含む）は多様であることを認識し，許容することも必要となる。この前提が共有されず，すべての人が同じ内容を同じ方法・教材・環境で学ぶことを強要されるとすれば，一部の人には適合し一定の教育効果は得られるだろうが，教育効果が十分に得られないケースも多く発生してしまう。

コラム　合理的配慮

　障害者権利条約，および国内関連法である障害者差別解消法では，障害児者やその代理人（家族等）から，何らかの支援を求める意思表明があった場合，その支援の内容が障害状況（障害の種類や重症度等）から理にかなったものであり，かつ支援を提供する人・機関にとって負担になりすぎない範囲で，社会的障壁（バリア）を取り除くために必要な支援・便宜を提供しなければならないと規定されている。

3 時間をかければ障害児者・高齢者も熟達し，多様な能力を発揮する

　一定の領域で熟達者・専門家になるには10年を要するという「10年ルール」がさまざまな分野で言及されている。障害児者は，習熟に時間がかかることが多く，定型発達児者の数倍の時間を要することもあるが，時間をかければ確かに熟達する。もっとも，習熟を本人や周囲が実感できるようになるまでは，長い道のりであり，時間がかかっても学習を続けるモチベーションを維持することが重要になる。しかし，障害児者の場合，その発達・成長の過程において失敗体験が積み重なり，途中で本人自身や周囲（保護者，教員等）のモチベーションが低下し，二次障害としての**学習性無力感**（learned helplessness）に陥ってしまう場合が多い。

　モチベーションを低下させない（二次障害が発症しない）ように学習を継続させるには，成功体験，つまり「できる」という実感を伴った体験が必要である。二次障害の予防と対応の詳細に関しては，後述する第4章の「4　二次障害への対応」で述べる。

　そのうえで，障害児に適切な難易度の課題に取り組む機会・方法を提供することも，合理的配慮のひとつといえる。特別支援教育においても，適切な合理的配慮を提供するためには，Plan（個別の指導計画・教育支援計画づくり）→ Do（教育実践）→ Check（効果の評価・検証）→ Action（改善）のPDCAサイクルを回すことが重要であり，Plan（個別の指導計画・教育支援計画等）を立てるうえで，対象児の認知的能力や長所・短所を把握するために，標準化された知能検査を用いてアセスメント（assessment）を行うアプローチが今現在の主流となっている。知能検査は一般知能を評価する方法として発展してきたが，近年では個人内の認知的能力差（ディスクレパンシー）や日常生活場面における問題解決能力を把握する方法として用いられることが多い。

　ディスクレパンシーは定型発達児者にもみられるが，障害児者はこのディスクレパンシーが非常に大きいため，日常生活（特に学習）において多くの困難が生じる。例えば，視覚情報処理に比べて聴覚情報処理が不得意な人（読み書き困難，ディスレキシア：dyslexia）は，教科書等の文字を読んで理解するのにほかの人の数倍時間がかかったり，全く理解できなかったりする。ディスクレパンシーや問題解決能力を評価し把握することで，教員の経験知・臨床知だけではなく，科学的根拠に基づいて，適切な難易度の課題に取り組む機会を提供することができるようになる。

　もっとも，標準化された知能検査を用いた評価は，あくまでも被検査者のもつ知能（知識・技能含む）の一部，もしくは共通項（一般知能）を切り取っているにすぎない。こうした知能検査の結果は，日常生活場面で直面するさまざまな課題・問題を解決する力の多くは評価していないため，時として子どもがも

学習性無力感
長期にわたってストレスを回避できない環境におかれた人や動物は，その状況から逃れようとする努力さえ行わなくなる現象。特別支援教育では，学習場面において失敗を繰り返した場合，学習をしてもむだだと考えて避ける行動がみられる傾向がある。学習性無気力とも訳される。

ディスクレパンシー
標準化された知能検査（ウェクスラー式知能検査等）によって測定される各知能の指標（知能指数：intelligence quotient：IQ）や指標値（Index）等）のうち，二つの指標間に統計上有意な差が認められること。または，ほかの指標から乖離して低い数値を示す指標があること。

つ全般的な力（生活力）を過小評価してしまう危険性がある。

　例えば，自分で話すことができない障害児（例：ダウン症や ASD のある子）の中には，音楽や美術・ダンス等の芸術領域，博物学領域で高く評価されている者も多く存在する。また，標準化された知能検査では数量化できない重度重複障害がある子の中には，なぜかその子の周りに自然とさまざまな人が集まり，その子の問題について立場や専門性を超えて協力しはじめると感じる事例もある。こうした子をみると，言語的・論理的な知能は高くないかもしれないが，人と人の関係性をつくる・深める力はきわめて高いと感じる。

　そのほかにも，視覚的な情報処理が聴覚的な情報処理に比べて優位な子（例：ASD 症児），聴覚的情報処理が視覚的情報処理に比べて優位な子（例：読み書き困難児）がいる。ほかにも，提示された刺激を順序性に基づき，系列的に処理する能力（継次処理）が高い子がいる一方で，一度に複数の情報を統合し，全体的なまとまりとして処理する能力（同時処理）が高い子もいる。

　知能の違い（ディスクレパンシーを含む）は，認知能力のひとつの側面にすぎない。それぞれの知能に対応した，さまざまな学習スタイルが想定されるが，実際の教室現場は，子どもと教員の相互作用によって成り立っている。そのため，一人ひとりの教育的ニーズに適合した学習スタイルが保障されるとは限らず，子どもはもっている多様な知能・能力を十分に発揮できなかったり，得意な知能・能力を教員から真正に評価してもらえない可能性がある。

4　障害状況は「障害があるから」生じるのか

　インクルーシブ教育システム下において，一人ひとりの教育的ニーズに対応した学習・教育を促進するには，児童生徒・保護者・教職員の意識改革も必要だが，学習・教育を取り巻く環境の整備が必要不可欠である。

　環境心理学者レヴィン（K. Lewin）は，顕在化する人間の行動は，その人の性格等の個人内要因と，その人がおかれた環境との相互作用（f：関数）によって生じるものであることを示すために，以下の公式を示した。

　　$B = f(P, E)$

　　B：人間の行動，P：性格等の個人内要因，E：環境

　レヴィンの公式は，障害を「個人と環境の相互作用の中にあるもの」ととらえる ICF や，故事成語「孟母三遷」とも相通ずるものがある。特別支援教育においても，従来から「周囲のかかわり方が変われば子どもも変わる」といわれてきた。これらの考え方からすると，「問題行動，不適切行動」は，その子の障害特性や性格によるものだけではなく，その子がおかれた環境も，大きな誘因のひとつになっている。

　一方で，教育相談で助言・指導を行っていると，配慮・支援が必要な子，発

達障害の疑いがある子，気になる子として相談対象にあげられるのは，注意が
持続しない，離席が多い，パニックを起こす等，いわゆる「問題行動，不適切
行動」がみられる子の場合が多いことに改めて気づく。加えて，周囲（特に大人）
が，障害があるから問題行動や不適切行動を起こすといった，子ども自身の障
害特性や性格（個人内要因）に原因を帰属される傾向があることもうかがえる。
こうした誤解を，レヴィンの公式を引用して表現するならば，環境を示す「E」
を除いた形になるため，以下のようになる。

　　$B = f(P)$

　この式に基づくならば，子ども自身の個人内特性が変化しなければ，行動も
変化しないということになる。前述のレヴィンの公式と比べると，障害児者が
抱える，社会生活における「活動と参加の制約」の一部分しかとらえていない。
「気になる子」たちが「気になる」状態になるには，その子なりの理由・背景
があり，子どもたちの中では筋が通った反応といえる。あくまでも「気になる」
と表現するのは，その状態を理解できない大人である。

　もっとも，ひと言で「環境」といっても，さまざまある。ひとつの例として，
空間の構造やしつらえ等の物理的環境，人の属性やかかわり方等の対人的環境，
社会制度やルール・慣習等の社会文化的環境などが考えられる。

　前述のとおり，障害児者は環境に敏感な存在であり，環境評価の熟達者・専
門家といってよい。定型発達児者にとっては気にならない部屋・空間が，障害
児者にとっては，落ち着いて勉強や学校生活に取り組むことができる環境では
ない場合もある。一方，「問題行動，不適切行動」が出現する状況・環境は，
定型発達児者にとっても，負担が大きい環境であったということも散見され
る。このように，行動は環境の適切さを示すバロメータといえよう。したがっ
て，行動を評価指標としながら，子どもが自らの行動を制御することができる
環境に改善・整備していくことが，問題解決に向けたひとつのアプローチにな
り得る。

　以上のように，障害のある人を理解するうえで，① 障害のある人とない人
を別々にカテゴリー化するのではなく，連続体（spectrum）としてとらえるこ
とが重要である。また，② 障害のある人は「障害状況」におかれた人であり，
その状態を顕在化させる社会・環境に課題や改善点がある，と考えるべきであ
る。そして，③「障害状況」を軽減・解消する方法としてバリアフリー化（合
理的配慮の提供や基礎的環境整備）があり，④ 障害がある人たちは，バリアフリー
化された状況において，多様な知能・能力を伸長・発揮できることを，理解・
認識しておく必要がある。

演習課題

1. 合理的配慮とは何か，障害者権利条約の定義を用いて説明してみよう。

引用文献

1）文部科学省：共生社会の形成に向けたインクルーシブ教育システム構築のための特別支援教育の推進（報告），2012.

参考文献

・日本政府（外務省）：障害者の権利に関する条約（日本語訳全文），2014.

4　教育職員免許法上の障害種別（5領域）

1　教育職員免許制度

　　日本の学校教育は，日本国憲法，教育基本法，学校教育法などの各種法令によって制度化されている。日本の学校とは，学校教育法（昭和 22 年法律第 26 号・最終改正：令和 4 年 6 月 22 日公布令和 4 年法律第 76 号）第 1 条で，幼稚園，小学校，中学校，義務教育学校，高等学校，中等教育学校，特別支援学校，大学および高等専門学校と規定されている。そのうち，幼稚園，小学校，中学校，義務教育学校，高等学校，中等教育学校，特別支援学校で教育を行う場合には，教育職員免許状（以下，教員免許状）が必要である。

　　教員免許状は，教育職員免許法（昭和 24 年法律第 147 号・最終改正：令和 4 年 5 月 18 日公布令和 4 年法律第 40 号；以下，教員免許法）に定められた免許状である。教員免許法は教育職員の免許に関する基準を定め，教育職員の資質の保持と向上を図ることを目的としている。

　　教員免許状には，普通免許状，特別免許状および臨時免許状がある。普通免許状は，学校の種類ごとの教諭の免許状，養護教諭の免許状および栄養教諭の免許状で，それぞれ専修免許状，一種免許状および二種免許状（高等学校教諭の免許状は専修免許状および一種免許状）に区分されている。特別免許状は，社会的経験を有する者に教育職員検定を経て授与される学校の種類ごとの教諭の免許状である。臨時免許状は，普通免許状を有する者を採用することができない場合に限り教育職員検定を経て授与される学校の種類ごとの助教諭の免許状および養護助教諭の免許状である。

　　特別支援学校の教員免許状は，教員免許法第 4 条の 2 に，以下のように示されている。

教育免許法第4条の2
　特別支援学校の教員の普通免許状及び臨時免許状は，一又は二以上の**特別支援教育領域**について授与するものとする。
　2　特別支援学校において専ら自立教科等の教授を担任する教員の普通免許状及び臨時免許状は，前条第二項の規定にかかわらず，文部科学省令で定めるところにより，障害の種類に応じて文部科学省令で定める自立教科等について授与するものとする。
　3　特別支援学校教諭の特別免許状は，前項の文部科学省令で定める自立教科等について授与するものとする。

特別支援教育領域
視覚障害・聴覚障害・知的障害・肢体不自由・病虚弱の五つの領域。

相当免許状主義
幼稚園・小学校・中学校・高等学校の教員は，原則として，学校の種類ごとの教員免許状が必要。

　文部科学省（2014）は，教員免許制度の概要として，**相当免許状主義**を掲げている。特別支援学校の教員は，特別支援学校と特別支援学校の各部（幼稚部・小学部・中学部・高等部）に相当する学校種の両方の教員免許状が必要である（図1-3）。ただし，幼稚園・小学校・中学校・高等学校の教員免許状を有する者は「当分の間」特別支援学校の相当する部の教諭等になることができる（教員免許法附則第15項）とされており，特別支援学校の教員免許状がない場合でも小学校教員免許状を有していれば，特別支援学校小学部の教員になることができる。しかし，文部科学省は特別支援学校教員の特別支援学校免許状保有率の向上に努めており，近い将来，この附則は廃止されることになると考えられる。そのため，各都道府県市教育委員会等では，**免許法認定講習**を開設するなど現職教員の特別支援学校免許状取得を勧めたり，教員採用試験の特別支援学校教員の受験資格に特別支援学校免許状を必須としたり，保有率向上に努めている。
　2020年5月現在の調査によると，全国の特別支援学校教員（7万378人）のうち，当該障害種の免許状を保有している教員（5万9,765人）の割合は84.9%

免許法認定講習
現職教員が上位の免許状やほかの種類の免許状を取得しようとする場合に，大学の教職課程によらずに必要な単位を修得するために開設される講習。

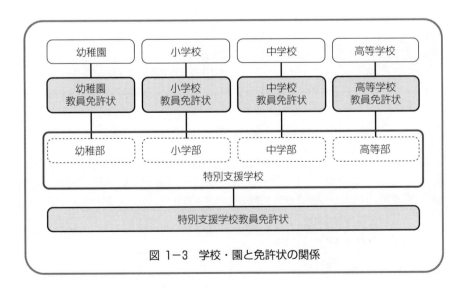

図1-3　学校・園と免許状の関係

である（文部科学省初等中等教育局特別支援教育課，2021）。

　大学において教員免許状の授与資格を取得するためには，基礎資格を有し，定められた単位を修得する必要がある。それぞれの基礎資格については，教員免許法別表第一（第5条，第5条の2関係）に示されている（表1-3，1-4）。特別支援学校教員免許状を取得するには，基礎資格として幼稚園・小学校・中学校・高等学校の教員免許状が必要である。

　特別支援学校の教員免許状を取得するには，大学で特別支援教育に関する必要単位を修得し，各都道府県教育委員会に授与申請を行うことが必要である。特別支援学校の免許状を取得できる大学については，文部科学省のウェブサイトに「特別支援学校教諭の免許資格を取得することのできる大学」として，通学制と通信制に分けて掲載されているので参照されたい。

表 1-3　別表第一（第5条，第5条の2関係）その1

第一欄		第二欄
免許状の種類	所要資格	基礎資格
幼稚園教諭	専修免許状	修士の学位を有すること
	一種免許状	学士の学位を有すること
	二種免許状	短期大学士の学位を有すること
小学校教諭	専修免許状	修士の学位を有すること
	一種免許状	学士の学位を有すること
	二種免許状	短期大学士の学位を有すること
中学校教諭	専修免許状	修士の学位を有すること
	一種免許状	学士の学位を有すること
	二種免許状	短期大学士の学位を有すること
高等学校教諭	専修免許状	修士の学位を有すること
	一種免許状	学士の学位を有すること
特別支援学校教諭	専修免許状	修士の学位を有すること及び小学校，中学校，高等学校又は幼稚園の教諭の普通免許状を有すること
	一種免許状	学士の学位を有すること及び小学校，中学校，高等学校又は幼稚園の教諭の普通免許状を有すること
	二種免許状	小学校，中学校，高等学校又は幼稚園の教諭の普通免許状を有すること

表 1-4　別表第一（第5条，第5条の2関係）その2

第一欄		第三欄
免許状の種類	所要資格	大学において修得することを必要とする最低単位数 特別支援教育に関する科目
特別支援学校教諭	専修免許状	五〇
	一種免許状	二六
	二種免許状	一六

大学で単位を修得する以外に免許状を取得する手段として，幼稚園教諭二種免許状・小学校教諭二種免許状・特別支援学校自立活動教諭一種免許状に限り，**教員資格認定試験**が行われている。2018年度から，文部科学大臣が行う教員資格認定試験の実施に関する事務を独立行政法人教職員支援機構が行うこととなった。詳しくは，独立行政法人教職員支援機構のウェブサイトを参照されたい。

現職教員の場合は，大学や大学院で取得する以外に，先に述べた免許法認定講習を受講し特別支援教育に関する必要単位を修得することで，特別支援学校の教員免許状を取得することができる。免許法認定講習の開講計画等に関しては，各都道府県市の教育委員会に問い合わせるか，文部科学省のウェブサイトに「免許法認定講習・公開講座・通信教育」として掲載されているので参照されたい。

> **教員資格認定試験**
> 教員として必要な資質，能力を有すると認められた者に教員への道を開くために文部科学省が開催している試験。

2 特別支援学校

（1）特別支援学校の歴史的変遷

日本の特別支援教育の歴史は，1872年発布の学制（明治5年8月3日文部省布達第13・14号・明治6年3月18日文部省布達第30号・明治6年4月17日文部省布達第51号・明治6年4月28日文部省布達第57号）に，「廃人学校アルヘシ」と記されたことから始まる。

日本最初の特別支援学校は，1878年京都市に開校された京都盲唖院（現在の京都府立盲学校・聾学校）である。初代院長となった古河太四郎は，それ以前から京都の待賢小学校に韻唖教場を開設し，聴覚障害児と視覚障害児の教育を行っていた。そのために，日本最初の特別支援学校は，現在の視覚特別支援学校と聴覚特別支援学校であった。1880年には楽善会訓盲院（現在の筑波大学附属視覚特別支援学校・聴覚特別支援学校）が東京に開校された。その後，楽善会訓盲院は，1885年に文部省の直轄学校となり東京盲唖学校と改称された。1917年には，日本初の病弱特別支援学校として現在の神奈川県茅ヶ崎市に白十字会林間学校が設置された。1923年には盲学校及聾唖学校令が出され，視覚特別支援学校と聴覚特別支援学校が分離された。1932年には，日本初の肢体不自由特別支援学校として東京市立光明学校（現在の東京都立光明学園）が設立された。1940年には，日本初の知的障害特別支援学校として大阪市に思斉学校（現在の大阪府立思斉支援学校）が設立された。

第2次世界大戦後の1947年，学校教育法によって現在の学校教育制度が確立された。当時は特別支援教育ではなく「**特殊教育**」とされ，現在の特別支援学校ではなく盲学校・聾学校・養護学校とされていた。この法律の施行により，1948年から盲学校と聾学校教育は学年進行による義務制が進められ，1956年

> **特殊教育**
> 盲学校・聾学校・養護学校と小学校・中学校に設置された特殊学級（現在の特別支援学級）で構成された障害児の教育システム。

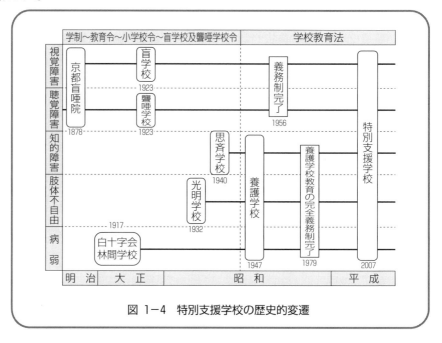

図 1-4　特別支援学校の歴史的変遷

　に義務制完了となった。一方，養護学校教育の完全義務制については，1979
年まで待たなければならなかった。その後，2007年に学校教育法の改正により，
特殊教育から「特別支援教育」に移行し，それに伴って盲学校・聾学校・養護
学校から特別支援学校に学校種が一本化された（図1-4）。

（2）特別支援学校の現状

　日本の特別支援教育の現状については，文部科学省が毎年5月1日現在の状
況を全国調査し，特別支援教育資料として公表している。文部科学省初等中等
教育局特別支援教育課によると，2021年5月現在の全国の特別支援学校数は
1,160校，在籍幼児児童生徒数は14万6,285人である（表1-5）。

　全国の特別支援学校1,160校の内訳は，対象とする障害種が単一895校，複
数265校であった。2007年の学校教育法改正以降は，それまでにはなかった
複数の障害種を対象とする特別支援学校が増加している。

コラム　特別支援学校

　2007年の学校教育法改正によって生まれた学校種で，それまでの盲学校・聾学校・養護学校
から変更された。法律上では，盲学校・聾学校・養護学校は消滅している。しかし学校の固有名
称としては，○○盲学校や△△聾学校として，現在も使用されているケースがある。特別支援学
校に改称された学校には，対象とする障害種がその名称だけではわからないケースもある。

表 1-5 特別支援学校数・学校設置基準学級数・在籍児および教職員数

	学校数	学級数	在籍幼児児童生徒数				
			計	幼稚部	小学部	中学部	高等部
総　計	学校 1,160	学級 36,701	人 146,285	人 1,301	人 47,815	人 31,810	人 65,359
小　計 （単一の障害種を対象とする特別支援学校）	895	25,066	103,040	1,195	32,659	21,951	47,235
視	62	1,073	2,230	155	500	387	1,188
聴	85	1,688	4,938	954	1,685	998	1,301
知	574	17,759	84,548	63	25,582	17,489	41,414
肢	118	3,638	9,330	22	4,182	2,416	2,710
病	56	908	1,994	1	710	661	622
小　計 （複数の障害種を対象とする特別支援学校）	265	11,635	43,245	106	15,156	9,859	18,124
視・聴	−	−	−	−	−	−	−
視・知	2	89	359	9	223	116	11
視・肢	−	−	−	−	−	−	−
視・病	1	13	23	1	5	−	17
聴・知	11	263	991	31	276	168	516
聴・肢	−	−	−	−	−	−	−
聴・病	−	−	−	−	−	−	−
知・肢	150	7,044	27,826	7	9,620	6,211	11,988
知・病	15	677	2,807	1	1,036	630	1,140
肢・病	36	1,342	3,379	14	1,456	901	1,008
視・聴・知	−	−	−	−	−	−	−
視・聴・肢	−	−	−	−	−	−	−
視・聴・病	−	−	−	−	−	−	−
視・知・肢	−	−	−	−	−	−	−
視・知・病	−	−	−	−	−	−	−
視・肢・病	1	29	60	2	21	14	23
聴・知・肢	3	203	775	12	221	181	361
聴・知・病	−	−	−	−	−	−	−
聴・肢・病	−	−	−	−	−	−	−
知・肢・病	26	1,126	4,098	3	1,336	895	1,864
聴・知・肢・病	2	105	349	10	108	91	140
視・知・肢・病	−	−	−	−	−	−	−
視・聴・肢・病	−	−	−	−	−	−	−
視・聴・知・病	−	−	−	−	−	−	−
視・聴・知・肢	1	83	249	1	97	49	102
視・聴・知・肢・病	17	661	2,329	15	757	603	954
教職員数（本務者）総計							100,257
教員数（本務者）							86,141
職員数（本務者）							14,116

※この表は特別支援学校が学則等で受け入れを明示している障害種別で分類したものである。
出典）文部科学省初等中等教育局特別支援教育課：特別支援教育資料（令和3年度），2022.

在籍幼児児童生徒数は，年々増加している。特に知的障害者を対象とする特別支援学校での増加が特徴的な状況である。その中でも高等部での生徒数増加が著しい。それによって教室不足などの教育環境の問題も指摘されている。

（3）視覚障害者を対象とした特別支援学校

視覚障害者を対象とした特別支援学校は，聴覚障害者を対象とした特別支援学校とともに，日本の特別支援学校の歴史を築いてきた。2021 年の学校数は84 校と特別支援学校の中では最も少ない（表1－6）。高等部には，職業科として鍼灸に関する学科が設置されている。そのために中途失明者が入学することも多く，成人の生徒が在籍するというほかの特別支援学校にはみられない特徴となっている。

視覚障害者の特別支援学校では**点字と墨字**による教育が行われている。近年は医療や機器の進歩により，弱視者でも墨字での学習がしやすくなったことから，**点字使用者が減少してきている現状がある。点字は，点字盤（板）を使用して書き記される（図1－5）。

弱視者の指導では，拡大読書器などを活用していることが多い（図1－6）。自立活動では，白杖を用いた歩行訓練等が行われている。

（4）聴覚障害者を対象とした特別支援学校

聴覚障害者を対象とした特別支援学校は，2020 年現在全国に 119 校設置されている（表1－6）。聴覚障害は，障害の早期発見・早期診断・早期教育の体制整備が最も進んでいる。そのため，聴覚障害者を対象とする特別支援学校の多くでは，0 歳から 3 歳未満の乳幼児や，その保護者に対する教育相談等が昭和 40 年代から行われている。乳幼児教育相談では，補聴器（図1－7）や人工内耳（図1－8）の装用指導や，コミュニケーションおよび言語獲得のための指導が

点字と墨字
日本で使用されている点字は 6 点点字で，明治時代に楽善会訓盲院の教員であった石川倉次によって考案された。点字に対して通常の文字等を墨字という。

点字使用者が減少
視覚障害者全体の点字使用者はごく少数である。理由として，視覚障害者の多くが高齢であることや中途失明であることが考えられる。

手　話
2013 年の障害者基本法改正で法律上認められている手指等を使って運用される言語。

表 1－6　特別支援学校対応障害種別学校数・設置学級基準学級数および在籍数

	学校数	学級数	在籍幼児児童生徒数				
			計	幼稚部	小学部	中学部	高等部
	学校	学級	人	人	人	人	人
視覚障害	84	2,054	4,775	181	1,552	1,066	1,976
聴覚障害	119	2,759	7,651	1,018	2,945	1,674	2,014
知的障害	801	32,095	134,962	177	44,252	29,138	61,395
肢体不自由	354	12,114	30,456	97	13,256	7,836	9,267
病弱・身体虚弱	154	7,518	18,896	17	7,397	5,032	6,450

※この表の学級数および在学者数は，特別支援学校で設置されている学級を基準に分類したものである。複数の障害種を対象としている学校・学級，また，複数の障害を併せ有する幼児児童生徒については，それぞれの障害種ごとに重複してカウントしている。
出典）文部科学省初等中等教育局特別支援教育課：特別支援教育資料（令和 3 年度），2022.

行われている。さらに幼稚部の設置も多く，在籍する幼児数はほかの障害に比べても多いことが特徴のひとつとなっている。聴覚障害者を対象とした特別支援学校の指導では，補聴器や人工内耳を装用して聴覚を活用する指導や**手話・指文字**（図1-9）などを活用する指導が行われている。高等部には普通科・職業科が設置されており，一般の大学や障害者のための**筑波技術大学**への進学者も増えている。

指文字
ひらがな1文字に対応した指で表す文字。

筑波技術大学
日本唯一の障害者のための国立大学。視覚と聴覚の障害者が対象。

図 1-5　点字板
（パイオニアグッズ S-18型）

図 1-6　拡大読書器
（システムギアビジョン
クリアビュー C）

図 1-7　補聴器

図 1-8　人工内耳

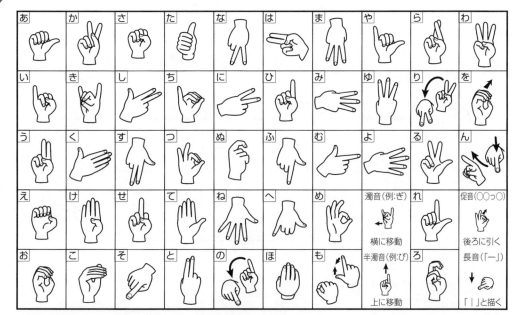

固有名詞を表すときや手話で表現するのが難しいときに使われる。
原則利き手で，身体の前で表現する。口元は隠さない。

図 1-9　指文字の50音

（5）知的障害者を対象とした特別支援学校

　日本の特別支援学校の中で最も設置数が多く，2020 年現在全国に 790 校設置されている（表1-6）。在籍幼児児童生徒数も 13 万 3,308 人で最も多い。高等部の在籍生徒数が 6 万 2,378 人で在籍数全体の半数を占めている。知的障害者を対象とした特別支援学校では，一人ひとりの言語・運動・知識などの発達の状態や社会性などを十分把握したうえで，実際の体験を重視しながら生活に役立つ個に応じた指導を，1 学級 6 名以下の少人数の集団で行っている。教育課程では，ほかの特別支援学校とは異なる教科と領域を合わせた指導が行われている。日常生活の指導・**生活単元学習**・作業学習など，生活を中心とした教育課程の編成が最大の特徴である（表1-7，1-8）。小学部では基本的な生活習慣や日常生活に必要な言葉の指導，中学部では集団生活や円滑な対人関係・職業の基礎的な指導，高等部では職業教育（家庭・職業・社会生活に必要な知識・技能・態度などの指導を中心とした作業学習など）が充実している。

生活単元学習
社会生活能力の育成を目標とし，生活に結びついた実際的で具体的な活動を学習活動の中心に実際的な状況下で学ぶ指導形態。

（6）肢体不自由者を対象とした特別支援学校

　肢体不自由者を対象とした特別支援学校は，2020 年現在全国に 352 校設置されている（表1-6）。在籍者には病院で機能訓練を行う子どもや，痰の吸引などの医療的ケアを必要とする子どもが多く，医療機関との連携を重視して教育にあたっている。肢体不自由者を対象とする特別支援学校では，幼稚部・小学部・中学部・高等部において，各部の教育課程に準ずるほか，幼児児童生徒の実態に応じた教育課程が編成されている。小学校・中学校・高等学校の下学

表 1-7　知的障害者を対象とした特別支援学校の教育課程の例①

指導形態別週あたり授業時間数表
（小学部）

		1年	2年	3年	4年	5年	6年
各教科	生　活	–	–	–	–	–	–
	国　語	1	1	1	1	1	1
	算　数	1	1	1	1	1	1
	音　楽	2	2	2	2	2	2
	図画工作	–	–	–	–	–	–
	体　育	2	2	2	2	2	2
	小　計	6	6	6	6	6	6
各教科等を合わせた指導	遊びの指導	3	3	2	2	2	2
	日常生活の指導	10	10	10	10	10	10
	生活単元学習	7	7	10	10	10	10
	小　計	20	20	22	22	22	22
道　徳		–	–	–	–	–	–
特別活動		–	–	–	–	–	–
自立活動		–	–	–	–	–	–
合　計		26	26	28	28	28	28

表 1−8　知的障害者を対象とした特別支援学校の教育課程の例②

指導形態別週あたり授業時間数表

（中学部）

		1年	2年	3年
教科別の指導	国　　語	−	−	−
	社　　会	−	−	−
	数　　学	−	−	−
	理　　科	−	−	−
	音　　楽	1	1	1
	美　　術	−	−	−
	保健体育	3	3	3
	職業・家庭	−	−	−
	小　　計	4	4	4
各教科等を合わせた指導	日常生活の指導	3	3	3
	生活単元学習	11	8	8
	作業学習	9	12	12
	小　　計	23	23	23
道　　徳		−	−	−
特別活動		−	−	−
自立活動		−	−	−
総合的な学習の時間		2	2	2
合　　計		29	29	29

（高等部）

		1年	2年	3年
教科別の指導	国　　語	−	−	−
	社　　会	−	−	−
	数　　学	−	−	−
	理　　科	−	−	−
	音　　楽	1	1	1
	美　　術	−	−	−
	保健体育	3	3	3
	職　　業	−	−	−
	家　　庭	−	−	−
	小　　計	4	4	4
各教科等を合わせた指導	日常生活の指導	3	3	3
	生活単元学習	8	8	8
	作業学習	14	14	14
	小　　計	25	25	25
道　　徳		−	−	−
特別活動		−	−	−
自立活動		−	−	−
総合的な学習の時間		1	1	1
合　　計		30	30	30

年の各教科を中心とした教育課程，知的障害者を対象とする特別支援学校の各教科を中心とした教育課程，自立活動を主として指導する教育課程が一般的に編成されている。

　自立活動の指導では，身体の動きの改善を図ることやコミュニケーションの力を育てる指導を中心に行っている。幼児児童生徒の障害の状態に応じた補装具（図1−10，1−11）や支援機器（assistive technology：AT）を使用した指導が行われている。

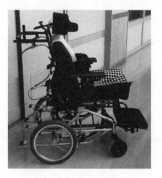

図 1−10　車椅子

図 1−11　短下肢装具と
立位台（プロンボード）

（7）病弱者を対象とした特別支援学校

　病気等により継続して医療や生活上の管理が必要な子どもに対して，必要な配慮を行いながら教育を行う，病弱者を対象とした特別支援学校は，2020 年現在全国で 158 校設置され（表 1-6），病院に隣接または併設している学校もある。さらに地域の病院内に分校や分教室を設置している場合もある。また病院や自宅へ訪問による指導を実施していることもあるなど，さまざまな組織・指導形態が特徴である（図 1-12）。教育課程は，基本的には小学校や中学校と同じ教科学習が中心である。病気等の状況によって学習の空白ができることへの対応と，病気に対する不安感や自信の喪失などに対するメンタル面の健康維持のための学習を自立活動の指導で行っている。

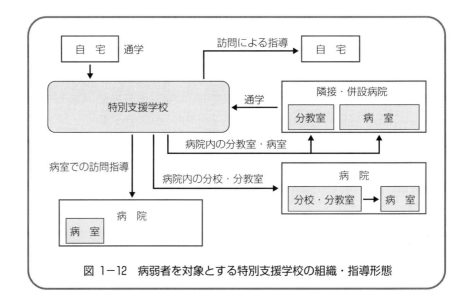

図 1-12　病弱者を対象とする特別支援学校の組織・指導形態

コラム　医療的ケア

　医療的ケアとは，家庭等で日常的に行われている痰の吸引・経管栄養・気管切開部の衛生管理等の医行為で，医師免許や看護師等の免許をもたない者は，医行為を反復継続する意思をもって行うことはできない。現在，口腔内の喀痰吸引・鼻腔内の喀痰吸引・気管カニューレ内の喀痰吸引・胃瘻または腸瘻による経管栄養・経鼻経管栄養の五つの特定行為に限り，研修を修了し都道府県知事に認定された場合に，「認定特定行為業務従事者」として教員でも一定の条件の下で制度上実施できることになっている（第 4 章 5 節参照）。

演習課題

1. 特別支援学校教員免許状の取得方法について，まとめてみよう。
2. 特別支援教育資料をもとに，五つの領域別に特別支援学校の特長をまとめてみよう。
3. 住んでいる都道府県の特別支援学校を調べて，五つの領域別にまとめてみよう。
4. 5領域それぞれの特別支援学校の特長を説明してみよう。

参考文献

・文部科学省：教員免許制度の概要，2014.
・文部科学省初等中等教育局特別支援教育課：特別支援学校教員の特別支援学校教諭等免許状保有状況等調査結果の概要（令和2年度），2021.
・遠藤俊子：特別支援学校における生徒増加に関する一考察－特別支援教育コーディネーター活用による制度内要因－，日本女子大学人間社会研究科紀要，17，pp.1-13，2014.
・文部省：特殊教育百年史，東洋館出版社，1978.
・文部科学省：改訂第3版障害に応じた通級による指導の手引－解説とQ&A－，海文堂出版，2018.

第2章
特別支援教育の仕組み

1 学校教育法

　　日本国憲法第26条が定める教育を受ける権利を具体化するために1947年に制定された学校教育法は，学校種別に章立てられている。ただし，障害がある場合の学校教育のみ学校名ではなく，第6章「特殊教育」と規定された。同法では「盲学校，聾学校，養護学校」と，小・中・高等学校に設置することができる「特殊学級」という，二つの特別な教育の場によって障害がある場合の学校教育を構想したからである。

　　1947年学校教育法は，保護者の就学義務（第22条，現第17条第2項）と都道府県の養護学校設置義務（第74条，現第80条）の双方を課すことで，障害がある場合にも小・中学校と同等の9年間の義務教育を保障した。しかし実際には，盲・聾学校における義務教育は，学校教育法施行翌年の1948年度から学年進行で9年間かけて実施され，障害がない場合に比べて10年遅れの1956年に完成した。一方，養護学校の義務教育の施行期日は政令委任されたため（附則第93条），事実上無期限延期となり1979年度まで実施が遅延された。知的障害や肢体不自由，病弱・身体虚弱の子どもたちの義務教育の完全実施が憲法施行から32年間も待たされた要因として，憲法第26条の「能力に応じて」と「ひとしく」をめぐり前者が後者を制約するという法解釈により，障害の程度による義務教育機会の制限を容認してきたことがあげられる。加えて**就学義務の猶予・免除**（1947年第23条，現第18条）の濫用により，数万人の不就学障害児を生み出した。1960年代から70年代に提唱された「国民の教育権」論や「権利としての障害児教育」論は「特殊教育」行政の論理と不作為を批判し，憲法の「能力に応じて」を「発達の必要に応じて」と解釈し直すことで，障害がある場合の不就学をなくし，障害の種別と程度にかかわりなく義務教育を等しく保障するための就学・修学条件整備を促し，養護学校義務化の道を開いた。

　　2006年の学校教育法等一部改正により，戦後の「特殊教育」制度を全般的

就学義務の猶予・免除
「病弱，発育不完全その他やむを得ない事由」で「就学困難」な子どもの保護者の就学義務を猶予・免除する措置。

に改革して第8章「特別支援教育」とし，2007年より実施された。同法は「盲学校，聾学校，養護学校」を「特別支援学校」（第1条および第72条等）に，「特殊学級」を「特別支援学級」（第81条第2項）に改め，通常の初等中等教育学校における障害があり「教育上特別の支援を必要とする幼児，児童及び生徒に対する教育」（第81条第1項）を規定した。

　特別支援学校は，視覚障害，聴覚障害，知的障害，肢体不自由，病弱（身体虚弱を含む）の5障害を対象とし，個々の学校が対象とする障害種や教育領域は設置者に委ねられている（第73条，施行規則第119条第1項および第2項）。小学部と中学部の設置義務があるが，幼稚部，小学部，中学部，高等部を単独または複数で設置できる（第76条）。高等部には本科のほかに専攻科・別科が設置できる（第82条による第58条の準用）。**訪問教育**は，特別支援学校における教育の一形態（学校教育法第72条）として実施される。地域の通常学校からの「要請」に応じて「特別支援教育に関する助言又は援助」を行うセンター的機能を努力義務として定めている（第74条）。寄宿舎は「特別の事情」がない限り原則設置が義務づけられているが（第78条），以前より有名無実化してきた。

訪問教育
1回2時間・週3回の標準として，教員が子どもの自宅や施設・病院を訪問して授業を行う学校教育の形態。

　特別支援学級は，知的障害，肢体不自由，病弱（身体虚弱を含む），弱視，難聴，言語障害，自閉症・情緒障害の七つの障害種別に設置されている。特別支援学校のように設置義務はないが，学校の実情や子どもの個別の必要に応じて開設・運営されている。高等学校の場合，特別支援学級に関する学級編制や教員配置の基準を定める法律がなく，未設置のままである。

　1993年に制度化された「通級による指導」は，特別支援学級在籍児童生徒を除く，言語障害者，自閉症，情緒障害者，弱視者，難聴者，学習障害者，注意欠陥多動性障害者，そのほか障害があり**特別の教育課程**による教育を行うことが適当な者を対象とする（施行規則第140条）。2018年度より高等学校でも通級による指導が開始された。

特別の教育課程
障害がある場合のほか，日本語指導が必要な外国人の子どもにも特別な教育課程を編成して指導ができる。

　特別支援学校，特別支援学級，通級による指導のいずれも，各対象規定に該当しない場合，子どもがその場での教育を必要としても，それに応える仕組みはない。障害の種別と程度に応じて特別な教育の場の対象を限定する「特殊教育」の原理は，特別支援教育制度においても残存している。通常学校における特別支援教育を規定しているが，合理的配慮の保障を含んでこれを確実に実施するための条件整備の条項はない。

　学校教育法に特別支援教育の定義に関する文言はないが，障害がある場合にも「人格の完成を目指し，平和で民主的な国家及び社会の形成者として必要な資質を備えた心身ともに健康な国民の育成を期して行われなければならない」としている（教育基本法第1条）。これを受けて学校教育法第72条は，特別支援学校の目的を「幼稚園，小学校，中学校又は高等学校に準ずる教育を施すとともに，障害による学習上又は生活上の困難を克服し自立を図るために必要な

知識技能を授けること」という二つの教育・教授により規定している。この構造は法制定当時から一貫している。「準ずる教育」は通常教育の「水増し教育」や「特殊な教育」と解釈されてきた経緯があるが，立法趣旨は「同等であること」に力点がおかれている。1947年学校教育法の「その欠陥を補うために，必要な知識技能を授ける」（第71条）を「障害による学習上又は生活上の困難を克服し自立を図るために必要な知識技能を授ける」に改めたのは，「国際生活機能分類」(ICF) などの障害概念の変化をめぐる国際動向の反映である。

　特別支援学校の教育課程には，小・中学校，高等学校に準拠した「教科」に加えて，固有の指導領域として「自立活動」がある（施行規則第126条等）。障害に応じて各教科・科目を「合わせて」もしくは「特別の教育課程」により指導することが可能であり（同第130条等），特別支援学級でも必要に応じて「特別の教育課程」を編成することができる（同第138条）。

演習課題

1. 養護学校義務化の以前と以後で，障害のある子どもの実態や学校の様子がどのように変化したのかを調べてみよう。
2. 学校教育法のほかの学校種の条文と読み比べて，障害がある場合の学校教育制度の仕組みの独自性を考えてみよう。
3. 身近な地域にある特別支援学校や特別支援学級が対象とする障害種別，それぞれの学校・学級の在籍児童生徒数を調べてみよう。

参考文献

・越野和之：障害のある子どもの学習権保障と就学義務の在り方，日本教育法学会年報46，2017.
・渡部昭男：「特殊教育」行政の実証的研究－障害児の「特別な教育的ケア」への権利－，法制出版，1996.
・渡部昭男・小川奈緒：第8章 特別支援教育，新基本法コンメンタール教育関係法（荒牧重人・小川正人・窪田眞二・西原博史編），日本評論社，2015.

2 特別支援教育の法制度

　2007年4月の改正学校教育法の施行によって，特別支援教育が法制化されたわけであるが，教育制度の改革は，ある日いきなり行われるものではなく，制度改革に先立って事前の準備が着々と行われているものである。本節では，現在の特別支援教育の制度を説明する前に，まず，特別支援教育の法制化に至るプロセスを概観し，そのうえで，現行の制度について述べたい。

1　特別支援教育へのあゆみ

（1）「軽度な障害」への対応の「空白の10年」

　1979年の**養護学校設置の義務化**によって，就学猶予・免除の状態にあった障害の重い子どもたちの就学が可能になり，日本の特殊教育制度は「一応の完成を迎えた」といわれた。しかしながら，この時代の教育行政は，中・重度の障害への対応に重きをおき，特殊学級や養護学校の量的拡充を重点目標としていたため，通常の学級で学ぶ障害の程度が軽い子どもたちへの教育的対応は，放置されたままであった。

　養護学校設置の義務化の前年に行われた「特殊教育に関する研究調査会」の報告[1]では，「軽度心身障害児」への支援システムとして，「通級による指導」または「巡回による指導」が提言されていたが，この先進的な提言は，時代の雰囲気の中で，教育行政には反映されないままであった。そのため，1980年代の10年間，軽度な障害への対応は十分に行われず，後に「空白の10年」といわれるようになった。

養護学校設置の義務化
都道府県・政令指定都市に必要な数の養護学校の設置を義務づける国の政令。

（2）特別支援教育の「兆(きざ)し」

　「空白の10年」の後，現在の特別支援教育につながる最初の変化は，1992年に生じた。この年，通級指導に関する文部省（当時）調査研究協力者会議の報告[2]が行われ，新しい制度として，**児童生徒数による学級編制**に縛られない**通級指導教室**の設置が勧告された。この報告を受けて，文部省は，1993年から5年計画で全国の小・中学校に通級指導教室を設置し，それによって，通常の学級で学ぶ軽度な障害のある児童生徒への支援が本格化した。

　さらに，協力者会議の報告では，学習障害（LD）への対応に関する基礎研究の必要性も指摘された。これは，国（文部省）が，学習障害児の存在を初めて認めたことを意味し，通級指導教室の設置と合わせて，後の特別支援教育と発達障害支援の「兆し」といえることであった。

児童生徒数による学級編制
小・中学校，高等学校，特別支援学校の学級編制では，1学級あたりの児童生徒数と教員数が，法律によって定められている。

通級指導教室
指導を受ける際，学籍をおく必要がないので，「学級」ではなく，「教室」と呼ぶ。

コラム　「軽度」という語句

　「軽度」という語は，一般に障害や症状の程度をさして使われるが，時に，ある障害群の総称として用いられることがある。1970～80年代，通常の学級にいる言語障害，弱視，難聴，境界線級の知的発達の子どもたちをさして「軽度心身障害児」と呼んだことがあった。また，2000年前後の時期には，LD，注意欠如・多動症（ADHD）等をさして「軽度発達障害」と呼んだこともある。しかし，「軽度」という語は，「困難や問題が少ない」と誤解されやすいので，現在では，障害群の総称として「軽度」の語を用いることはない。

（3）特別支援教育の「芽生え」

　通級指導に関する報告の 3 か月後（1992 年 6 月）に，文部省は学習障害の指導に関する調査研究協力者会議を設置し，それまで教育支援の対象外であった学習障害児の指導の検討に入った。この会議は，**学習障害の定義**（第 3 章 p.119 参照）を巡って難航し，中間報告が行われたのが 1995 年 3 月，最終報告は 1999 年 7 月と，都合 7 年の歳月を要したが，その報告内容は，今日の特別支援教育の礎（いしずえ）となる重要なものであった。

　その内容をみてみると，中間報告では，日本初の学習障害の定義が示された。この報告を受けて，文部省は，『みつめよう一人一人を』と題する学習障害に関する啓発リーフレットを全国の小・中学校に配布し，小学校 9 校を学習障害児指導の研究指定校とした。

　次の最終報告では，学習障害の定義がより平易なものに改められるとともに，「学習障害の判断・実態把握基準（試案）」が示され，さらには，学習障害児の指導体制モデルとして，「校内委員会」「専門家チーム」「巡回相談」のシステムが提示された。ここに，今日の特別支援教育の原型が芽生えたといえる。

学習障害の定義
現在，日本で用いられている学習障害の定義は，この最終報告で示されたものである。

（4）特別支援教育への急速な動き

　2000 年代に入ると，特別支援教育への動きは一気に加速する。その動きはきわめて速く，エポックとなる事項も多いので，まず始めに**事項のリスト**をあげ，その中で特に重要なものについて説明したい。

事項のリスト
リストにある報告や答申は，すべて文部科学省の HP に掲載されているので，詳しく知りたい人は HP を検索されたい。

1）特別支援教育への主な動き

　① 2000 ～ 2002 年度：「学習障害（LD）等指導体制充実事業」の実施。

　② 2001 年 1 月：文部科学省「特殊教育課」を「特別支援教育課」に変更。

　③ 2001 年 1 月：「21 世紀の特殊教育の在り方について」（最終報告）。

　④ 2002 年 10 月：「今後の特別支援教育の在り方について」（中間報告）。

　⑤ 2003 年 3 月：「今後の特別支援教育の在り方について」（最終報告）。

　⑥ 2003 ～ 2004 年度：「特別支援教育体制推進モデル事業」の全国的実施。

　⑦ 2004 年 1 月：文部科学省が「特別支援教育の体制整備のためのガイドライン（試案）」を公表。

　⑧ 2004 年 12 月：中央教育審議会特別支援教育特別委員会「特別支援教育を推進するための制度の在り方について」（中間報告）。

　⑨ 2005 ～ 2006 年度：「特別支援教育体制推進拡大モデル事業」の全国的実施。事業の対象を幼稚園と高校に拡大。

　⑩ 2005 年 12 月：中央教育審議会特別支援教育特別委員会「特別支援教育を推進するための制度の在り方について」（答申）。

　⑪ 2006 年 4 月：学校教育法施行規則の一部改正。

　上記から，2001 年から 2006 年にかけての 5 年間の特別支援教育に向けての

動きが，いかに急速だったかがわかるだろう。それは，学校教育関係者にとっては，「息つく間もない」と感じられるほどのスピードであった。この中では，④⑤⑪が特に重要なので，その内容について説明する。

2）「今後の特別支援教育の在り方について」の報告 3) 4)

この報告は2回に分けて行われたが，中間報告では，参考資料として，全国の小・中学校の通常の学級を対象とした**実態調査結果**が示された。結果では，通常の学級にいて学習面や行動面，対人関係面に困難を示す児童の割合は6.3%とされ，全国の学校教育関係者に大きな衝撃を与えた。2002年当時，特殊学級と盲・聾・養護学校に在籍する児童生徒の割合が1.4%だったことを考えると，6.3%という数値は，従来の特殊教育の対象児のほかに，その4.5倍の数の子どもたちが，新たに特別な支援を必要としていることを意味する。その点で，この数値は，大きなインパクトとなったのである。

中間報告の半年後に行われた最終報告では，以下のような，特別支援教育制度のあらましが示された。

① 個別の指導計画，個別の教育支援計画の作成。
② 特別支援教育コーディネーターの配置。
③ 広域特別支援連携協議会（地域支援ネットワーク）の設置。
④ 特別支援教室（仮称）への移行構想。
⑤ 盲・聾・養護学校から特別支援学校への名称変更と学校の役割の追加。

以上のうち，①～③と⑤については，現在すでに実施されていることであり，本書の別のパートで詳しく説明する。一方，④はまだ実現していないが，特別支援教育の推進とインクルーシブ教育の実現にかかわる重要な事項なので，その内容と意義を述べておきたい。

報告に示された特別支援教室（仮称）とは，米国のリソースルームをモデルとしたもので，ひと言でいえば，今ある特別支援学級と通級指導教室を融合させたような教室といえる。教室は，すべての小・中学校に設置することが望ましいとされ，小・中学校に通う子どもたちは，障害の有無にかかわらず，全員

実態調査結果
10年後の2012年に行われた同様の調査結果では，6.5%である。

コラム　特別な支援を必要とする児童生徒の割合

1998年の時点で，特別な教育支援を受けている児童生徒の割合を日米で比較すると，米国が10.6%であるのに対して，日本は1.17%にとどまっていた。この大きな違いは，主に，通常の学級にいる子どもが支援の対象となっているかどうかによるものであった。

日本でも，特別支援学級・特別支援学校にいる子どもの割合（約3.1%：2017年度）に，通常の学級で支援が必要な子どもの割合（6.5%：2012年調査結果）を加えると，米国にほぼ匹敵する数値（約9.6%）になる。

が通常の学級に籍をおき，特別な支援の必要性に応じて，特別支援教室で指導を受けることになる。支援が必要な子どもたちは，一人ひとりのニーズに基づいて，通級指導教室のように週 1 回 1 時間の指導を特別支援教室で受けることもできるし，特別支援学級のように 1 日の授業の多くを特別支援教室で受けることもできる。

　この構想は，インクルーシブ教育の理念を背景においた，非常に斬新なものであったが，2003 年当時の学校現場にとってはあまりに斬新すぎた感があり，「それでは，特殊学級（当時）の機能が維持できない」という強い反対の声が生じた。そのため，2005 年の中央教育審議会答申[5]では，「取り組むべき中・長期的な課題」とされ，今日に至っている。しかし，この特別支援教室構想が，インクルーシブ教育システムの構築に不可欠な課題として残されていることを，ぜひ知っておいていただきたい。

3）学校教育法施行規則の一部改正

　特別支援教育の法制化の 1 年前に学校教育法施行規則が改正され，さらに，特別支援教育の基盤づくりが進んだ。改正の内容は，通級指導教室と情緒障害学級に関するもので，通級指導教室については，**LD，ADHD を対象とする通級指導教室**の開設が可能になった。また，通級による指導時間と**指導対象の弾力化**が図られた。もうひとつの改正は，従来用いられていた「情緒障害」という用語を，自閉症と心理的問題に区分したことである。それによって，「情緒障害特殊学級」は「自閉症・情緒障害特殊学級」に改称され，自閉症の特性に合わせた指導の必要性がより明確となった。

LD，ADHD を対象とする通級指導教室
教室の通称はさまざまであるが，「学びの教室」と呼ばれていることが多い。

指導対象の弾力化
言語障害対象，LD，ADHD 対象といった教室種別にかかわらず，担当教員の専門性があれば，異なる障害種別の子どもにも指導できるようになった。

2　特別支援教育の法制化と支援のシステム

（1）法制化の概要

　2007 年 4 月に学校教育法の一部を改正する法律が施行され，幼稚園，小・中学校，高等学校（中等教育学校を含む）で，障害のある子どもだけでなく，特別な支援を必要とするすべての子どもに対して，特別支援教育を行うことが定められた。また，それまでの「特殊学級」は「特別支援学級」に，「盲・聾・

コラム　「情緒障害」という用語について

　「情緒障害」という用語は本来，不登校，緘黙，愛着障害など，心理的な問題から生じる状態をさす言葉であるが，日本では，伝統的に，自閉症を情緒障害に包含してきた経緯がある。そのため，情緒障害特殊学級に在籍する子どもの多くが自閉症児という，用語上の混乱が長く続いていた。

養護学校」は「特別支援学校」に改称され，特別支援学校においては，単一の障害種別への対応だけでなく，**複数の障害種別に対応した教育が実施できる**ように制度変更がなされた。さらに，特別支援学校については，学校としての役割に加えて，「幼稚園，小学校，中学校，義務教育学校，高等学校又は中等教育学校の要請に応じて，第81条第1項に規定する幼児，児童又は生徒の教育に関し必要な助言又は援助を行うように努める」（学校教育法第74条，条文中第81条第1項は p.53 参照）こと，すなわち「センター的役割」が追加された。

複数の障害種別に対応
複数の障害種別に対応する特別支援学校を「総合支援学校」と呼んでいる。

(2) 特別支援教育のシステム

特別支援教育の法制化によって，学校教育のシステムはどのように変わったのだろうか。その要点は，学校教育のすべての場面で，特別な教育ニーズがある子どもに効果的な支援を行うために，① 学校・園内に新しい組織や役割を設けること，② 子ども一人ひとりに応じた**個別支援のプログラム**を作成すること，③ 保護者・家庭との連携を図ること，④ 学校・園と外部機関の連携を図ること，の四つにまとめられる。図 2-1 は，こうした特別支援教育システムの全体像を示したものである。以下，図 2-1 にあげた項目について順に説明する。

個別支援のプログラム
特別な支援が必要な子どものための個別的な支援プログラムには，「個別の指導計画」と「個別の教育支援計画」がある。

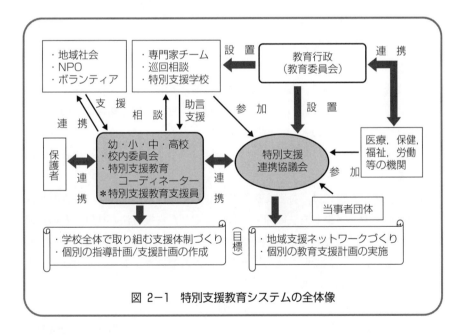

図 2-1　特別支援教育システムの全体像

1）校内委員会

学校・園の特別支援教育の体制づくりの中心となるのが校内委員会である。校内委員会は，学校・園によっては教育支援委員会や特別支援委員会などと呼んでいることもある。校内委員会のメンバーは，これも学校・園によってさまざまであるが，管理職（校長・教頭），特別支援教育コーディネーター，学級担任，生徒指導担当者，特別支援学級担任，養護教諭などから構成されていることが多い。校内委員会の主な役割は，次のようなものである。

① 自校（園）の特別支援教育の企画と推進にあたる。

② 自校（園）の児童生徒全員を対象とした実態把握を行い，特別な支援を必要とする子どもの存在を把握する。

③ 支援が必要な子どもの実態と配慮・支援の必要性に関する教職員全員の共通理解を図る。

④ 必要な配慮・支援を行うための校内体制をつくり，個別の指導計画に基づいて支援を実践する。

⑤ すべての保護者と学校を取り巻く地域に特別支援教育に対する理解を高める働きかけをする。

⑥ 必要な場合には，保護者の了解を得たうえで，専門家チームに相談したり，巡回相談を依頼したりするなどの，外部機関との連携を図る。

2）特別支援教育コーディネーター

各学校・園の特別支援教育を推進するうえで，キーパーソンとなるのが特別支援教育コーディネーター（以下，コーディネーター）である。コーディネーターは，校内委員会や校内研修会の企画・運営にあたるとともに，特別な支援が必要な子にかかわる教職員間の連絡・調整を行う。また，関係諸機関との連携や保護者との相談等の窓口としての役割を担う。このように，コーディネーターの役割は多岐に渡っているが，ひと言で表せば「つなぐ役割」がその仕事の中心である（図2-2）。

コーディネーターには，特別支援教育についての理解，子どもの特性を把握するための**アセスメント方法**の理解，特性に応じた支援方法の理解などの専門的知識に加えて，「つなぐ役割」を果たしていくための調整能力が求められるが，最も重要なのは，関係者間の連絡・調整にあたる際のフットワークの軽さと人間関係を調整する能力である。

だれをコーディネーターに指名するかは，学校の実情によって異なり，教頭，主幹教諭，教務主任，生徒指導主事などが務めている学校もあれば，通常の学級や特別支援学級の担任，通級指導教室の担当者，養護教諭などの場合もある。また，コーディネーターの数は，幼稚園や小学校では1名であることが多いが，より規模が大きい中学校や高等学校では，複数名おいているところもある。

コーディネーターを巡っては，① ほかの仕事との兼務であるために物理的

アセスメント方法
子どもの特性を把握するためのアセスメントには，① 心理検査，② 学力アセスメント，③ 行動アセスメント等がある。

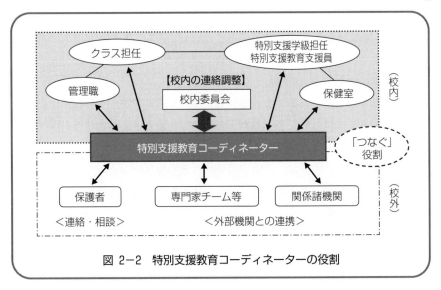

図 2-2　特別支援教育コーディネーターの役割

制約が大きい（コーディネーターの役割を果たす時間がない），② コーディネーターの権限が不明確である，という問題が指摘されている。こうした問題は，コーディネーターが「特別支援教育のキーパーソン」であるにもかかわらず，法令的な裏づけのない，単なる「係」的役割にすぎないことから生じている。各学校・園での特別支援教育の一層の充実を図るためには，今後，コーディネーターを教務主任や生徒指導主事などと同様の法令的に規定された役割としていくことが必要であろう。

3）特別支援教育支援員

特別支援教育支援員（以下，支援員）とは，「幼稚園，小・中学校，高等学校において障害のある幼児児童生徒に対し，食事，排泄，教室の移動補助等学校における日常生活動作の介助を行ったり，発達障害の児童生徒に対し学習活動上のサポートを行ったりする」人のことである [6]。支援員についての国の予算措置は，小・中学校は 2007 年度，幼稚園は 2009 年度，高等学校については 2011 年度に開始されたが，国の予算によるもののほか，地方自治体が独自に支援員を任用しているケースもある。

支援員の資格については特に定めがなく，教員としては位置づけられていないため，授業を行うことはできないが，教員と連携してさまざまな支援を行うことで，特別な教育ニーズがある幼児児童生徒への対応に重要な役割を果たす。

また，近年，支援員とは別に，「学生支援員」や「スクールサポーター」といった名称で，教員を目ざす学生が，学級担任やコーディネーターの指導の下に，子どものサポートにあたるケースも一般化している。

4）専門家チーム，巡回相談，センター的機能の活用

特別支援教育以前の時代は，「学校内の問題は学校内の職員だけで解決にあ

支援員の資格
特別支援教育支援員の資格には特に定めがなく，教員免許状など何らかの資格の所有を条件にしている自治体と特に資格を求めない自治体の両方がある。

たる」という姿勢が強かったが，学校だけでは解決できない問題について，外部の組織・機関と連携し取り組むようになったことが，特別支援教育の特色のひとつである。その最初の取り組みとなったのが，専門家チーム，巡回相談，**特別支援学校のセンター的機能**の活用である。

特別支援学校のセンター的機能
2007年の改正学校教育法に，地域の学校・園への「助言又は援助に努める」ことが明記された。

都道府県・政令指定都市の教育委員会が設置する専門家チームは，学識経験者や障害者支援に詳しい医療・教育・福祉の専門家などから構成され，学校からの特別支援に関する相談や障害に関する判断依頼を受けて，学校に指導・助言する。また，巡回相談は，都道府県単位と市町村単位の両方で実施されているが，特別支援教育・障害者支援に詳しい専門家が学校を訪れ，支援が必要な子どもの様子を実際に見ながら，適切な支援のあり方について学校側と協議し，子どもにかかわる教員にアドバイスを行う。

さらに，特別支援学校は，地域の特別支援教育のセンターとして，幼稚園，小・中学校，高等学校，中等教育学校への情報提供や研修協力，障害のある幼児児童生徒の指導・支援にかかわる相談を行う「センター的役割」を担う。

なお，専門家チームや巡回相談，特別支援学校のセンター的機能を活用する場合には，事前に，保護者の了解（年長児では本人の了解を含む）を得ておかなければならない。

5）特別支援連携協議会

障害のある子どもに対しては，教育以外にもさまざまな支援が必要であるが，特別支援教育以前の時代には，教育，医療，保健，福祉，労働等の各部局が個別に支援を行っていることが多かった。いわゆる縦割り行政の弊害である。特別支援教育では，こうした縦割り行政の弊害を改め，関係部局が相互に連携・協力しながら子どもたちの「今」と「将来」を支援することを目ざしている。そのために設けられたのが，特別支援連携協議会である。

特別支援連携協議会には，都道府県が設置する「特別支援広域連携協議会」と市町村が設置する「特別支援連携協議会」の二つがあるが，どちらも，教育，医療，保健，福祉，労働の関係者が一同に会し，その地域の障害者支援の関連部局が連携・協力した支援システムづくりに取り組んでいる。また，特別支援連携協議会には，保護者や障害者団体の代表も参加し，支援システムのあり方についての**当事者の意見・要望**を述べる機会が用意されている。

当事者の意見・要望
障害者権利条約では，障害のある人の支援にあたって，「当事者の意思が最大限に尊重されなければならない」とされている。

6）個別の指導計画・教育支援計画

1）〜5）で述べた支援体制をもとに，特別な教育ニーズがある子どもの支援を展開していくためのツールが「個別の指導計画」と「個別の教育支援計画」である。これらについては次節で詳しく説明するが，次のように定義されている。

①　**個別の指導計画**　　学校の教育課程において，幼児児童生徒一人ひとりの障害の状態等に応じたきめ細やかな指導が行えるよう，指導目標や指導内

容・方法等を具体的に表した指導計画。

　② **個別の教育支援計画**　　在学中のみならず乳幼児期から学校卒業後までを見通した視点をもって作成され，教育，医療，保健，福祉，労働等の関係機関が連携協力して支援するためのツール（道具）となるもの。

　この定義にあるように，個別の指導計画と個別の教育支援計画は，子ども一人ひとりのニーズに応じたきめ細やかな支援を行うための「車の両輪」となるもので，「学校・園で日々具体的にどのような支援を行うかの計画」が個別の指導計画，「今行っている支援を子どもの長期的な成長・発達過程の中にどのように位置づけるか」が個別の教育支援計画だといえる。

3　特別支援教育の広がりと今後の課題

（1）学校が従来行ってきた取り組みとの関連

　特別支援教育が始まる以前から，学校では，学力向上，人権教育，生徒指導，進路指導などのさまざまな取り組みが行われていた。特別支援教育が始まった当初，特別支援教育はこれらの取り組みに加わる「新たな取り組み」ととらえられることが多かったが，特別支援教育の実践が進むにつれて，特別支援教育は「新たな取り組み」ではなく，これまで学校が行ってきたさまざまな取り組みのすべてにかかわる「新たな視点」だと認識されるようになってきた。図2－3に示すように，特別支援教育は，子どもたち一人ひとりの教育ニーズに応じた配慮・支援を行ううえで，また，「個の違い」を互いに尊重し合う仲間関係・集団の形成を目ざすうえで，これまで学校が行ってきたすべての取り組みに関係する「視点」であり，その土台となるものなのである。

　こうした認識は，国（文部科学省）の教育施策にも反映され，2010年（2022年改訂）の『**生徒指導提要**』では，生徒指導において発達障害のある幼児児童

生徒指導提要
生徒指導の実践に際し，教員間や学校間で教職員の共通理解を図り，組織的・体系的な生徒指導の取り組みを進めることができるようにするための，学校・教職員向けの基本書。

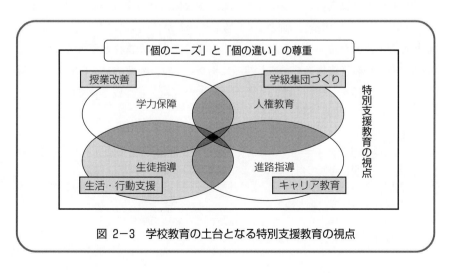

図 2-3　学校教育の土台となる特別支援教育の視点

生徒に配慮することの必要性や，従来の「年齢輪切り」的な指導を改め，幼児期から高校期までの生徒指導に系統性と一貫性をもたせる必要があること（この視点は「個別の教育支援計画」とも共通する）が述べられている。

　さらに，画期的だったのは，2017 年に告示された小・中学校学習指導要領である。それまでの学習指導要領（2008 年）では，特別な教育ニーズについて，弱視，難聴・言語障害，肢体不自由，LD，ADHD など「障害別」に配慮事項が述べられていたが，2017 年告示学習指導要領では「障害別」を「困難さ別」に改め，「語彙が少ない」「聞いたことが記憶できない」「注意のコントロールが困難」などの困難さに応じた配慮・支援を，各教科の学習において行うことが示された。こうした支援ニーズのとらえ方の変化は，「障害の有無にかかわらず支援の必要性がある子どもすべてに必要な配慮・支援を行う」という特別支援教育の理念を反映したものであると同時に，特別支援教育の視点が学校の授業（教科学習）場面でも重要なことを示したものだといえる。

（2）特別支援教育の今後の課題

1）高等学校における特別支援教育の推進

　特別支援教育の時代に入っても，高等学校では，「義務教育ではない」という理由から，特別支援教育への取り組みが遅れている状態が続いていた。高等学校での特別支援教育の取り組みが本格的に始まったのは，2010 年代の後半に入ってからである。2016 年 12 月に学校教育法施行規則の一部が改正され，2018 年度から高等学校にも通級指導教室が設置されるようになったが，全国的にまだその数は少なく，高等学校における特別支援教育の推進が今後の大きな課題である。

2）社会的自立・就労を目ざす支援

　特別支援教育が法制化されて 15 年余が経過した現在，学校における特別支援の体制づくりは進展したが，その一方，学校における支援の取り組みはまだ「学校生活をいかに円滑に（問題なく）過ごさせるか」の段階にとどまっていて，学校教育を終えた後の社会的自立・就労を視野に入れた支援が不十分な状態である。今後の特別支援教育の取り組みにあたっては，将来の社会的自立・就労に向けての支援をどう行っていくかが，大きな課題として残されている。

　[演習課題]
1. 2003 年の報告で示された「特別支援教室（仮称）」の構想について，その意義と教室実現に向けての課題を考えてみよう。
2. 個別の指導計画と個別の教育支援計画の違いと，これら二つの計画を作成する必要性について，まとめてみよう。
3. 学力保障，人権教育，生徒指導，進路指導といった学校での取り組みと特別支援教育がどう関係するのかを説明してみよう。

引用文献

1）文部省特殊教育に関する研究調査会：軽度心身障害児に対する学校教育の在り方（報告），1978.
2）文部省通級学級に関する調査研究協力者会議：通級による指導に関する充実方策について（審議のまとめ），1992.
3）文部科学省特別支援教育の推進に関する調査研究協力者会議：今後の特別支援教育の在り方について（中間報告），2002.
4）文部科学省特別支援教育の推進に関する調査研究協力者会議：今後の特別支援教育の在り方について（最終報告），2003.
5）文部科学省中央教育審議会特別支援教育特別委員会：特別支援教育を推進するための制度の在り方について（答申），2005.
6）文部科学省中央教育審議会 特別支援教育の在り方に関する特別委員会 第13回配布資料8，2011.

参考文献

・文部科学省：生徒指導提要，2022.
・文部科学省：学習指導要領改訂案別紙4，2016.
・文部科学省：高等学校における通級による指導，2016.

③　個別の教育支援計画・個別の指導計画

1　個別の教育支援計画作成の経緯

　2003年度から実施された障害者基本計画（厚生労働省）では，「障害のある子どもの発達段階に応じて，関係機関が適切な役割分担の下に，一人一人のニーズに対応して適切な支援を行う計画（個別の支援計画）を策定して効果的な支援を行う」ことが示された。

　同年には「今後の特別支援教育の在り方について（最終報告）」（文部科学省）において，「教育，福祉，医療，労働等が一体となって乳幼児期から学校卒業後まで障害のある子ども及びその保護者等に対する相談及び支援を行う体制の整備を更に進め，一人一人の障害のある児童生徒の一貫した『個別の教育支援計画』を策定することについて積極的に検討を進めていく必要がある」とされた。こうした動きを受け，2009年の特別支援学校幼稚部教育要領（以下，特支教育要領）・特別支援学校小学部・中学部および高等部学習指導要領（以下，特支学習指導要領）の改訂で，学校・医療・福祉・労働等の関係諸機関が連携し，障害のある幼児児童生徒の個々のニーズに応じた指導を行うため，個別の教育支援計画を作成することが義務づけられた（2017年告示特支小学部・中学部学習

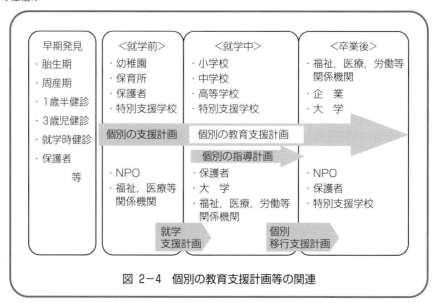

図 2-4　個別の教育支援計画等の関連

指導要領　第1章第5節1 (5)，特支教育要領　第1章第6 3 2019年告示特支高等部学習指導要領　第1章第5款1 (7)）（図2-4）。

　特別支援学校以外では，2017年，2018年告示の幼稚園教育要領（以下，教育要領），小・中・高等学校学習指導要領（以下，学習指導要領）にも，障害のある幼児児童生徒の指導にあたっては，個々の幼児児童生徒の障害の状態などに応じた指導内容や指導方法の工夫を組織的かつ計画的に行い，家庭，地域及び医療や福祉，保健等の業務を行う関係機関との連携を図り，個別の教育支援計画を作成し活用することに努めることとされている。

2　個別の教育支援計画の作成

（1）書　式

　個別の教育支援計画の書式はさまざまだが，都道府県や学校単位で統一されている。以下に主な内容を示すが，各書式により記載内容は異なる。

　① 基礎的な情報

・氏名，性別，生年月日，住所，保護者氏名，連絡先

・障害名（診断名），諸検査の記録等，障害者手帳の有無，生育歴，教育歴，家族構成・状況，学習の状況，既往歴（疾患名，主治医名，服薬等），利用している諸機関，発達の状況

・好きなこと，趣味等

　② 現在の状況

・本人，保護者の学校生活への期待，希望など

・現在の様子（得意なこと，努力していること，不安なことなど）

・学校や家庭における状況

　（健康，心理（情緒），認知，身体の動き，対人関係，コミュニケーションなど）

③　支援について

・支援の目標（長期目標，短期目標）

・学校の指導支援，合理的配慮

・家庭の支援

・支援機関の支援（生活マップを含む）

④　記　　録

・連携および支援の記録，支援会議の記録

・成長の様子

・次年度への引き継ぎ

（2）作成の手順

　就学前に個別の支援計画や就学支援計画（就学支援ファイル）などが作成されている場合は，それらの情報と保護者からの聞き取りなどをもとに個別の教育支援計画を作成する。就学前に保育所や幼稚園等（こども園など）以外で療育や児童発達支援等の福祉を利用している場合，事業所ごとに個別の支援計画を作成することが義務づけられているため，引き継がれた複数の個別の支援計画を参考にすることとなる。これらの個別の支援計画は保護者が持参するか，保護者の同意のもと，就学前施設等から学校に送られてくる。

　<作成手順>（図2−5）

①　入学相談時：入学の希望，どのような指導・支援を希望するかを保護者から聞き取る。

②　入学決定後：就学前施設からの資料の引き継ぎや情報収集の許可を得る。就学前施設等からの資料を受け取る。最近では**保幼小連携**が進められており，直接引き継ぎを行うことも増えている。

　　また，入学手続き，入学説明会などの際に保護者から聞き取りを行ったり，保護者アンケートを渡して，入学時に提出してもらうこともできる。

③　入学時：より詳細な学習状況，地域の関係機関との連携などを聞き取る。特にリハビリテーションや放課後等デイサービスの利用など，入学に際し変更になることや新たに始まることなどもあるので，関係機関については必ず確認する。

④　入学後1か月くらい：個別の教育支援計画を保護者に提示し，訂正等がないか確認する。

保幼小連携
保育所・幼稚園等の幼児教育段階と小学校を接続する取り組み。スムーズな連携を目ざし，小1プロブレム解消にもつながる。

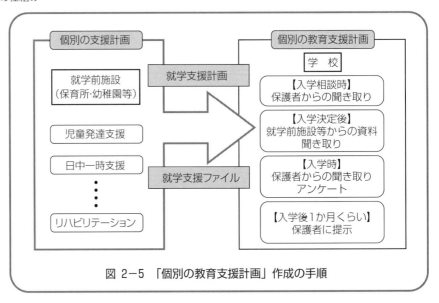

図 2-5　「個別の教育支援計画」作成の手順

（3）作成・活用上の留意点

　個別の教育支援計画は中・長期的なキャリア発達の視点に立って，作成する必要がある。

① 子どもの生育歴や支援の経過などを踏まえつつ，生活年齢に配慮した目標設定を行う。その際，特に思春期の心のケアやその人らしさの伸長にも配慮する。

② 学校内外での連携ツールであることから，福祉や医療関係者とも相互に理解できる言葉で書く。

③ 個人情報が書かれているため，管理には細心の注意を要するが，同時に必要なときに見ることができるような保管方法を検討する。

④ 中・長期的な計画であるため，見直しが頻回であることは好ましくないが，特に成長・発達や生活の広がりにより変更が必要になる。生活年齢や生活状況，発達に応じ，適宜変更を行うことも視野に入れる。

⑤ 生涯発達を支援する視点をもち，個別の指導計画や個別の移行支援計画などと関連づける。

（4）個別の教育支援計画の例

　次頁以降に学校生活支援シートと個別の教育支援計画の様式例を図2-6～図2-9に示す。

図2-6　学校生活支援シート　小・中学校用　様式例

出典）東京都教育委員会HP

学校生活支援シート
（個別の教育支援計画）

年度作成

	フリガナ		
本人	氏　名		性　別
	住　所		生年月日　年　月　日生
	保護者氏名		緊急連絡先
	愛の手帳	度	（　　年　月　交付）
	身障手帳	種　級	（　　年　月　交付）
	障害の様子		
学校		校長名	
		担任名	
備考			

1　学校生活への期待や成長への願い（こんな学校生活がしたい、こんな子供（大人）に育ってほしい、など）

本人から

保護者から

2　現在のお子さんの様子（得意なこと・頑張っていること、不安なことなど）

3　支援の目標

学校の指導・支援	家庭の支援

年度作成

4　支援機関の支援　児童・生徒名：　　　　0

	年度	年　組	担任名：	連絡先：
在籍校	年度	年　組	担任名：	連絡先：
	年度	年　組	担任名：	連絡先：
	支援機関：	（　　）～（　　）	担当者：	連絡先：
	支援内容：			
	支援期間：			
	支援機関：	（　　）～（　　）	担当者：	連絡先：
	支援内容：			
	支援期間：			
	支援機関：	（　　）～（　　）	担当者：	連絡先：
	支援内容：			
	支援期間：			
	支援機関：	（　　）～（　　）	担当者：	連絡先：
	支援内容：			
	支援期間：			

5　支援会議の記録

日時　年　月　日　～　：時	参加者：	協議内容・引継事項等
日時　年　月　日　～　：時	参加者：	協議内容・引継事項等
日時　年　月　日　～　：時	参加者：	協議内容・引継事項等
日時　年　月　日　～　：時	参加者：	協議内容・引継事項等
日時　年　月　日　～　：時	参加者：	協議内容・引継事項等

6　成長の様子

7　来年度への引継ぎ

以上の内容について了解し確認しました。

年　月　日　保護者氏名　　　　　　　　

図 2-7　学校生活支援シート　特別支援学校用　様式例

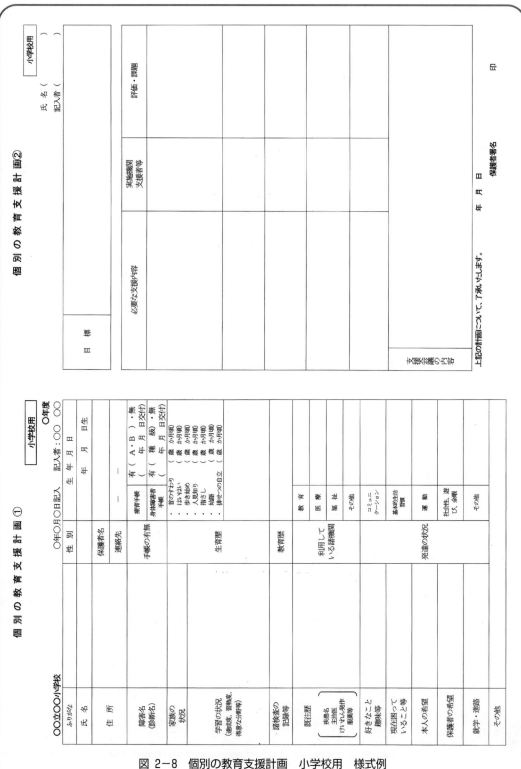

図 2-8　個別の教育支援計画　小学校用　様式例

出典）愛媛県教育委員会HP

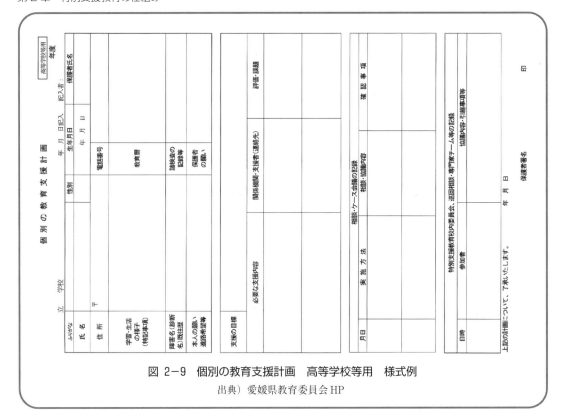

図 2-9　個別の教育支援計画　高等学校等用　様式例

出典）愛媛県教育委員会HP

3　個別の教育支援計画の活用

　　個別の教育支援計画の役割は二つある。ひとつは，幼児期から学校卒業まで，一貫した相談・支援を行うための道標，もうひとつは福祉・医療・労働等の関連機関との連携ツールである。

　　地域の福祉・医療機関，労働機関，地域の小・中学校，親の会，NPO 等，子どもにかかわるすべての機関が連携し，一人ひとりの教育的ニーズに応じた効果的・効率的な教育を行うために，個別の支援会議などで個別の教育支援計画を活用することが望ましい。

　　このように就学中の情報の一元化が可能であるが，重要な個人情報が多く含まれているため，慎重な取り扱いが求められている。

4　個別の指導計画とは

　　個別の指導計画は，1999 年の特支学習指導要領改訂の際に自立活動ならびに重複障害者の指導に対して作成することとなった。2009 年の特支学習指導

要領改訂では，各教科等についても作成することとなった。2017 年告示特別
支援学校小学部・中学部学習指導要領（以下，特支小中学習指導要領）の第 1 章
総則第 3 節教育課程の編成で，以下のように示されている。

　3　教育課程の編成における共通的事項
（3）指導計画の作成等に当たっての配慮事項
　イ　各教科等の指導に当たっては，個々の児童又は生徒の実態を的確に把握し，次の事
　　項に配慮しながら，個別の指導計画を作成すること。
　（ア）児童又は生徒の障害の状態や特性及び心身の発達の段階等並びに学習の進度等を
　　　考慮して，基礎的・基本的な事項に重点を置くこと。
　（イ）児童又は生徒が，基礎的・基本的な知識及び技能の習得も含め，学習内容を確実
　　　に身に付けることができるよう，それぞれの児童又は生徒に作成した個別の指導計
　　　画や学校の実態に応じて，指導方法や指導体制の工夫改善に努めること。その際，
　　　児童又は生徒の障害の状態や特性及び心身の発達の段階等並びに学習の進度等を考
　　　慮して，個別指導を重視するとともに，グループ別指導，繰り返し指導，学習内容
　　　の習熟の程度に応じた学習，児童又は生徒の興味・関心等に応じた課題学習，補充
　　　的な学習や発展的な学習などの学習活動を取り入れることや，教師間の協力による
　　　指導体制を確保することなど，指導方法や指導体制の工夫改善により，個に応じた
　　　指導の充実を図ること。その際，第 4 節の 1 の（3）に示す情報手段や教材・教具
　　　の活用を図ること。

　各学校で個々の児童生徒の実態に応じて適切な指導を行うために，各教科等
の指導を行う際には，基礎的・基本的な事項に重点をおき，指導形態や指導方
法・指導体制の工夫改善，さまざまな情報手段や教材教具の活用を図るよう配
慮した個別の指導計画を作成しなければならない。個別の指導計画は，障害の
ある児童生徒一人ひとりの指導目標・指導内容および指導方法を明確にしたき
め細やかな指導をするために，教員が作成するものである。したがって，個別
の指導計画は，計画（Plan）－実践（Do）－評価（Check）－改善（Action）の
PDCA サイクルによって，指導の改善を目ざすために重要なツールでもある。
　個別の指導計画の作成は，各学校で行われるために各学校の実情に応じて創
意工夫されるものである。書式も都道府県市町村，または各学校によってさま
ざまなものがある。図 2－10，2－11 に文部科学省の様式例を示した。

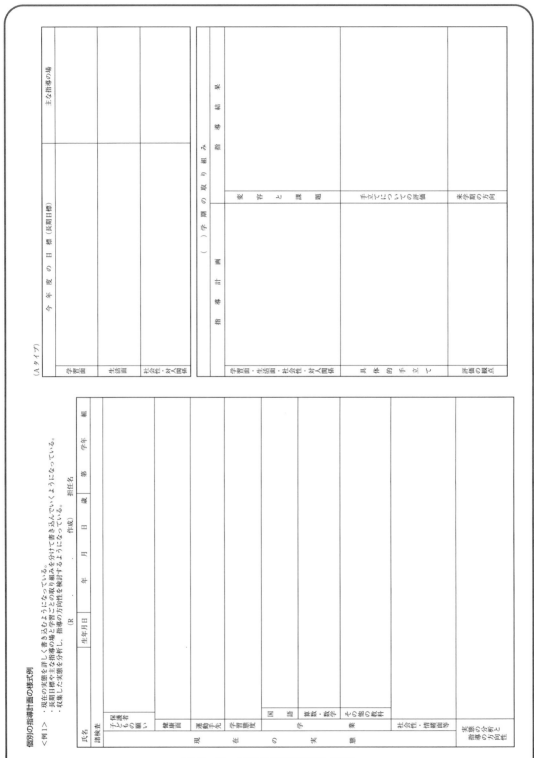

図 2－10　個別の指導計画様式例１

出典）文部科学省 HP

「教科名」　年間指導計画　　　　作成者（　　・　　・　　）　　　年度

氏名	性別	学年	担任	作成者（　・　・　）	作成月日

月	題材／単元名	支援形態	学習形態	学習内容	時間	場所	その他の指導事項
4							
5							
6							
7							
9							
10							
11							
12							
1							
2							
3							

支援形態	①担任の配慮で	②複数の教師で	③個別で取り出して	④専門家の協力で
学習形態	①一斉	②グループ	③個別	④コース別
学習内容	①同じ内容	②一部別内容	③別内容	
時間	①時間内	②時間外		
場所	①通常の学級で	②特別な場を設けて	③通級指導教室を利用して	④校外で

（文部科学省HP掲載例）

＜例2＞題材や単元ごとに1年間にわたって書き込めるようになっている。

作成者（　　・　　・　　）　　　年度

氏名	性別	学年	担任	作成月日

①前年度までの学習の様子	※個別に支援を必要とした学習内容
②実態把握	・PRS ・知能検査（IQ　　SS　　実施日　　） ・学力検査（国語　SS　算数　SS　実施日　） ・国語チェックリスト　算数　｝　SS
③支援を必要とする学習内容	※①②の結果を基に
④1年間の指導計画　計画別紙	※教科の年間指導計画に照らし合わせて単元ごとの支援の内容を計画する
⑤指導の実態　別紙	※単元ごとの指導計画参照
⑥指導に関する成果と課題	
⑦次年度への引継事項及び課題	
⑧保護者の願い等	※面談の結果などから

図 2-11　個別の指導計画様式例2

出典）文部科学省HP

49

5 個別の指導計画の作成と評価

　各教科と自立活動では，指導目標や指導内容の設定に至る手続きが異なることに注意が必要である。各教科の内容は原則として学習指導要領に示されたすべてを取り扱うことになるのに対して，自立活動の内容は幼児児童生徒の個々の実態に即した指導目標を達成するために必要な項目を選定して取り扱うものである。いずれの場合においても教員間の共通理解を図り指導の系統性を担保するために，個別の指導計画は重要な役割をもつ。

(1) 各教科の個別の指導計画の作成

　各教科で作成する個別の指導計画には，児童生徒一人ひとりの各教科の習得状況や既習事項を確認するための実態把握が必要である。次に，児童生徒が卒業するまでに各教科等の指導を通して，どのような資質・能力の育成を目ざすのか，各教科の指導内容の発展性を踏まえ，指導目標を明確にすることが重要である。指導内容を習得し指導目標を達成するために，一人ひとりに対する指導上の配慮事項を付記するなど，児童生徒の実態や各教科等の特質等を踏まえて，様式を工夫して作成する。

(2) 自立活動の個別の指導計画の作成

　自立活動の個別の指導計画の作成は，まず，個々の児童生徒の実態把握に基づき，指導すべき課題を整理し，指導目標を明らかにしたうえで，特支学習指導要領に示す内容の中から必要な項目を選定し，それらを相互に関連づけて具体的な指導内容を設定する必要がある。また個別の指導計画に基づいた系統的な指導を展開することが重要である。

(3) 個別の指導計画に基づく評価

　2017 年告示の特支小中学習指導要領第 1 章総則第 4 節教育課程の実施と学習評価には，各教科等の指導にあたっては，個別の指導計画に基づいて行われた学習状況や結果を適切に評価し，指導目標や指導内容，指導方法の改善に努め，より効果的な指導ができるようにすることが示された。個別の指導計画に基づいて児童生徒に何が身についたかという学習の成果を的確にとらえ，個別の指導計画の実施状況の評価と改善および教育課程の評価と改善を行うことで，子どもの学びを適切に支えていくことが求められている。

[演習]課題
1. 自分の自治体，勤務先で使われている個別の教育支援計画の書式を調べ，ほかの自治体の書式と比較してみよう。

2. 個別の教育支援計画の作成手順について，まとめてみよう。
3. 個別の指導計画の作成手順について，まとめてみよう。
4. 個別の指導計画の評価について，まとめてみよう。

参考文献
・文部科学省初等中等教育局特別支援教育課：21 世紀の特殊教育の在り方について（最終報告），2001.
・文部科学省特別支援教育の推進に関する調査研究協力者会議：今後の特別支援教育の在り方について（最終報告），2003.
・厚生労働省：障害者基本計画，2003.

 4　基礎的環境整備

1　基礎的環境整備とは

　基礎的環境整備の考え方は，国連の障害者の権利に関する条約（以下，障害者権利条約）で示された「合理的配慮」の考え方がもとになる。日本は，この障害者権利条約へ 2007 年に署名し，批准を目ざした。その過程において，教育に関する制度の改革・整備が求められ，中央教育審議会（以下，中教審）の初等中等教育分科会特別支援教育の在り方に関する特別委員会の下に設置されている「合理的配慮等環境整備検討ワーキンググループ」で，2011 年 7 月から 8 回にわたって議論が進められた。同ワーキンググループは，2014 年の報告で「基礎的環境整備」を以下のように定義づけた（2012）。

> 合理的配慮等環境整備検討ワーキンググループ　報告（2012）
> 　1.「合理的配慮」の定義等について
> 　（2）「合理的配慮」と「基礎的環境整備」
> 　①　障害のある子どもに対する支援については，法令に基づき又は財政措置により，国は全国規模で，都道府県は各都道府県内で，市町村は各市町村内で，教育環境の整備をそれぞれ行う。これらは，「合理的配慮」の基礎となる環境整備であり，それを「基礎的環境整備」と呼ぶこととする。これらの環境整備は，その整備の状況により異なるところではあるが，これらを基に，設置者及び学校が，各学校において，障害のある子どもに対し，その状況に応じて，「合理的配慮」を提供する。
> 　②　学校の設置者及び学校は，個々の障害のある子どもに対し，「合理的配慮」を提供する。「合理的配慮」を各学校の設置者及び学校が行う上で，国，都道府県，市町村による「基礎的環境整備」は重要であり，本ワーキンググループにおいて，「基礎的環境整備」について現状と課題を整理した。

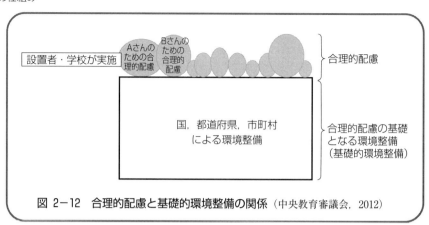

図 2−12　合理的配慮と基礎的環境整備の関係（中央教育審議会，2012）

　基礎的環境整備とは，国・地方公共団体が行うもので，合理的配慮の基礎となる教育環境の整備である。学校の設置者ならびに学校が提供するものが，合理的配慮となる。具体的には，例えば，車椅子用のスロープ付きの校舎に建て替えるというのは国・地方公共団体が行う基礎的環境整備にあたり，紙媒体の教科書の代わりにタブレット端末に入ったデジタル教科書を提供するというのは合理的配慮となる。なお，合理的配慮については，後述する第４章の「1 障害者差別解消法，合理的配慮，基礎的環境整備」で述べる。この報告に参考資料としてつけられた合理的配慮と基礎的環境整備の関係を，図2−12に示した。

　同ワーキンググループ報告を受けて，2012年7月23日に中教審初等中等教育分科会「共生社会の形成に向けたインクルーシブ教育システム構築のための特別支援教育の推進（報告）」がまとめられた。ここでもワーキンググループ報告を受けて，「3．障害のある子どもが十分に教育を受けられるための合理的配慮及びその基礎となる環境整備」の項目に，基礎的環境整備について同様の定義がなされた。

2 基礎的環境整備に関する法律

学校教育法第76条・第78条・第80条では，特別支援学校に関する規定が，以下のようになされている。

学校教育法第76条・第78条・第80条

第76条　特別支援学校には，小学部及び中学部を置かなければならない。ただし，特別の必要のある場合においては，そのいずれかのみを置くことができる。

②　特別支援学校には，小学部及び中学部のほか，幼稚部又は高等部を置くことができ，また，特別の必要のある場合においては，前項の規定にかかわらず，小学部及び中学部を置かないで幼稚部又は高等部のみを置くことができる。

第78条　特別支援学校には，寄宿舎を設けなければならない。ただし，特別の事情のあるときは，これを設けないことができる。

第80条　都道府県は，その区域内にある学齢児童及び学齢生徒のうち，視覚障害者，聴覚障害者，知的障害者，肢体不自由者又は病弱者で，その障害が第75条の政令で定める程度のものを就学させるに必要な特別支援学校を設置しなければならない。

第81条には，特別支援学校以外でも特別支援教育を行うことと特別支援学級の設置について，以下のように規定されている。

第81条　幼稚園，小学校，中学校，義務教育学校，高等学校及び中等教育学校においては，次項各号のいずれかに該当する幼児，児童及び生徒その他教育上特別の支援を必要とする幼児，児童及び生徒に対し，文部科学大臣の定めるところにより，障害による学習上又は生活上の困難を克服するための教育を行うものとする。

②　小学校，中学校，義務教育学校，高等学校及び中等教育学校には，次の各号のいずれかに該当する児童及び生徒のために，特別支援学級を置くことができる。

（中略）

③　前項に規定する学校においては，疾病により療養中の児童及び生徒に対して，特別支援学級を設け，又は教員を派遣して，教育を行うことができる。

学校教育法施行規則では，第118条から第141条にわたって特別支援学校の設置基準および特別支援学級の設備編成について，規定されている。これらの法律に基づいて，国・地方公共団体は基礎的環境整備を行わなければならない。特別支援学校には，それぞれ対象とする障害領域に応じた施設・設備が必

図 2-13　各地の特別支援学校のスクールバス

要である。文部科学省は,特別支援学校施設整備指針(最終改正:2022 年)によって,障害特性に応じた施設・設備や教材・教具等の環境整備の方向性を示している。また,幼稚園,小・中学校,高等学校についても,学校施設整備指針の 2016 年改訂の際に,学校施設のバリアフリー化の促進が行われている。

特別支援学校は各地方自治体によって設置されているが,必ずしもすべての居住地域に設置されているとは限らない。そのため,学校教育法では寄宿舎の設置を定めている。寄宿舎以外にも通学に関する基礎的環境整備として,スクールバス(図 2-13)の運行を行っている学校も多い。

障害のある子どもが学校で学ぶ際には,国・地方公共団体より特別支援教育就学奨励費によって教育関係経費の補助が行われている。これは,世帯の所得に応じて学用品費や給食費などを支給する制度で,特別支援学校への就学奨励に関する法律(昭和 29 年法律第 144 号・最終改正:平成 28 年 5 月 20 日公布平成 28 年法律第 47 号)によって規定されている。2013 年度以前は,特別支援学校または特別支援学級で学ぶ児童生徒が対象であったが,2013 年度より学校教育法施行令第 22 条の 3 に定める障害の程度に該当する通常の学級で学ぶ児童生徒についても補助対象が拡大されている。対象とする経費は,通学費,給食費,教科書費,学用品費,修学旅行費,寄宿舎日用品費・寝具費,寄宿舎からの帰省費などである。

学校で使用する教科書については「障害のある児童及び生徒のための教科用特定図書等の普及の促進等に関する法律」(通称,教科書バリアフリー法)が,2008 年に制定されている。これによって,点字教科書や拡大教科書・DAISY(デイジー)教科書などの普及が図られている。さらに,2015 年には,「デジタル教科書」の位置づけに関する検討会議が設置され,翌 2016 年には報告書がまとめられた。そこでは,多様な学習ニーズへの対応として特別支援教育において,使用義務がある紙の教科書に代えて,デジタル教科書や音声教材等を使用することが認められていないことについて,指摘・改善を求めた。2019 年 4 月からは,学校教育法の改正により,デジタル教科書の使用が可能となっている。また,文部科学省が作成している特別支援学校用教科書には,視覚障害者

DAISY(デイジー)教科書
通常の教科書と同様のテキストと画像を使用し,テキストに音声を同期させて読むことができるようにパソコンやタブレット等の端末を活用して学習する教科書。

用の点字教科書，聴覚障害者用の言語指導の教科書，知的障害者用の国語・算数・音楽の教科書がある。これらの詳細は，毎年文部科学省より公表される特別支援学校用（小・中学部）教科書目録を参照されたい。

演習課題
1. 基礎的環境整備と合理的配慮の違いについて，説明してみよう。
2. 特別支援教育就学奨励費について，説明してみよう。

参考文献
・文部科学省：特別支援学校用（小・中学部）教科書目録（令和5年度使用），2022.
・日本障害者リハビリテーション協会：マルチメディアデイジー教科書，http://www.dinf.ne.jp/doc/daisy/book/daisytext.html，2019.

⑤　障害のある子どもの就学

1　就学に関する制度の変遷

　日本において，最初の障害のある子どもの教育機関として京都盲唖院が設立されたのは，1878年のことである。その後，病弱，肢体不自由，知的障害の子どもを対象とした公立学校が順次設置されたが，すべての子どもが等しく学校教育を受けることができるようになったのは，約100年後の1979年，養護学校教育の義務制が実施されてからのことである（第1章4節参照）。

　2007年には，既述のとおり，特別支援教育が本格的にスタートし，盲・聾・養護学校の制度から，複数の障害に対応できる特別支援学校の制度に転換された。これまでの，「障害の種別や程度に応じて特別な場で教育を行う『場の教育』としての特殊教育から，子ども一人ひとりの教育ニーズに合わせる『ニーズの教育』としての特別支援教育への転換」[1]である。**就学**に関しても，障害の種別や程度に応じた選択ではなく，障害のある子ども一人ひとりの特別な教育ニーズを見極めて，個別に判断し決定していく仕組みへと改められた。

就　学
学校に入って，学童生徒となること。

2　就学に向けての支援

　近年，少子化が進む一方で，障害の重度・重複化傾向が進み，子どもたち一人ひとりの教育ニーズは多様化している。子どもたちの今後伸び行くところを

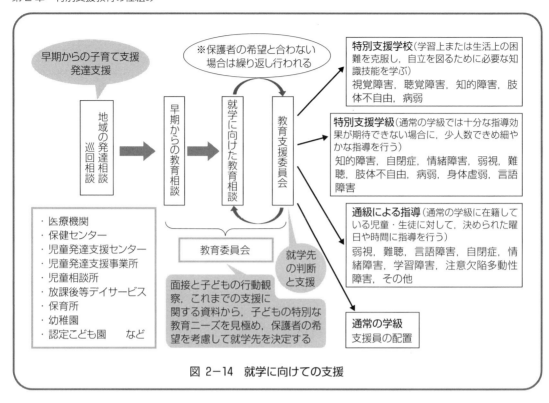

早期からの子育て支援
発達支援

※保護者の希望と合わない
場合は繰り返し行われる

特別支援学校(学習上または生活上の困難を克服し,自立を図るために必要な知識技能を学ぶ)
視覚障害,聴覚障害,知的障害,肢体不自由,病弱

特別支援学級(通常の学級では十分な指導効果が期待できない場合に,少人数できめ細やかな指導を行う)
知的障害,自閉症,情緒障害,弱視,難聴,肢体不自由,病弱,身体虚弱,言語障害

通級による指導(通常の学級に在籍している児童・生徒に対して,決められた曜日や時間に指導を行う)
弱視,難聴,言語障害,自閉症,情緒障害,学習障害,注意欠陥多動性障害,その他

地域の発達相談巡回相談

早期からの教育相談

就学に向けた教育相談

教育支援委員会

教育委員会

就学先の判断と支援

・医療機関
・保健センター
・児童発達支援センター
・児童発達支援事業所
・児童相談所
・放課後等デイサービス
・保育所
・幼稚園
・認定こども園　　など

面接と子どもの行動観察,これまでの支援に関する資料から,子どもの特別な教育ニーズを見極め,保護者の希望を考慮して就学先を決定する

通常の学級
支援員の配置

図 2-14　就学に向けての支援

見通して,能力や可能性を最大限に引き出せるような教育の場の選択が求められる。

　就学先の選定には,個別の教育ニーズの把握と地域の教育体制の整備状況,本人と保護者の意見,専門家の意見などを踏まえた,総合的な観点からの判断が必要である。また,乳幼児期早期からていねいに行われてきた支援を途切れさせることなく,スムーズに学校という場面に引き継いでいけるような配慮も重要である(図2-14)。

1) 就学に向けての教育相談の受付

　市町村の教育委員会は,保護者から就学に向けての相談を受けた場合,**教育相談の場を設ける**。個別の教育的ニーズに合わせた教育の場の選択について適切な相談助言ができるよう,医療,教育,福祉,心理といった分野の専門スタッフが配置される。特別支援学校の教員,特別支援学級・通級指導担当教員,自治体教育委員会指導主事らも,教育分野の専門家として参加する。

2) 子どもに関する情報収集(多機関の連携)

　保護者の了解が得られたら,市町村の教育委員会はこれまで子どもの支援に携わってきたさまざまな機関との連携を進める。乳幼児期は,医療機関,地域の保健センター,児童発達支援センター,児童発達支援事業所,児童相談所,放課後等デイサービス,保育所,幼稚園,認定こども園,といったさまざまな

教育相談
ここでは,教育委員会が行う,子どもの発達に関する相談や,子育てに関する相談のこと。

機関が，相互に連携しながら子どもたちへの支援を行っている。それぞれの専門性を生かして，一人ひとり異なる支援のニーズに対応するためである。就学に向けては，これらの機関と学校との連携を図る。具体的には，遊びや日常生活の中でのかかわり方の工夫や配慮の記録，**発達検査所見**などの資料を通して，支援内容について学校側への引き継ぎを行う。就学後も継続的な支援が受けられるようにするためである。また，保護者が大切にしている思いや，学校生活への要望や期待などについても，学校側に橋渡ししていく。早期からの一貫した支援のために，個別の相談支援ファイルなどを作成し活用することも行われている。

　一方で，就学の直前になって初めて学びの場の検討の必要性が生じる場合もある。保育所や幼稚園等での子どもの様子から，何か気になるところがあるが，その何かがわからない。保護者側も，日ごろの子育ての中で何らかの不安を抱えているのだが，相談を先延ばしにしていた，といった場合である。

　その場合，子どもたちの多くは，発達のペースがゆっくりであったり，得意・不得意の差が大きく，発達にやや偏りがあったりするのだが，周囲の正しい理解と適切な配慮という支援があれば落ち着ける子どもたちである。しかし，それだけに，保護者の思いも複雑であり，支援を受けるということを受け入れ難いケースが多い。就学という節目の時期に，いきなり教育相談の機会を設けるのではなく，早期から，保護者の思いに寄り添い，子育てそのものに寄り添うというかかわりを，医療・保健・福祉・教育のいずれかの機関において，細くてもよいのでつないでおくということが大切である。

3）教育支援委員会による支援と判断

　市町村の教育委員会に設置された**教育支援委員会**は，医師，学校長，教諭，心理士などによる面接と子どもの行動観察，これまでの支援に関する資料から，

発達検査所見
発達検査や，行動観察，子どもとの日常的なやりとりを通して，子どもの発達の様相についての見立てを行ったもの。

教育支援委員会
障害のある幼児児童生徒の適切な就学，および教育支援の充実を図るために教育委員会が設置する。

コラム　就学に向けての支援，早期からの教育相談

　「お友だちと一緒に遊ぶことはまだできないけれども，最近，お友だちの遊ぶ様子をじっとよく見ていますよね」といった小さな具体的なエピソードを通して，子どもの内面の変化や成長を保護者に伝えていく。園生活や早期からの支援の現場では，日々のこういった小さな努力が積み重ねられている。保護者と共感し合える場合もあれば，うまく伝わらず，批判的な反応が返ってくることもある。たとえ批判的な反応であっても，保護者の言葉の背景には，何倍もの複雑な思いが込められている。早期からの支援で大切なことは，子どもとしっかりと向き合うことと，保護者の気持ちを受けとめ，子育てを応援していくという姿勢を保つことである。そうすることで，少しずつ保護者との信頼関係が築かれていく。就学に向けての支援は，一朝一夕にしてなされるものではない。早期からの地道なかかわりによって築かれた保護者との信頼関係をもとにして，ようやく成り立つものである。

必要な教育ニーズに適した学級，学校について検討する。

4）見学や体験入学

子どもや保護者は，就学を希望する学校の見学や体験入学を通して，就学先の様子を知る。

特別支援学校では，幼稚園，小・中学校，高等学校に準ずる教育を行うとともに，「自立活動」という指導領域が設けられており，弾力的な教育課程が編成できるようになっている。

特別支援学級では，基本的には，小学校・中学校の学習指導要領にそって教育が行われているが，特支小中学習指導要領を参考として特別の教育課程も編成できるようになっている。

通級による指導では，通常の学級に在籍しながら，子どもの教育ニーズに合わせた特別な指導を，特別な指導の場（通級指導教室）で行う。

また，通常の学級に在籍し，支援員の配置などの配慮を行う場合もある。

5）教育委員会による就学先の決定

教育支援委員会の判断と保護者の意向を尊重し合意を得たうえで，就学先を決定する。

6）学びの場の変更

教育ニーズや養育環境等に変化が生じた場合，より適切な教育を受けるために学びの場を変更することができる。

演習課題

1. 就学前の乳幼児期の支援について，どのような機関があるのか，また，それぞれの機関がどのような役割を担っているのかについて調べてみよう。
2. 特別支援学校，特別支援学級，通級による指導，通常の学級での支援について，具体的にどのような取り組みを行っているのかについて調べてみよう。

引用文献

1）花熊暁：総論—個に応じた支援（竹田契一・花熊暁・熊谷恵子編）：S.E.N.S 養成セミナー　特別支援教育の理論と実践Ⅱ指導，金剛出版，pp.19-33，2016.

参考文献

・文部科学省：「特別支援教育の推進について（通知）」，2007.
・上野一彦・宮本信也・柘植雅義編：S.E.N.S 養成セミナー　特別支援教育の理論と実践Ⅰ概論・アセスメント，金剛出版，2016.

1　卒業後の主な進路について

　自立と社会参加は，障害のあるなしにかかわらずだれもが実現すべき，人生の根本的な目標である。特別支援教育の対象である生徒も，学校卒業後は進学や，あるいは「働く活動」を生活の中心にとらえ，もっている能力を生かしそれぞれに応じた自立・社会参加を果たすこととなる。2022年度学校基本調査（文部科学省）には，特別支援学校高等部卒業後の進路について，図2-15のようなデータが示されている。

　図2-15に示すように，特別支援学校高等部卒業後の主な進路先は，進学（大学学部・短期大学本科および大学・短期大学の通信教育部・別科，特別支援学校高等部専攻科，高等学校専攻科等），公共職業能力開発施設等への入学（職業能力開発校，障害者職業能力開発校等），就職（一般企業等），社会福祉施設等入所・通所（児童福祉施設，障害者支援施設等（**就労継続支援A型事業所**，**就労継続支援B型事業所**を含む），医療機関等）等があげられる。データを見る限り，聴覚障害，視覚障害区分の進学者がそれぞれ42.8％，38.8％と，ほかの障害区分に比較して割合が高く，病弱・身体虚弱，肢体不自由，知的障害区分については，社会福祉施設等入所・通所者の割合が高いことが特徴的である。なお，就労継続支

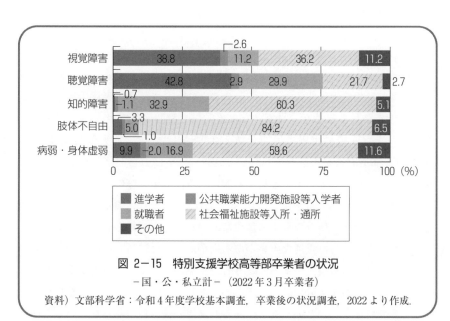

図 2-15　特別支援学校高等部卒業者の状況
－国・公・私立計－（2022年3月卒業者）

資料）文部科学省：令和4年度学校基本調査，卒業後の状況調査，2022 より作成.

就労継続支援A型事業所
通常の事業所に雇用されることは困難であるが，雇用契約に基づく就労が可能である者に対して，雇用契約の締結等による就労の機会の提供および生産活動の機会の提供そのほかの就労に必要な知識および能力の向上のために必要な訓練等の支援を行う。

就労継続支援B型事業所
通常の事業所に雇用されることが困難であり，雇用契約に基づく就労も困難である者に対して，就労の機会の提供および生産活動の機会の提供そのほかの就労に必要な知識および能力の向上のために必要な訓練そのほかの必要な支援を行う。

援 A 型事業所への就職については「一般就労」，その他の社会福祉施設への入所・通所は「福祉的就労」と区別されることが多い。

　ここまで特別支援学校高等部卒業者の進路について述べてきたが，一般高等学校（以下，高等学校）に在籍する障害児の現状についてもふれておく。高等学校においても，発達障害等により学習・行動面および対人関係等に困難のある生徒は一定数おり（文部科学省全国調査：2008 年度によると，高等学校に進学する発達障害等に困難のある生徒の，高等学校進学者全体に対する割合は，約 2.2 ％），全日制よりも定時制・通信制課程に多い。2007 年の学校教育法一部改正により，高等学校における特別支援教育についても明記され，さまざまな取り組みがなされているが，学習・行動面および対人関係等に困難を抱える生徒の実態を的確に把握し，どのような特別な支援が必要であるのかを見極め，対応することは，義務教育の小・中学校とは異なる高等学校においてはきわめて難しい。併せて，教職員間の意識形成・共通理解，ニーズに対応した教育課程や支援体制の構築等，課題が山積しているのが現状である。このことは，特に卒業後の進路にかかわる指導においても顕著である。大学等に進学するケースもわずかながらあるものの，それ以上に，高等学校において，発達障害等（学習・行動面および対人関係等）に困難のある生徒の就労をサポートすることには難しさがある。一方で特別支援学校高等部には，障害者の就労自立をサポートするためのノウハウ（自己理解を深め将来の職業観・勤労観を育てる取り組み）や外部機関とのつながり（ハローワーク等就労支援機関との連携や企業のバックアップなど）が充実している。こうしたことを受けて，近年，小・中学校と特別支援学級に在籍してきた生徒が，高等学校より特別支援学校高等部を選択するケースも増えてきている。

2　障害のある人の就労についての考え方

障害者雇用率制度
身体障害者および知的障害者について，一般労働者と同じ水準において常用雇用者となり得る機会を与えることとし，常用労働者の数に対する割合（障害者雇用率）を設定し，事業主等に障害者雇用率達成義務を課すことにより，それを保障する制度。

　障害者の雇用を促進するための方策のひとつとして，**障害者雇用率制度**がある。2021 年 3 月 1 日より，対象となる事業主の範囲が従業員 43.5 人以上に広げられ，また法定雇用率は民間企業 2.2 ％→ 2.3 ％，国，地方公共団体 2.5 ％→ 2.6 ％，都道府県等の教育委員会が 2.4 ％→ 2.5 ％に引き上げられるなどの行政的措置が進められている。雇用する側である民間企業等においても，障害者の雇用の促進等に関する法律（以下，障害者雇用促進法）に規定される**特例子会社**を設立するなど，新たな雇用の創出に向けた努力も進められている。

　しかし一方で，特に重度な障害がある人が働くことに対し，消極的な意見が少なからずあるのも現実である。こうした意見の背景には，障害があるために就業に必要な能力が十分に発揮できない，あるいは能力以上の過剰な負担を強いられるのではないかという懸念がある。雇用の受け皿づくりを進めると同時

に，障害がある人が働くとはどういうことなのか，という根本的な考え方を確かなものにする必要がある。

　障害のある人が，障害のない人と同じように働くことは必ずしも容易なことではない。就業に必要な能力を引き上げ開発することももちろん大切であるが，障害のあるなしにかかわらず，もっている能力，身につけた能力を最大限に発揮できるかどうかをより重視する必要がある。仮に，障害のある人が，障害のない人の80％の能力をもっているならば，「その80％の能力を100％発揮して貢献できている状態」が，障害のある人が職場に適応できている姿ととらえるべきである。こうした基本的な考え方をベースに，「働く意欲」を育てる在学中の指導，各事業所等における雇用の創出，職場適応訓練等を進めることが重要である。

特例子会社
事業主が障害者の雇用に特別の配慮をした子会社を設立し，一定の要件を満たす場合には，特例としてその子会社に雇用されている労働者を親会社に雇用されているものとみなして，実雇用率を算定できる。

3　就労の指導・支援と卒業後の生活について

　先にも述べた「一般就労」とは，一般企業，就労継続支援A型事業所等において，原則として最低賃金が保証されたうえで雇用される就労の形態である。障害区分により携わる職種等に若干の違いはあるが，その業種はサービス業，製造業，飲食業，農業など多岐にわたり，すべてがその対象であるといえる。

　一方で「福祉的就労」とは，障害者支援施設（就労継続支援B型事業所を含む）等でサポートを受けながら，能力に応じた作業活動を通じ工賃を得て生活する就労の形態をいう。制度上のこうした区別はあるものの，当事者にとってはいずれも大切な「就労のかたち」である。働くことは，自らの役割を果たして周囲の期待や要望に応える営みであり，やりがい・生きがいの実感は，人としての自己実現の姿そのものであるからである。進路指導は，こうした視点に立って推進することが大切である。

コラム　キャリア教育

　キャリア教育は，職業教育・進路指導のみならず，その人らしい「生き方」や人生におけるときどきの「役割」のあり方まで包括し，一人ひとりの発達や社会人・職業人としての自立を促すための理念と方向性を示す視点である。この視点に立てば，就労生活も，「価値ある役割」を果たしながら自分らしく生きるひとつの過程である。キャリア発達を促すには，一方的な教示や訓練ではなく，そのときどきの立場や役割と真剣に向き合い，主体的に課題を解決する成功体験を積み重ね，自己と活動（働くことを含む）との意味づけ，価値づけ，方向づけがなされることが大切である。自分自身の願いに基づき，自らの気づきや判断で行動を起こす，子どもの内面の育ちを支援することが，キャリア教育の視点に立った指導であるといえる。

　さて，障害のある人が就労を果たし，その生活を維持するためには，学校，公共職業安定所，障害者就業・生活支援センター等の関係機関それぞれの機能の充実と連携が非常に重要である。

　学校は，進路指導の一環として，在学中よりすべての教育課程を通して「働く意欲」を育てるとともに，一人ひとりにふさわしい進路選択に向けた指導を行う。さらに「**産業現場等における実習**」において就労先への適応やジョブマッチングを図り，その過程で，以下に示す関係機関との連携を確かなものとしつつ，卒業後の就労生活に対するアフターフォローも行う。

産業現場等における実習
地域および産業界や労働等の業務を行う機関と連携し，長期間の実習を行う就業体験の機会である。その方法や期間等については，地域や学校の実態，生徒の特性等に応じ検討されている。

　公共職業安定所は，職業相談・紹介事業，雇用保険事務，職業訓練の斡旋等を通じて，学校卒業時の就労，およびその後離職したケース等の雇用を実現する業務を行う。障害者職業センターは，公共職業安定所と密に連携し，職業評価・職業準備支援・職場適応援助者（ジョブコーチ）支援事業等，障害者の雇用支援や職業能力開発等の事業を実施する。

　障害者就業・生活支援センターは，就業面と生活面の一体的な相談・支援を行う機関である。就業に関する相談支援および日常・地域生活に関する相談・助言を行い，関係機関との連携を図りながら，自立し安定した職業生活の実現を図るためのサポートを行う。

　日常生活の安定（生活習慣の形成，健康・金銭等の自己管理，住居・年金・余暇などの地域生活等）は，知的障害や発達障害等のある人にとって就業そのものよりもむしろ，就労生活を維持するうえで非常に重要な要素である。上述した関係機関の日常的・継続的な連携が重視されるゆえんである。

[演習課題]
1. 障害のある人の就労の意味や意義について調べ，考えを深めてみよう。
2. 障害のある人の雇用を促進するための施策について，より広く調べてみよう。
3. 障害のある人の就労や就労維持に，関係機関の連携が重要とされる理由を整理してみよう。

[参考文献]
・関宏之編集：働くために・働きつづけるために，全日本手をつなぐ育成会，2000.

第3章
障害のある子どもとのかかわり方

1 目の不自由な子どもへの配慮・支援

1 教育とその特色

　特別支援教育領域においては，目の不自由な状態を「視覚障害」と表現する。視覚障害は大きく分けると，盲（見えない）と弱視（見えにくい）に分けることができる。そして学習場面や学校における障害は，見えない・見えにくいことで個人による学習や生活に困難が生じ，学ぶことや授業に参加することができない状況である。その内容は，障害の原因，種別や程度，障害を受けた時期，育った環境や受けてきた教育などによってさまざまである。

　視覚障害を表現する言葉を表3-1に示す。視覚障害児の指導は見えないこと・見えにくいことへの対応であるため，子どもが保有する感覚機能を活用して行わなければならない。盲児の場合は，視覚以外の感覚である触覚や聴覚による補償であり，弱視児の場合には保有している視機能も含めた感覚となる。そのため見て理解する・認知することができない・難しい，見てまねること（視覚的模倣）ができない・難しいという点を理解して，指導する必要がある。

表3-1　視覚障害の分類

全　盲		医学的には光も感じない状態
社会的盲		ある程度の視機能はあるが，非常に見えにくいため視覚以外の感覚を使って日常生活をしている状態
教育的盲		ある程度の視機能はあるが，非常に見えにくいため視覚以外の感覚による教育をすべき状態
医学的弱視		眼球に障害の原因となるような疾患がなく，視力低下の原因が視覚に関係する脳の発達によると考えられる状態
ロービジョン	社会的弱視	視覚障害はあるものの，主に目からの情報を使って生活できる状態
	教育的弱視	視覚障害はあるものの，主に視覚を用いた学習が可能な状態

医学的弱視
原因別に斜視，屈折異常，弱視，不同視弱視，形態覚遮断弱視に分類される。

（1）視覚障害児の特性

　盲児は視覚情報がないことにより環境の認知が難しい。子どもは環境との相互作用によって発達していくため，環境認知が難しいことで発達の遅れが生じる場合もある。しかしながら，適切な環境を整え，指導方法を工夫することによって，発達を促進させることが十分に可能であると考えられる。弱視児においては，見えにくさの内容によって行動（できることや難しさ）が違ってくる。視野は中心と周辺で，見る働き（役割）が異なる。視野の中心は解像度が高く，色や細かい部分を見るのに適している。しかし，動くものに対する感受性が低く，暗いところでは見えなくなる。視野の周辺は色や細部を見る働きをほとんどしないが，動くものに対する感受性が高く，暗いところでも見ることができる。そのため，視野の中心部が比較的正常なままで，かつ残り周辺部に欠損がある場合，本を読むことはできるが，運動しているものや周辺の変化に鈍感になり，歩くときにぶつかったり（歩行困難），周囲のものを探したりすることが難しくなる。視野の中心に欠損があり，周辺視野が見える場合には，見ようとして目を動かすと対象が**ぼやけ**たり，ゆがんだり，消えてしまったりすることになるため，読み書きが難しくなる。また，周辺部のよく見える部位で見ようとするため，ほかの人と視線が合わないことになる。弱視児の見え方を把握して理解することで，適切な支援ができるようになる。

　視覚障害児において遅れや問題が生じやすい側面については，次のようなものがある。

・認知の発達：視覚情報が利用できないという制約により，さまざまな学習制限が生じる。視覚的模倣ができない，あるいは難しいため，身ぶり手ぶりなどの表現方法や生活動作を身につけにくく，新たな遊びなどへの関心ももちにくい傾向がある。また，具体的な事物をはじめさまざまな概念を獲得することも難しい。視覚では図全体を一度に把握することができるが，触って把握する（触察）場合には継時的・部分的に把握を進めていくことになるため図全体を把握することが困難になる。

・言語の発達：視覚障害児（特に盲児）は，他者から言語的に伝えられる情報に大きく依存するため，認知的な発達における言語あるいは言語能力の役割が大きくなる。これにより，概念をほんとうに理解していないにもかかわらず，言語的に概念を説明したり，定義したりすることができるようになることを**バーバリズム**と呼び，視覚障害児はバーバリズムの傾向が強いとされている。事物と言葉を対応させて学習しなければならないときは，触ることができるものは触らせるなど，できるだけ経験的背景をもたせる工夫が必要となる。また，漢字の獲得が難しいことから語の意味を理解することも難しくなるため，漢字との対応で語の意味を理解する指導（字形を触覚で提示する，文脈から意味を読み取るなど）も必要となる。

ぼやけ
輪郭線がぼやけてしまって，はっきり見えなくなっている見え方。ものの細部の構造を確認することが難しくなる。

バーバリズム
言語主義。例えば，視覚的経験がないにもかかわらず，視覚に関係のある言葉（色や明暗など）を利用することなど。知能検査の結果に何らかの影響を与えている可能性もあるため，結果の解釈には十分注意する必要がある。

（2）視機能

　見ることを支える視機能には，視力，視野，色覚，暗順応，眼球運動，調節，両眼視等がある。各機能の程度を評価するためのさまざまな検査がある。

1）目の構造

　図3−1は，右目の水平断面図である。水晶体の前面は円形の中央部（瞳孔）を残して虹彩に取り囲まれており，外界から目に入る光は角膜と前眼房を通過し，水晶体中央部から眼球内に入る。光の強度に応じて瞳孔の大きさは，反射的に調整される。水晶体を通過した光はガラス体を通って，網膜に到達する。水晶体の厚みは，網膜上に視対象の像を結像するように調節される。網膜に到達した光は神経情報（電気信号）に変換され，視神経を伝って外側膝 状 体に入り，そこから大脳後頭葉にある視覚領に達する。この過程のどの部分に問題が生じても，その部位に対応した機能が損なわれ視覚障害が生じる。

2）視　力

　外界の物体の存在や形状を認識する能力であり，細かいものを見分けることができる能力を表す。視力検査ではランドルト環を使用する。ランドルト環は，直径7.5 mm・幅1.5 mmの環で，一部に1.5 mmの切れ目をもつ（図3−2a）。ランドルト環を5 m離れた距離から見た場合，切れ目の間隔は視角1分になる。これを見分けることができる視力値が1.0である（図3−2b）。視力表を用いた検査ができない場合，黒い背景で指の間隔を十分開いてその本数をいわせ，何cm指数弁として視力を表す。指数弁を用いた測定ができない場合に，明るい背景で眼前の手の運動が認められるかを確かめ，何mm眼前手動弁とする。矯正手段（眼鏡・コンタクトレンズなど）を用いずに測定した視力を裸眼視力，矯正手段を用いて完全に矯正した視力を矯正視力という。また，遠方にある物体についての視力が遠見視力，近方の場合が近見視力であり，通常，遠見視力は5 m先，近見視力は30 cmの指標により測定する。一般に，視力（裸眼・矯正）が0.3未満になると，文字を見ることに問題が生じるようになる。

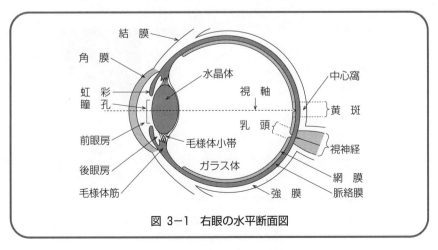

図 3−1　右眼の水平断面図

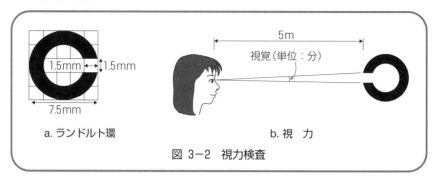

a. ランドルト環　　　　　　　　　　　　　　b. 視　力

図 3－2　視力検査

3）視　野

　眼球を動かさずに同時に見える範囲のことをいう。一眼で見える範囲が単眼視野，両眼で見える範囲が両眼視野である。単眼視野の範囲は，上が 60 度，下が 70 度，鼻側が 60 度，耳側が 100 度である。耳側 15 度のところに，直径約 5 度のややたて長の楕円形状の見えない部分があり，これを盲点（マリオット盲点）という。

4）弱視児の見え方

　弱視児の見え方は個人差が大きい。視力が比較的高くても，読み書きに大変な苦労をしている弱視児もいる。医療分野でも使われており，教育分野でも参考になる視機能評価には視力，視野，**コントラスト**感度，中心暗点，**最大読書速度，臨界文字サイズ**がある。

　視力は，ぼやけの程度を表す意味ももつ。ぼやけの程度が増せば（視力が低くなれば），細かな文字の認知が難しくなる（図 3－3a）。視野は視線を動かさずに見える範囲であるため，狭いと一度に処理できる視覚情報が少なくなる。読み書きにおいては，いくつの文字を一度に見ることができるかにかかわる（図 3－3b）。コントラスト感度は，見ようとする対象と背景の明るさの差を小さくした際に物体と背景を見分ける能力である。コントラスト感度が低いと，低コントラストの文字や細い線の文字が読みにくくなる（図 3－3c）。中心暗点は，

コントラスト
字や図の明るさと背景の明るさとの比。

最大読書速度
適切な文字サイズにおいて最大の読書速度を保っているときの読書速度の平均値。

臨界文字サイズ
最大読書速度で文字を読むことができる文字の最小サイズ。

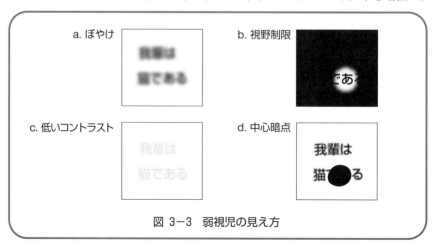

a. ぼやけ　　　　　　　　　　　　　b. 視野制限

c. 低いコントラスト　　　　　　　　d. 中心暗点

図 3－3　弱視児の見え方

視線を向けた先にある対象の像が，消えたりゆがんだりする現象で，ぼやけだけが生じている状態よりも，文字や顔の認知が難しくなる（図3−3d）。最大読書速度，臨界文字サイズ，そして**読書視力**を測定するために，実際の文字を利用した MNREAD-J や LVC による**最適文字サイズ検査**が利用されている。一般に，文字サイズを徐々に小さくしてサイズ間の読み速度を比較すると，あるサイズまでは最大速度で一定に読むことができ，あるサイズより小さくなると徐々に速度が落ちる。この最大速度と臨界文字サイズを見えにくさの指標として利用することができる。

（3）先天盲と後天盲・中途失明盲

　視覚障害は，生まれつきの「先天盲」と，生後の失明による「後天盲」に分けられる。さらに，心理学では，視覚的経験の記憶の有無によって早期**全盲**と後期全盲に分けている。視覚的経験の記憶の有無によって，概念形成の過程などに違いが生じる。

（4）視覚障害教育の場

　視覚障害教育の対象となる児童生徒について学校教育法施行令第22条の3（各障害程度の表）では，以下のように示されている。

> 学校教育法施行令第22条の3「視覚障害者　障害の程度」
> 　両眼の視力がおおむね0.3未満のもの又は視力以外の視機能障害が高度のもののうち，拡大鏡等の使用によつても通常の文字，図形等の視覚による認識が不可能又は著しく困難な程度のもの

　学校の指定については，学校教育法施行令第5条「入学期日等の通知，学校の指定」において，以下のように示されている。

> 学校教育法施行令第5条
> 　市町村の教育委員会は，就学予定者（法第17条第1項又は第2項の規定により，翌学年の初めから小学校，中学校，義務教育学校，中等教育学校又は特別支援学校に就学させるべき者をいう。以下同じ。）のうち，認定特別支援学校就学者（視覚障害者，聴覚障害者，知的障害者，肢体不自由者又は病弱者（身体虚弱者を含む。）で，その障害が，第22条の3の表に規定する程度のもの（以下「視覚障害者等」という。）のうち，当該市町村の教育委員会が，その者の障害の状態，その者の教育上必要な支援の内容，地域における教育の体制の整備の状況その他の事情を勘案して，その住所の存する都道府県の設置する特別支援学校に就学させることが適当であると認める者をいう。以下同じ。）以外の者について，その保護者に対し，翌学年の初めから二月前までに，小学校，中学校又は義務教育学校の入学期日を通知しなければならない。

読書視力
何とかぎりぎり読むことができる文字サイズ。

MNREAD-J
ミネソタ大学ロービジョン研究室が開発した MNREAD（エムエヌリード）視力チャートの日本語版。
https://www.cis.twcu.ac.jp/~k-oda/MNREAD-J/

LVC による最適文字サイズ検査
筑波大学附属視覚特別支援学校の教員有志によるLow Vision Club：LVC が提供している。客観的データに基づいた適切な読書教材作成に活用できる。
http://www.lv-club.jp/index.htm

全　盲
盲と全盲は同義であるが，心理学では全盲が使われている。

　これにより，視覚障害児の就学先は，障害の状態，本人の教育的ニーズ，本人と保護者の意見，さまざまな専門家の意見，学校や地域の状況などの点から市町村教育委員会が総合的な判断を行い決定する。可能な限り障害のない児童生徒とともに学ぶことができ，かつ，その視覚障害児が十分な教育を受けることができる就学先が検討される。就学先には，次のものがある。

1）視覚障害特別支援学校（盲学校）

　学校教育法第72条において，以下のように示されている。

学校教育法第72条
　特別支援学校は，視覚障害者，聴覚障害者，知的障害者，肢体不自由者又は病弱者（身体虚弱者を含む。以下同じ。）に対して，幼稚園，小学校，中学校又は高等学校に準ずる教育を施すとともに，障害による学習上又は生活上の困難を克服し自立を図るために必要な知識技能を授けることを目的とする。

触察
手や指先で触れることにより，情報を得ること。

　これに従い，視覚障害特別支援学校（盲学校）において，小・中学部では，小・中学校と同じ教科等を視覚障害に配慮しながら学習する。盲児に対しては，視覚以外の保有感覚を利用するため，**触察**やにおいなどを手がかりとして周りの様子を予測したり確かめたり，点字の読み書きなどを学習する。また，白杖を使った歩行訓練やコンピュータなどでさまざまな情報を得る技術なども学ぶ。弱視児には，見えの状態に合わせて拡大したり，白黒反転した教材を利用したりする。保有する視覚を最大限活用し，見やすい環境のもとで事物をしっかりと確かめる学習や，弱視レンズの使用やコンピュータ操作なども学ぶ。

　高等部では，普通科教育だけではなく国家資格取得を目ざし，あん摩マッサージ指圧師，はり師，きゅう師を養成する理療科（手技療法科）における専門教科教育や実技教育，理学療法士などの国家資格取得を目ざした職業教育を行う。比較的年齢の高い中途失明者の入学も多く，中途失明者の再教育の場としての役割も果たしており，幅広い年齢層の生徒が在籍する学校もある。

　また，視覚障害特別支援学校には，これまで蓄積してきた視覚障害児への教育にかかわる専門的な知識や技術を生かし，教育相談機能，指導機能，研修機能などのセンター的な機能も求められてきている。視覚障害支援の対象が学齢期にある児童だけではなく，乳幼児への対応や卒業生を含む成人の学習・活動支援など乳幼児から高齢者に至るまで年齢的にも広範囲に渡るようになってきているため，この機能は地域のほかの学校だけではなく，市民全般からも求められる。

2）特別支援学級

小・中学校，高等学校，中等教育学校におかれた障害のある児童生徒が在籍する学級である。視覚障害児を対象とした学級は「弱視学級」と呼ばれ，小・中学校に配置されている。

3）通級による指導

弱視児の中には**弱視レンズ**（図3-4，図3-5）や**拡大教科書**の利用，見やすい環境が整えられることで，通常の学級でほとんどの授業を受けることができる者もいる。小・中学校の通常の学級に在籍している弱視児が，教科等の指導は通常の学級，障害に応じた特別の指導や教科の補充的指導は特別な学級に通って指導を受ける。高等学校での通級指導も2018年度制度化された。

4）通常の学級

視覚障害児の中でも，視覚特別支援学校や特別支援学級に在籍することが適切と判断された児童生徒以外は，通常の学級に在籍する。

（5）触　察

視覚障害児者は触ることにより物体の属性を知る場面が多いため，触って知るという経験を増やし，触って知るための方略を身につけさせる必要がある。視覚は離れた距離にあるものもとらえることができるが，触覚は触ることができるものだけしかとらえることができない。視覚は同時に多くの情報をとらえることができるが，触覚は継時的にとらえることになる。そのため，図形全体をとらえる場合に，晴眼者の視覚による認知と視覚障害児者の触覚による認知の間に違いが生じることになる。また，直接触れることが難しいものや色の概念などの理解も難しくなる。

弱視レンズ
見え方を改善する光学的な道具の総称。拡大鏡（近用。ルーペともいう）と単眼鏡（遠用）がある。

拡大教科書
拡大教科書は，教科書バリアフリー法（障害のある児童及び生徒のための教科用特定図書等の普及の促進等に関する法律）に基づき，民間の教科書出版社が発行している。

図 3-4　拡大鏡
（高田巳之助商店　T-1セット）

図 3-5　単眼鏡
（ナイツ ポケビュー PK トライアル Basic セット）

2　指導とそのかかわり方

　視覚障害は盲と弱視のそれぞれで特性が大きく異なるだけではなく，一人ひとりの見え方や状況が異なり，非常に多様である。そのため，視覚障害児それぞれの状況に応じて適切な指導を行う必要がある。それにより視覚障害児が，主体的に意欲をもって自ら環境に働きかけ，学んでいく力を育んでいかなければならない。

(1) 盲児の指導

　盲児は視覚情報の利用が制限されるため，視覚以外の触覚や聴覚などの感覚を利用して学ぶことを身につける必要がある。触覚や聴覚を利用した次のような教材・教具などを活用・工夫しながら行う。

① 点字：点字は，盲児者が触って読み書きする文字として開発されてきた。点字１文字は六つの点で作られる「マス」で表すのが基本である。読むための点字と書くための点字がある。点字を読むということは，突起（点）を指でなぞって，点のパターンを知る（点字触読）という作業である。横書きの墨字と同様に，文章は左から右へとなぞっていく。一方，点字を書く場合は，凹みをつくる。点字盤（板）などを用いて点字を書く場合には，点筆をマスに打ち込んで凹みをつくっていく。書き終えたものを裏返して読むことになるため，読むときとは逆に右から左へと書いていく。マスにおける点の番号位置も裏返しとなる。

　マスは，縦３点２列の計６点で構成される。この６点それぞれに１から６までの番号が与えられる。凸面を基準とし，左列の点が上から１・２・３，右列の点が上から４・５・６となる（図３–６）。この６点の組み合わせで，かな，数字，各種文字記号や数学記号，理科記号，楽譜などを表す。ひらがなとカタカナの区別はなく，漢字は用いない。基本的に１，２，４の組み合わせで母音を表し，３，５，６の組み合わせで子音を表す。促音（っ），濁音（゛），半濁音（゜），拗音（ゃ ゅ ょ），さまざまな記号などの特別な文字は二つのマスを使う（図３–６）。その文字が特別な文字であることを示すマスと五十音を表すマスの組み合わせとなる。促音は清音のマスに続けて２の点のマスを組み合わせる。濁音は５の点のマスと清音のマス，半濁音は６の点のマスと清音のマスを組み合わせる。拗音は４の点のマスと清音のマスとの組み合わせになるが，拗音がつくのはあ段う段お段の三つだけである。各行の「あ」の前に４の点のマスがついていれば，「ゃ」となる。「か」のマスの前に４の点のマスがついていれば「きゃ」，「さ」の前に４の点がついていれば「しゃ」となる。各行の「う」の前に４の点がついていれば「ゅ」となる。「ぬ」の前に４の点がついていれば「にゅ」となり，「ふ」の前に４の点がついてい

墨　字
手書きの文書や紙の印刷物などに書かれている文字。墨字の文章を点字に変換することを点訳といい，点字の文章を墨字に変換することを墨訳という。

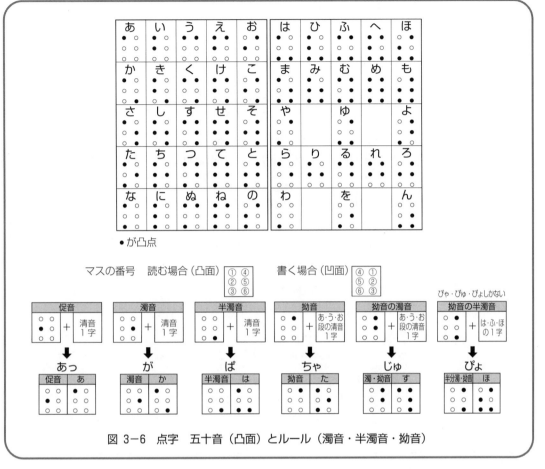

●が凸点

図 3-6 点字 五十音（凸面）とルール（濁音・半濁音・拗音）

れば「ひゅ」となる。各行の「お」の前に4の点がついていれば「ょ」となる。「こ」のマスの前に4の点がついていれば「きょ」、「そ」の前に4の点がついていれば「しょ」となる。

数字も二つのマスを使う。ひとつめのマスは数符で、次のマスと合わせて数字を表す。数符は3，4，5，6の4点である。数符の次のマスにはあ行とら行の10文字が入る。1＝あ，2＝い，3＝う，4＝る，5＝ら，6＝え，7＝れ，8＝り，9＝お，0＝ろ。記号には特にルールがなく、**長音**は2と5，句点は2，5，6，読点は5，6である。

点字の言葉や文章は発音どおりに書き，分かち書きをするのが原則である。「僕は，今日学校へ行きます。」という文章は，「ボクワ，□キョー□ガッコーエ□イキマス。□」となる。ひとつに思える言葉，例えば「遊んでください」は「アソンデ□クダサイ」のように分けて書く。もともと二つの言葉から作られる熟語なども，「天気予報」を「テンキ□ヨホー」のように分けて書く。一文が終わると2マス空けてから次の文を続ける。段落は，つねに2マス空ける。

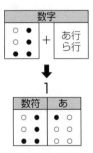

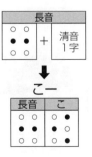

　　　　　　　点字文章の基本ルールは，発音どおりに書く，分かち書きする，文章の始めと終わりや段落は必ず2マスあける，の三つである。

② 点字触読：点字は，指を寝かせ，軽くなでるように読んでいく。左右どちらの指でも読めるようにしておく。

③ 点字を書く道具：**点字器**と**点字タイプライター**がある。点字器は点字盤に載せた点字用紙をマスに対応した縦長の窓があいた定規で押さえ，点筆でマスの六つの点の位置を押すようにして点を打つ。B5判の点字用紙に合わせた大きさの標準点字板（図3-7a）と携帯用（小型）点字板（図3-7b）がある。点字タイプライター（図3-8）は，6点それぞれに対応したキーを同時に押すことにより，一度に1マス（文字）ずつ打ち出していく。

④ **点字教科書**：教科教育は，小・中・高等学校で用いられる教科書と同じ内容の教科書を用いる。図・表・写真等についても点字化するなど，できるだけもとの教科書にそった点訳となるように工夫されている。視覚障害者用の点字教科書は，文部科学省が発行している。

⑤ 点字ディスプレイ（点字端末）：点字を表示する電気機械式デバイスである。一般に平坦な表面に穴が空いていてピンが上がってくることで点字を表す。パソコンと組み合わせて利用することもできる（図3-9）。ピンディスプレイともいう。

⑥ 立体コピー作成機：点字原稿などを立体形状にコピーできる視覚障害者支援システムである。立体化したい原稿を専用複写機で特殊なカプセルペー

点字器
左から右に書いていく点字器も発売された。

点字タイプライター
盲ろう児者がコミュニケーションで用いる指点字は，点字タイプライターのキーを模している。

点字教科書
小・中学校で使用する国語，算数（数学），理科，社会，英語以外の科目や高等部の科目の教科書は，民間の点字出版所が発行している。

図 3-7　点字器

a. 標準点字板（パイオニアグッズ S-18型）　b. 携帯用（小型）点字板（パイオニアグッズ P-6）

図 3-8　点字タイプライター（アイフレンズ テラタイプ）　**図 3-9　点字ディスプレイ**（ケージーエス ブレイルメモスマートBMS16）　**図 3-10　立体コピー作成機**（ケージーエス PIAF-6）

パーにコピーし，熱を加えることで画像が浮き上がる。グラフや地図など図の複製が簡単にできる（図3－10）。

⑦ 表面作図器（レーズライター）：ゴム状の弾力性のある板の上にレーズライター用紙を載せ，ボールペンで強めに線を描くと線が浮き上がる。これに触ることで図や文字を読み取る。レーズライター用のグラフ用紙も用意されており，グラフを描くときや作図するときなどに利用できる。

図 3-11　感光器

⑧ 感光器：光の明るさを音の高低に変える装置である。明るいほど高い音，暗いほど低い音が出る。物が燃える仕組みを調べる実験では，ビンの中のろうそくの状態を観察することができる（図3－11）。

（2）弱視児の指導

　弱視教育では，弱視児が保有している視機能を最大限に活用して学ぶことを身につける必要がある。弱視児の見え方は多様であるため，個人が保有する視機能の特性を十分に理解したうえで，一人ひとりの特性に合った教室内外での学習環境（級友の理解，教材や教具を含む）を作る必要がある。

　また，弱視児は，見えている児童生徒と異なる行動を取ることがある。例えば，読み書きをするときにノートや教科書，掲示物の間際に顔を近づけることがある。これは，より見やすくするための工夫として行っている行動であると考えられる。また，弱視レンズなど見たいものを拡大するための道具を利用する場合もある。これらは，クラス内の見えている児童生徒からは奇異な行動としてとらえられやすい。弱視児の行動や道具の必要性を理解してもらうための適切な説明が必要である。

　見やすさを高める工夫として，次のような道具等が利用されている。

① 書写台・書見台：見たいものを傾斜させることのできる台。自然な姿勢のまま，読みたいものを顔に近づけることができる（図3－12）。

② 弱視レンズ：遠用と近用のレンズが用意されている。遠用は単眼鏡のようになっている。近用は拡大鏡で，レンズに枠がついただけのシンプルなものから，度数の異なる複数のレンズが重なっているものやライトを点けることができるものなどさまざまなタイプがある。使う児童生徒の視力，眼疾患，使用場面などを考えて選定する。

③ 拡大読書器：カメラで撮影した映像をモニターに大きく表示する。据え置き型はカメラの下に前後左右に動くテーブルがついていて，テーブルを動かしながら見たい部分をモニターに映す。白黒反転やコントラスト調節ができるなど，児童生徒の見やすさに合わせた調節ができる（図3－13a）。カメラ

図 3−12　書写台・書見台

a　据え置き型
（システムギアビジョン　クリアビューC）

b　携帯型
（システムギアビジョン　クローバー10）

図 3−13　拡大読書器

とモニターが一体となった携帯型もある（図3−13b）。文字の読み上げ機能がついた製品もある。

④　拡大教科書：弱視児のために文字や図版を拡大した墨字教科書。拡大教科書では，紙面を大きくせずに文字や図を大きくわかりやすくする工夫がされている。弱視児の中には，弱視レンズや拡大読書器を利用しながら一般の教科書を使用している者もいる。

(3) ICT（information and communication technology：情報通信技術）

パソコンとパソコンに関連する技術が進んだことで，パソコンやタブレット端末を学習指導に利用する動きが加速化してきている。特別支援学校小学部・中学部学習指導要領（以下，特支小中学習指導要領）においては，以下のように規定されている。

特別支援学校小学部・中学部学習指導要領　第2章第1節第1款1

　(4)　**視覚補助具やコンピュータ等の情報機器，触覚教材，拡大教材及び音声教材等各種教材の効果的な活用を通して，児童が容易に情報を収集・整理し，主体的な学習ができるようにするなど，児童の視覚障害の状態等を考慮した指導方法を工夫すること。**

視覚補助具
保有する視機能を有効活用するための補助具の総称で，光学的視覚補助具と非光学的視覚補助具に大別される。

視覚障害児の情報活用能力を育成するためには，個人の特性に合わせて入出力のインタフェースを工夫する必要がある。盲児に対しては聴覚（音声読み上げ）や触覚（ピンディスプレイ等）などを利用し，弱視児に対しては読み取りにくい画面の情報を画面の拡大や，コントラストや色調の調節などで補うことなどが必要である。文字データをデジタル化することで点字と普通の文字との相互変換を行うことができ，点字利用者でも漢字仮名交じりの文章を書いて印刷することができる。

（4）体　育

　病気や状態によって運動の制限が生じる。特に弱視児の場合は，保有する視覚の保全に気をつける。衝撃や強い振動からの影響を受けやすい眼疾もあるため，運動種目の選択や負荷に十分な注意が必要となる。日常生活で視覚障害児が体験している遊びや運動を大切にしながら，心身の発達に役立つ運動刺激を適切に与えていく工夫が必要となる。

　アダプテッド・スポーツの一領域として視覚情報を使わずに聴覚と触覚を利活用する競技が生まれてきている。代表的なものに，ブラインドサッカー，サウンドテーブルテニス，ゴールボール，ブラインドテニスなどがある。これらの競技を体育や課外活動に取り入れる取り組みが始まっている。

アダプテッド・スポーツ
障害がある人や高齢者，子どもや女性等が参加できるようにルールを見直された，または作出されたスポーツやレクリエーション。

演習課題

1. 身の回りにある点字を探して，読んでみよう。
2. だれかとペアになり，相手にアイマスクをしてもらい，自分で見ているものを伝えながら腕を組んで散歩をしてみよう。何をどのように伝えるべきか，相手が何を知りたいのか，いろいろな場所や相手で試してみよう。
3. 盲児の教育に使われている道具をまとめてみよう。
4. 弱視児の教育に使われている道具をまとめてみよう。
5. スリガラスなどで「ぼやけ」，厚紙に穴を空け「視野制限」，透明な板にシールを貼り「中心暗点」を経験できる。これらを通して見ることで見えづらさを作り，web を利用するなどして文字を読みやすくする工夫をしてみよう。

参考文献

・青柳まゆみ・鳥山由子編著：視覚障害教育入門 −改訂版−，ジアース教育新社，2015.
・香川邦生編：五訂版　視覚障害教育に携わる方のために，慶應義塾大学出版会，2016.
・芝田裕一：視覚障害児・者の理解と支援　新版，北大路書房，2015.
・佐藤泰正編著：視覚障害心理学，学芸図書，1996.
・氏間和仁編著：見えにくい子どもへのサポート Q&A，読書工房，2013.
・松田隆夫：「知覚不全」の基礎心理学，ナカニシヤ出版，2007.
・香川邦生・千田耕基編：小・中学校における視力の弱い子どもの学習支援　通常の学級を担当される先生方のために，教育出版，2009.
・全国盲学校長会編著：視覚障害教育入門 Q&A　確かな専門性と真剣な授業の展開のために，ジアース教育新社，2000.
・独立行政法人国立特殊教育総合研究所編著：ICF 活用の試み　障害のある子どもの支援を中心に，ジアース教育新社，2005.
・千田耕基監修，大倉滋之編著：発達と障害を考える本10　ふしぎだね視覚障害のおともだち，ミネルヴァ書房，2008.
・齊藤まゆみ編著：教育としてのアダプテッド体育・スポーツ学，大修館書店，2018.

② 耳の不自由な子どもへの配慮・支援

　耳の仕組みがうまく働かない状態のことを「聴覚障害」という。耳の仕組みのうち，音を伝える仕組みがうまく働かない場合を伝音難聴といい，音を伝える部分とは，外耳道から鼓膜，耳小骨までの部分である。耳の仕組みのうち，音を感じる仕組みがうまく働かない場合を感音難聴といい，音を感じる部分とは，蝸牛（かぎゅう）をさす（図3-14）。私たちの耳は左右あり，うまく働かない部分が両方の耳の場合は両側難聴といい，片方の耳の場合は片側難聴または一側難聴という。

　先天性の聴覚障害の原因・誘因は，遺伝子によるもの，風疹などの母胎感染の影響などが知られている。一般に，聴覚障害の出現率は1,000人に1人といわれている。実際にある地区の小学校74校・中学校28校を対象に学校健康診断でピックアップされた難聴児の在籍数を調べたところ，出現率は0.78％で，小学校は2校に1校，中学校では4校に3校の割合で在籍していることが明らかになっている[1]。

　聴覚障害児といっても，軽度から最重度までの障害の程度，両側難聴・一側難聴など，さまざまである。聴覚障害を表す用語は，**難聴**，**ろう**といった言葉が使われている。しかしいずれの場合でも，聞こえにくいことに違いはない。聞こえにくいことによって，聞きもらしや，聞き間違いが起こる。聞きもらしや聞き間違いがあれば，その後の行動にも影響が及ぶ。聞こえにくいことの影響は，発声や発話にも現れる。自分の声を自分の耳でフィードバックすること

難　聴
医学的診断名として用いられる。教育制度では，特別支援学級や通級による指導の場合に用いられる。

ろ　う
日本手話という日本語とは異なる言語を使う者を表す。

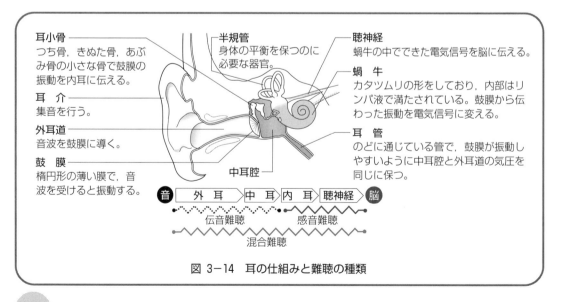

耳小骨
つち骨，きぬた骨，あぶみ骨の小さな骨で鼓膜の振動を内耳に伝える。

耳　介
集音を行う。

外耳道
音波を鼓膜に導く。

鼓　膜
楕円形の薄い膜で，音波を受けると振動する。

半規管
身体の平衡を保つのに必要な器官。

中耳腔

聴神経
蝸牛の中でできた電気信号を脳に伝える。

蝸　牛
カタツムリの形をしており，内部はリンパ液で満たされている。鼓膜から伝わった振動を電気信号に変える。

耳　管
のどに通じている管で，鼓膜が振動しやすいように中耳腔と外耳道の気圧を同じに保つ。

音　外　耳　中　耳　内　耳　聴神経　脳

伝音難聴　感音難聴

混合難聴

図 3-14　耳の仕組みと難聴の種類

が十分にできないため，発音が不明瞭になることがある。音楽の授業では，歌を歌うときに音程が合わないこともある。さらに，言葉の発達にも影響が及ぶ。私たちが日本で生まれ日本語を話せるようになったのは，モデルとなる親が話す日本語を聞くことができる環境だからである。話し言葉の日本語の獲得が不十分だと読み書きの発達に影響が出ることもある。さらには，就学後の学業に影響を及ぼす場合もある。

　また，聞こえ方は，周りの環境によっても変化する。静かな環境での1対1の会話や自分の名前を呼ばれたときの返事ができる場合でも，周りがうるさい環境や大勢の会話になると，聞き取りができなくなったり会話についていけなくなったりすることがある。これは，補聴器や人工内耳を使っている子どもたちも同様で，使っていると聴力が正常な場合と同じように聞こえると思われがちであるが，決して聴力が正常な場合と同じように聞こえるわけではない。

1　教育とその特色

(1) 早期発見・診断・教育から『最』早期発見・診断・教育へ

　聴覚障害児の教育は，1999年の新生児聴覚スクリーニング検査の開始により，障害の最早期の発見が可能になったことで大きく変化した。新生児聴覚スクリーニング検査は，出生後48時間以降の産科入院中に**自動聴性脳幹反応検査（A-ABR）**を用いて，産科医で実施される。この検査で要精密検査となった場合は，日本耳鼻咽喉科頭頸部外科学会指定の精密検査機関に紹介されて精査・診断が行われる。診断確定後に地域の聴覚特別支援学校や発達支援センターに紹介され，最早期の教育・療育が開始される。すなわち，聴覚特別支援学校の0歳児から2歳児までを対象とした乳幼児教育相談は，日本の特別支援教育の中で，最も低い年齢の乳児を対象に，最も早くから教育を行う教育機関である。

自動聴性脳幹反応検査（A-ABR）
聴性脳幹反応（ABR）は，脳幹の脳波を測定する聴力検査の方法で，脳波の判定を自動化したもの。

(2) 聴覚障害を対象とした教育機関の現状

　聴覚障害児が学ぶ教育機関は，聴覚特別支援学校のほかに，小・中学校に設置され難聴学級と呼ばれる難聴特別支援学級，小・中学校の通常の学級に在籍しながら指導を受ける通級による指導と呼ばれる難聴通級指導教室，合理的な配慮の提供や特別な教育的支援を受けながら学ぶ通常の小・中学校の通常の学級いずれかである。

　文部科学省初等中等教育局特別支援教育課の特別支援教育資料（2022）によると，2021年5月1日全国の聴覚障害者を対象とする特別支援学校は単一障害種・複数障害種を対象とするものを合わせて119校設置され，幼稚部・小学部・中学部・高等部合わせて2,759学級，7,651人が学んでいる（p.20 表1-6参

照）。119 校の設置者の内訳は，国立が筑波大学附属聴覚特別支援学校の１校，私立が 1920 年に開校した現存する中では日本最古の私立聾学校の日本聾話学校と，2008 年に開校し日本手話による教育を行っている明晴学園の２校，それ以外は公立である。小・中学校の難聴学級は，義務教育学校も含め 1,332 学級が設置され，1,965 人が学んでいる（表 3-2）。難聴通級指導教室を利用している児童生徒数は，小学生が 1,775 人，中学生が 423 人である（表 3-3）。

インテグレーション
障害児を通常の学級で定型発達児と共に教育すること。

　聴覚障害の早期発見・早期診断・早期教育の進歩と補聴器などの補聴技術の進歩によって，1960 年代半ばから活発になった**インテグレーション**という考え方が，人工内耳の発達や障害者の権利に関する条約の批准により就学のあり方が変わったことによって，現在の聴覚障害教育では一層進んでいる。しかし，地域の小学校で学んだ聴覚障害児が，中学進学や高校進学の際には，地域の中学校や高等学校ではなく聴覚特別支援学校を選択する場合もある。聴覚障害児教育では，こうした現象をＵターンまたはＬターンと呼んでいる（図 3-15）。

　聴覚特別支援学校では，幼稚部・小学部・中学部・高等部において，幼稚園・小学校・中学校・高等学校の教育に準ずる教育が行われている。指導する教科・領域は小学校・中学校・高等学校と同様の教科・領域で，それに加えて自立活

表 3-2　特別支援学級数・在籍児童生徒数，担当教員数および特別支援学級設置学校数

障害種別	小学校		中学校		義務教育学校		合　計	
	学級数	児童数	学級数	生徒数	学級数	生徒数	学級数	児童生徒数
	学級	人	学級	人	学級	人	学級	人
知的障害	21,340 (41.9%)	102,250 (44.1%)	9,626 (44.5%)	43,537 (47.4%)	261 (43.4%)	1,159 (47.0%)	31,227 (42.7%)	146,946 (45.0%)
肢体不自由	2,331 (4.6%)	3,480 (1.5%)	838 (3.9%)	1,138 (1.2%)	22 (3.7%)	35 (1.4%)	3,191 (4.4%)	4,653 (1.4%)
病弱・身体虚弱	1,986 (3.9%)	3,137 (1.4%)	880 (4.1%)	1,459 (1.6%)	17 (2.8%)	22 (0.9%)	2,883 (3.9%)	4,618 (1.4%)
弱　視	392 (0.8%)	456 (0.2%)	147 (0.7%)	170 (0.2%)	5 (0.8%)	5 (0.2%)	544 (0.7%)	631 (0.2%)
難　聴	945 (1.9%)	1,377 (0.6%)	382 (1.8%)	537 (0.6%)	14 (2.3%)	17 (0.7%)	1,341 (1.8%)	1,931 (0.6%)
言語障害	547 (1.1%)	1,139 (0.5%)	140 (0.6%)	202 (0.2%)	5 (0.8%)	14 (0.6%)	692 (0.9%)	1,355 (0.4%)
自閉症・情緒障害	23,368 (45.9%)	120,266 (51.8%)	9,622 (44.5%)	44,842 (48.8%)	277 (46.1%)	1,215 (49.3%)	33,267 (45.5%)	166,323 (50.9%)
総　計	50,909	232,105	21,635	91,885	601	2,467	73,145	326,457
担当教員数	人 54,440		人 24,054		人 641		人 79,135	
設置学校数	校 16,460		校 7,958		校 130		校 24,548	

※中等教育学校の特別支援学級はなし。合計は，義務教育学校 107 校も含んだ数値。
出典）文部科学省初等中等教育局特別支援教育課：特別支援教育資料（令和３年度），2022.

動の領域が設定されている。自立活動では，補聴器や人工内耳による聴覚の活用や，発音・発語，言語指導などを中心に，時間割の中に特設する形での指導が行われている。また，高等部には高等学校と同様の普通科のほかに，理容科や機械科，デザイン科，歯科技工科といった職業教育を行う学科が設置されている学校もある。職業科の歴史は古く，第2次世界大戦後に聴覚障害者の社会

表 3-3　通級による指導を受けている児童生徒数（2021年3月31日現在）

障害種別	小学校	中学校	高等学校	合　計
	人	人	人	人
言語障害	42,913 (30.6%)	714 (3.1%)	3 (0.2%)	43,630 (26.5%)
自閉症	26,387 (18.8%)	5,401 (23.3%)	559 (43.0%)	32,347 (19.6%)
情緒障害	17,560 (12.5%)	4,093 (17.7%)	184 (14.2%)	21,837 (13.3%)
弱　視	184 (0.1%)	50 (0.2%)	3 (0.2%)	237 (0.1%)
難　聴	1,626 (1.2%)	322 (1.4%)	8 (0.6%)	1,956 (1.2%)
学習障害	23,633 (16.9%)	6,796 (29.4%)	183 (14.1%)	30,612 (18.6%)
注意欠陥 多動性障害	27,808 (19.8%)	5,688 (24.6%)	331 (25.5%)	33,827 (20.5%)
肢体不自由	108 (0.1%)	45 (0.2%)	6 (0.5%)	159 (0.1%)
病弱・身体虚弱	36 (0.0%)	33 (0.1%)	23 (1.8%)	92 (0.1%)
総　計	140,255 (100.0%)	23,142 (100.0%)	1,300 (100.0%)	164,697 (100.0%)

出典）文部科学省初等中等教育局特別支援教育課：特別支援教育資料（令和3年度），2022.

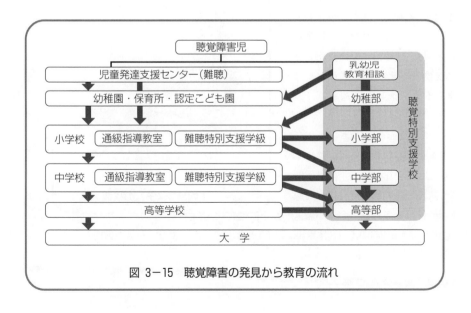

図 3-15　聴覚障害の発見から教育の流れ

自立には手に職をつけることが重要だとして，全国の聴覚特別支援学校に設置されてきた。しかし1990年代以降は，社会情勢の変化や障害者雇用の推進に伴って，職業科を廃止し普通科を設置する聴覚特別支援学校が多くなった。そのため，聴覚特別支援学校高等部卒業後の進路として，日本唯一の障害のある人のための国立大学である筑波技術大学や一般の大学に進学する聴覚障害児も増えている。

コラム　補聴器

補聴器は，通常の音声を聴覚障害のある人が聞こえる範囲にデジタル信号処理をして増幅する機器で，大きな音は増幅しない機能が備わっている福祉機器である。補聴器を装用したからといって，聴力正常者と同じ聞こえになるわけではない。聴覚特別支援学校には，補聴器の調整を行うための機材が備えられている。

コラム　人工内耳

人工内耳は，手術によって体内機器のインプラント（C）と蝸牛内に電極を挿入し，直接聴神経を刺激することで音声情報を補償する医療機器である。体外機器は，補聴器に似た形状の音声を電気信号に変換するサウンドプロセッサ（A）と電気信号をインプラントに送るコイル（B）で構成されている。

日本での人工内耳の小児への適応は，1990年代後半から学齢児童を中心に始まった。適応年齢は次第に低年齢化し，現在の適応年齢は言語習得期前および言語習得期の聴覚障害児を対象とした日本耳鼻咽喉科頭頸部外科学会の小児人

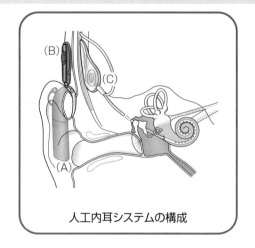

人工内耳システムの構成

工内耳適応基準(2014)で，原則1歳以上(体重8kg以上)となっている。また，近年の動向として，両耳に人工内耳を装用するケースも増えている。

2　指導とそのかかわり方

（1）指導を始める前〜聞き取りやすい環境づくり

　私たちの生活は，つねに音に満ちあふれている。学校も例外ではない。教室での授業のときの音は，例えば，先生や子どもたちの会話音，音楽のピアノなどの楽器音，近くの道路を走る車や救急車のサイレンなどの環境音などがある。授業のときに聞かなければならない音は，先生の話や友だちの意見などの人の音声である。私たちは身の回りにあるさまざまな音の中から，聞きたい音（信号：S）と聞きたくない音（騒音・ノイズ：N）を聞き分けている。聴力が正常な場合は，信号と騒音の強さが同じくらいでも，信号を聞き取ることができるが，聴覚障害がある場合には，信号と騒音が同じ強さでは，信号の聞き取りができなくなる。図3-16は，教室の騒音と先生の声の強さの座席位置による違いを示すものである。音は，距離が離れれば離れるほど弱くなる。先生の声も先生の口元から遠くなればなるほど弱くなる。しかし，教室の中の騒音は大きくは変わらない。先生に近い座席位置では騒音よりも先生の声が強いが，先生から遠い座席位置では先生の声が騒音の中に埋もれてしまう。この状況では，聴覚障害児は聞き取りが困難になる。

　聴覚特別支援学校は1学級の定員が少ないので，比較的静かな教室環境が整備されている。しかし，地域の学校・園の教室環境は騒音が多い状況である。

　教室の騒音を減らす方法として，机や椅子の脚に使い古しの硬式テニスボールをつけることが効果的である。これによって机や椅子を動かすときの騒音を弱くすることができる。これまでの研究では，15dB 程度の騒音軽減になるこ

dB（デシベル）
音の大きさや，電波の強さを表す単位。

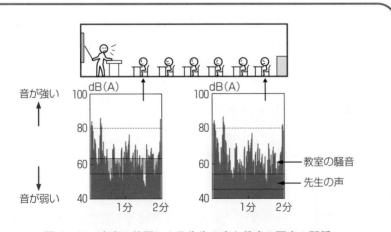

図 3-16　座席の位置による先生の声と教室の騒音の関係

出典）日本ヒアリングインターナショナル監修：教師のためのガイドブック　学校生活ときこえ 2009年度版，フォナックジャパン，2009.

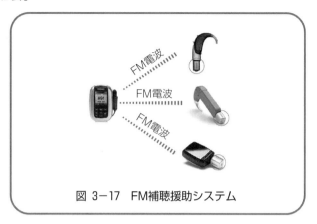

図 3−17　FM補聴援助システム

とが報告されている。

　また，先生の声をマイクやアンプ・スピーカーを使って，強くすることも効果がある。日本の学校では，体育館などの広い場所にしか設置されていない拡声装置であるが，海外では一般の教室にも拡声装置が設置されていることが多い。教室に CD プレーヤーがあれば，ラインマイクを接続することで，簡易拡声装置にすることも可能である。

　補聴器や人工内耳は音を大きくする機械である。最近では，マイクから入った音を人の声と騒音とに分けて，人の声だけを大きくする機能を採用しているものもあるが，それでも十分ではない。補聴器や人工内耳を使っている場合には，**FM 補聴援助システム**を使用することで，騒音や距離の影響を少なくすることができる（図3−17）。

　2012 年 2 月に出された中央教育審議会（以下，中教審）「合理的配慮等環境整備検討ワーキンググループ」報告[2] の別表にも，「聞こえにくさに応じた聴覚的な情報・環境の提供を図る。（座席の位置，話者の音量調整，机・椅子の脚のノイズ軽減対策（使用済みテニスボールの利用等），防音環境のある指導室，必要に応じて FM 式補聴器等の使用等）」と例示されている[2]。

（2）コミュニケーション手段

　聴覚障害教育では，さまざまなコミュニケーション手段を用いて指導を行っている。日本で聴覚障害者に対する教育が始まった明治初頭は，手勢（現在の手話）書記・筆談・発音・聴覚利用・指文字を活用した教育であった。明治後期にはアメリカのグラハム・ベル（A. G. Bell）が来日し，手話による教育ではなく聴覚障害児にもスピーチを主とする考え方の**視話法**（発音・読唇指導）が導入された。大正時代には，名古屋市立盲唖学校（現在の愛知県立千種聾学校）で発音指導が始まり，**口話法**の基礎を確立した。第 2 次世界大戦後には補聴器が開発され，残存聴力を活用する**聴覚口話法**へと発展した。1995 年には，文

FM 補聴援助システム
先生など話をする人が送信マイクをつけて，FM 電波を使って，補聴器や人工内耳に取り付けた受信器で受信するもの。

視話法
構音方法を記号で示し，それをもとに発音指導を行い，コミュニケーションする方法。

口話法
手話を用いずに発音と読唇により音声言語を用いてコミュニケーションする方法。

聴覚口話法
補聴器等によって残存聴力を活用した口話法の発展型。

部省（当時）が多様なコミュニケーション手段を活用した指導の手引きを発行
し[3]，手指メディアを活用した指導が始まった。21世紀に入り，聴覚口話法
の教育から手話による教育への動きが高まった。2003年5月には，「ろう児は
教育を受ける権利，学習権，平等権が侵害されている」として日本弁護士連合
会へ人権救済申立が行われた。2005年には，日本弁護士連合会が「手話教育
の充実を求める意見書」を発表し，全国の聴覚特別支援学校で手話の使用が広
がった[4][5][6]。2008年には，東京都品川区に日本手話で教育を行う私立の聴覚
特別支援学校・明晴学園が設立された。現在，全国の聴覚特別支援学校では，
補聴器や人工内耳を装用し，音声や手話を使用した教育が行われている。なお，
指文字の一覧については，第1章の図1-9（p.21）を参照されたい。

ろう児
日本語とは異なる日本
手話による言語を使用
する聴覚障害児。

（3）教育目標・教育課程の特色

　特別支援学校の教育の目的は学校教育法第72条に示されている（p.68参照）。
　聴覚障害者を対象とする特別支援学校の教育目標や教育課程は，特別支援学
校の教育要領・学習指導要領で規定されている。教育目標は，幼稚部は幼稚園
教育の目標，小学部は小学校教育の目標を，中学部は中学校教育の目標を，高
等部は高等学校教育の目標とされている。教育課程は各教科と領域で構成され
ている。詳しくは，特別支援学校教育要領・学習指導要領解説を参照されたい。
　聴覚特別支援学級では，小学校教育の目標・中学校教育の目標と同じ教育目
標である。教育課程は設置されている学校の教育課程に自立活動が加えられた
特別な教育課程となる。
　通級による指導の場合は，学校教育法施行規則第140条，第141条に以下の
ように示されている。

学校教育法施行規則第140条
　小学校，中学校，義務教育学校，高等学校又は中等教育学校において，次の各号のいずれ
かに該当する児童又は生徒（特別支援学級の児童及び生徒を除く。）のうち当該障害に応じ
た特別の指導を行う必要があるものを教育する場合には，文部科学大臣が別に定めるところ
により，（中略）特別の教育課程によることができる。

学校教育法施行規則第141条
　前条の規定により特別の教育課程による場合においては，校長は，児童又は生徒が，当該
小学校，中学校，義務教育学校，高等学校又は中等教育学校の設置者の定めるところにより
他の小学校，中学校，義務教育学校，高等学校，中等教育学校又は特別支援学校の小学部，
中学部若しくは高等部において受けた授業を，当該小学校，中学校，義務教育学校，高等学
校又は中等教育学校において受けた当該特別の教育課程に係る授業とみなすことができる。

コラム　日本手話と日本語対応手話

　日本手話とは，「日本の手話」という意味ではなく，日本語とは本質的に異なる独自の文法構造をもった，ろう者独自の手話言語を意味する。

　日本語対応手話とは，音声言語である日本語の文法・語順に手話の単語を一語一語あてはめていく手話を意味する。この場合の文法構造は日本語である。

　これらの日本の手話について，当事者団体である「全日本ろうあ連盟」は，日本で使用される手話の核となるのは日本手話であるが，それ以外の各種の手話を排除すべきではないという立場を示している。

（4）教室や授業での配慮

　聴覚特別支援学校の教室では，机を馬蹄形に並べて指導が行われている（図3-18）。これは，子ども同士互いの顔や手話を見やすくする配慮である。教員との距離も近く，口や手の動きを見やすくしている。

　授業の準備において配慮することは，視覚的な教材を準備することである。音声が聞き取りにくいために，重要な内容などはカードや図・絵で提示するとよい。近年では，ICT機器を活用することによって，写真や動画などの視覚教材が活用しやすい環境にあるので，積極的に活用されたい。

　授業中に配慮することは，だれが話をしている人かを明確にすること，話すときは短い文で話すこと，何の話をするかを最初に話すこと，話すときは身振りや具体物などを示しながら話すこと，大事なことは板書すること，板書のときに話をしながら書かないこと，友だちの発言を復唱すること，などがある。

　話している人を明確にすることは，耳だけではなく目で話を聞くために重要

図 3-18　馬蹄形の机の配置と授業の様子

である。短い文で話すのは，内容を明確に伝えるためである。話す内容をはじめに話すのは，話題が何かをわかりやすくするためである。話すときに身振りや具体物を使うのは，視覚的な手がかりを追加することで聞き取りを助ける効果が得られるためである。大事なことを板書する，板書するときに話さないことも，音声の聞き取りを補うことになる。

　また，集会や体育などの場合には，教室での授業以上に配慮が必要である。集会や体育など活動の場所が広くなると，距離が離れるために教員の指示が聞き取りにくくなる。集会のときに前で話す教員も，先にあげたものと同じ配慮が必要である。

　FM補聴援助システムを使用する場合には，送信機の使用に配慮が必要である。一般的な授業場面では，送信機を教員が持つことが多いので，友だちの発言の際には，送信機を発言する友だちに届ける必要が出てくる。通常の小学校や中学校の教室の場合では，受け渡しがうまくいかなかったり，時間がかかってしまったりすることが見受けられる。その場合には，教員が友だちの発言を復唱するなどの配慮によって，発言内容をFM補聴援助システムを使用している聴覚障害児に届けることができる。

　小学校や中学校で学ぶ聴覚障害児の場合には，授業中の教員や友だちの音声会話をノートに書き起こすノートテイクによる支援を行う場合もある。最近では，**音声認識システム**を利用したアプリケーションソフトを活用して，音声会話を文字情報に変換する方法も活用され始めた（図3-19）。また，クラス内の人間関係における配慮も必要になる。聴覚障害は目に見えない障害なので，周りの友だちにわかりにくい障害ともいえる。さらにコミュニケーションの障害を引き起こすことがある。例えば，「少し離れたところから呼んでも気づかない＝無視した」などは起こりやすいトラブルのひとつである。またグループで話をする場面では，会話が聞き取れないために仲間に入れないことも起こり得る。こうしたコミュニケーションによるトラブルは，二次的な新たな障害を生むことになってしまうため，教員の配慮が重要である。

音声認識システム
音声をマイクロホンでひろい認識する技術で，多くのスマートフォン・タブレット端末などに搭載されている。人間の声などをコンピュータに認識させたり，話し言葉を文字列に変換したり，さらには音声の特徴をとらえて声を出している人を識別することができる。

図 3-19　タブレット端末の音声認識システムを活用した文字情報提示

（5）学習指導上の配慮

　聴覚障害による日本語の獲得・運用・活用に影響があることは，先に述べた。

　脇中（2009）[7] は，聴覚障害児の言語と学習の問題として，小学校低学年までの学習は何とかできても小学校高学年以降の教科学習が困難な現象，聴覚障害児においては「語彙量は一定あるのに，小学校高学年以降の学習が困難な現象」が現れることを指摘している。これは聴覚障害教育において「9歳の壁」と呼ばれるもので，具体的な言語による思考は比較的できても抽象的な言語の理解や思考への移行に困難がある状態をいう。

　最近の研究では，加藤・吉田（2016）[8] は，学齢聴覚障害児の日本語の読み能力を包括的領域別読み能力検査（CARD）[9] を用いて評価したところ，定型発達児に比べて著しく日本語読み能力が低いわけではないが，理解語彙に弱さを認め，人工内耳装用児でも聞き取りに弱さを認める児童が多いことを指摘している。さらに加藤・川﨑（2017）[10] は，日本語の読み能力と学習到達度の関係を学齢聴覚障害児を対象に検討した結果，聴覚障害児の日本語読み能力は，定型発達児に比べて語彙・聞き取り・音しらべについて弱さを認めたが，語彙の活用や統語・文章読解の問題には著しい弱さは認められなかったこと，日本語の読み能力は学習到達度との間に正の相関が認められたことを明らかにした。

　これらの研究成果から，聴覚障害教育における学習指導上の配慮として，日本語の読み能力や言語力を的確に把握し，個々に応じた学習上の支援や配慮を検討・実施することが重要である。

　演習課題
1. 聴覚障害の発見から診断・教育までの流れを説明してみよう。
2. 聴覚障害教育におけるコミュニケーション手段についてまとめてみよう。
3. 聴覚障害児への教室や授業における配慮についてまとめてみよう。

　引用文献
1）加藤哲則・我妻敏博・藤原満：地域の小・中学校に在籍する難聴児の実態と学校健康診断に関する調査，Audiology Japan, 52, pp.166-171, 2009.
2）中央教育審議会初等中等教育分科会特別支援教育の在り方に関する特別委員会合理的配慮等環境整備検討ワーキンググループ：中央教育審議会初等中等教育分科会特別支援教育の在り方に関する特別委員会合理的配慮等環境整備検討ワーキンググループ報告，2012.
3）文部省：聴覚障害児教育の手引き：多様なコミュニケーション手段とそれを活用した指導，海文堂出版，1995.
4）我妻敏博：聾学校における手話の使用状況に関する研究，上越教育大学研究紀要，17（2），pp.653-664, 1998.
5）我妻敏博：聾学校における手話の使用状況に関する研究（2），ろう教育科学，45, pp.273-285, 2004.

6）我妻敏博：聾学校における手話の使用状況に関する研究（3），ろう教育科学，50（2），pp.77-91，2008.

7）脇中起余子：聴覚障害教育これまでとこれから－コミュニケーション論争・9歳の壁・障害認識を中心に－，北大路書房，2009.

8）加藤哲則・吉田志保：聴覚特別支援学校小学部児童の日本語読み能力評価の試行，教育オーディオロジ研究，10，pp.21-26，2016.

9）奥村智人・川﨑聡大・西岡有香・若宮英司：CARD ガイドブック，スプリングス，2014.

10）加藤哲則・川﨑聡大：包括的領域別読み能力検査を用いた学齢聴覚障害児の日本語読み能力評価と学習到達度の検討（第1報），第51回全日本聾教育研究大会研究集録，pp.83-84，2017.

❸　知的発達に遅れのある子どもへの配慮・支援

1　教育とその特色

（1）知的発達とは

　知的発達に遅れのある状態を，特別支援教育領域では「知的障害」と表現する。知的障害について，法令上の一般的な定義は存在しないが，学校教育法施行令は，その程度と判別方法を，次のように規定している。

> 学校教育法施行令第22条の3
> 一　知的発達の遅滞があり，他人との意思疎通が困難で日常生活を営むのに頻繁に援助を必要とする程度のもの
> 二　知的発達の遅滞の程度が前号に掲げる程度に達しないもののうち，社会生活への適応が著しく困難なもの

　文部科学省では，知的障害を，「記憶，推理，判断などの知的機能の発達に有意な遅れがみられ，社会生活などへの適応が難しい状態」であり，発達期（おおむね18歳未満）に生じる障害であるとして，その程度等に応じた特別支援学校，特別支援学級等設置の根拠としている。厚生労働省では，標準化された**知能検査**における**知能指数**（IQ）が70以下の場合とし，IQ 51〜70を軽度，36〜50を中度，21〜35を重度，20以下を最重度と区分している。なお，各自治体では，知的障害児者が，障害の程度に応じた障害者福祉をよりスムーズに受けられるようにするために，障害程度等を判定のうえ，療育手帳を交付して

知能検査
一般的に使われる知能検査には，田中ビネーV（ファイブ），WISC-V知能検査，K-ABC心理・教育アセスメントバッテリー等があり，被検査者の年齢や診断内容等に応じて使い分けられている。

知能指数
生活年齢と精神年齢の比を基準としたIQをさすが，近年は同年齢集団内での位置を基準とした偏差知能指数（DIQ）を用いることが多い。

いる。手帳交付者数は，厚生労働省の統計要覧によると，全国で約100万人（2018年）である。ただ，こうした区分や判定結果は障害者福祉を行政的措置として実施するうえで必要なものではあるが，必ずしも日常生活能力の程度を的確に表す指標とは言い切れず，この教育に携わる者は，一人ひとりの子どもに本当に必要な支援の量・質を見極め対応する姿勢をもつことが大切である。

なお，日本では，福祉・教育等の分野を中心とした行政用語として「知的障害」が使われているが，保健医療福祉領域では「精神発達遅滞」や「言語発達遅滞」等が用いられることが多く，診断基準としてWHO（世界保健機関）の国際疾病分類である「ICD-10」と，米国精神医学会の「DSM-5」の二つが主に使われている。

また，多くの場合，知的障害（精神発達遅滞）を伴う障害であるダウン症は染色体の突然変異によるものであり，同じく**トゥレット症候群**は遺伝的な要素と環境因子が複雑に関係しており神経伝達物質の異常と推定されている。さらに脳性まひやASD児の多くが知的障害を伴うなど，知的障害（精神発達遅滞）の原因や様態は一様ではない。

トゥレット症候群
本人の意思とは無関係に複数のチックが繰り返し起きる疾患。日本では発達障害に含まれる。

（2）知的障害教育

知的障害のある人は知的機能が制約されることにより，社会生活への適応が制約される，あるいは適応に困難さが二次的に発生する。特別支援教育，とりわけ知的発達に遅れのある子どもの支援・配慮を考えるうえで，このことは知的発達の遅れそのものよりもきわめて重要な観点である。そこでこの教育では，障害に由来する種々の困難を改善・克服するとともに，もっている能力・身につけた力で社会によりよく適応していくための資質を伸ばす指導・支援，配慮を検討することを重視している。

特別支援学校学習指導要領解説　各教科等編（小学部・中学部）（2018年）（以下，特支学習指導要領解説）には，知的障害者である児童生徒に対する教育を行う特別支援学校における指導の特徴について，以下のようにある。

　　知的障害のある児童生徒の学習上の特性としては，学習によって得た知識や技能が断片的になりやすく，実際の生活の場面の中で生かすことが難しいことが挙げられる。そのため，実際の生活場面に即しながら，繰り返して学習することにより，必要な知識や技能等を身に付けられるようにする継続的，段階的な指導が重要となる。児童生徒が一度身に付けた知識や技能等は，着実に実行されることが多い。また，成功経験が少ないことなどにより，主体的に活動に取り組む意欲が十分に育っていないことが多い。そのため，学習の過程では，児童生徒が頑張っているところやできたところを細かく認めたり，称賛したりすることで，児童生徒の自信や主体的に取り組む意欲を育むことが重要となる。更に，抽象的な内容の指導よりも，実際的な生活場面の中で，具体的に思考や判断，表現できるようにする指導が効果

的である。　〜中略〜　特に，知的障害の程度が極めて重度である場合は，本来もっている能力を十分に把握できない場合があるため，より詳細な実態把握が必要である。また，視覚障害，聴覚障害，肢体不自由や病弱など，他の障害を併せ有することも多いので，より一層のきめ細かな配慮が必要となる。　（下線は筆者加筆）

　ここには，知的発達に遅れのある子どもが，何につまずき，なぜ社会生活への適応が困難であり，またそのために，どのような指導の配慮が必要であるのかが端的に示されている（下線部分）。

　知的発達に遅れのある子どもの指導のあり方として最も特徴的なのは，各教科等それぞれの時間を設けて指導を行う場合と，各教科等を合わせて指導を行う場合があることである。各教科等を合わせて指導を行う場合とは，各教科，道徳，外国語活動，特別活動および自立活動の全部または一部を合わせて授業を行うことをいう。

　ここで，各教科，道徳，特別活動および自立活動の概要について少しふれておく。「各教科」とは，小学校の場合であれば，国語，社会，算数，理科，生活，音楽，図画工作，家庭および体育であり，知識・技術などを内容の特質に応じて分類し，系統立てて組織化したものである。「道徳」教育は自己の生き方を考え，主体的な判断のもとに行動し，自立した一人の人間として他者と共によりよく生きるための基盤となる道徳性を養うことを目標とする教育活動であり，各教科や特別活動等で行われる道徳的実践の指導と，道徳科で行われる内面的資質の育成を目ざした指導がある。「特別活動」とは，学級活動・児童生徒会活動・クラブ活動・学校行事であり，望ましい集団活動を通して，心身の調和のとれた発達と個性の伸長を図り，集団の一員としてよりよい生活や人間関係を築こうとする自主的，実践的な態度を育てるとともに，自己の生き方についての考えを深め，自己を生かす能力を養うものである。「自立活動」とは，障害に基づく種々の困難を主体的に改善・克服するために必要な知識，技能，態度および習慣を養い，もって心身の調和的発達の基盤を培うものであり，特支学習指導要領には6区分27項目でその指導内容が示されている。小・中学校の通常学級および特別支援学級では，知的発達に遅れのある子どもの指導においても，これら各教科，道徳，特別活動および自立活動に分けて指導を行うことが多いが，その場合にも知的発達の状態に応じた段階の内容や方法を工夫するなどの配慮がなされている。

　知的障害のある子どもに対する教育を行う特別支援学校では，この各教科等を合わせて指導を行うことが効果的であることから，従前，日常生活の指導，遊びの指導，生活単元学習，作業学習などとして実践されてきており，それらは「各教科等を合わせた指導（以下，合わせた指導）」と呼ばれている。各学校においては，知的障害の状態や経験等に応じて，そうした指導が適切に行われ

各教科等を合わせた指導
学校教育法施行規則第130条第2項には，「知的障害者である児童若しくは生徒又は複数の種類の障害を併せ有する児童若しくは生徒を教育する場合において特に必要があるときは，各教科，特別の教科である道徳，外国語活動，特別活動及び自立活動の全部又は一部について，合わせて授業を行うことができる」と規定されている。

るように指導計画を作成し，指導を行う必要がある。以下，「合わせた指導」の概略を，特支小中学習指導要領よりまとめる。詳細は同解説を参照されたい。

1）日常生活の指導

日常生活の指導は，児童生徒の日常生活が充実し，高まるように日常生活の諸活動について，知的障害の状態，生活年齢，学習状況や経験等を踏まえながら計画的に指導するものである。日常生活の指導は，生活科を中心として，特別活動の〔学級活動〕など広範囲に，各教科等の内容が扱われる。それらは，例えば，衣服の着脱，洗面，手洗い，排泄，食事，清潔など基本的生活習慣の内容や，あいさつ，言葉遣い，礼儀作法，時間を守ること，きまりを守ることなどの日常生活や社会生活において，習慣的に繰り返される，必要で基本的な内容である。

2）遊びの指導

遊びの指導は，主に小学部段階において，遊びを学習活動の中心に据えて取り組み，身体活動を活発にし，仲間とのかかわりを促し，意欲的な活動を育み，心身の発達を促していくものである。遊びの指導では，生活科の内容をはじめ，体育科など各教科等にかかわる広範囲の内容が扱われ，場や遊具等が限定されることなく，子どもが比較的自由に取り組むものから，期間や時間設定，題材や集団構成などに一定の条件を設定し活動するといった比較的制約が高い遊びまで連続的に設定される。また，遊びの指導の成果を各教科別の指導につながるようにすることや，諸活動に向き合う意欲，学習面，生活面の基盤となるよう，計画的な指導を行うことが大切である。

3）生活単元学習

生活単元学習は，生活上の目標を達成したり，課題を解決したりするために，一連の活動を組織的・体系的に経験することによって，自立や社会参加のために必要な事柄を実際的・総合的に学習するものである。生活単元学習では，広範囲に各教科等の内容が扱われる。生活単元学習の指導では，学習活動は，実際の生活上の目標や課題に沿って指導目標や指導内容が組織されることが大切である。また，小学部において，知的障害の状態等に応じ，遊びを取り入れたり，作業的な指導内容を取り入れたりして，生活単元学習を展開している学校もある。

4）作業学習

作業学習は，作業活動を学習活動の中心にしながら，子どもの働く意欲を培い，将来の職業生活や社会自立に必要な事柄を総合的に学習するものである。作業学習の指導は，中学部では**職業・家庭科**の目標と内容が中心になるほか，高等部では職業科，家庭科および情報科の目標と内容や，主として専門学科において開設される各教科の目標と内容を中心にした学習へとつながるものである。作業学習で取り扱われる作業活動の種類は農耕，園芸，紙工，木工，縫製，

職業・家庭科
特別支援学校学習指導要領では，中学部には「職業・家庭」，高等部には「職業」「家庭」が教科として示されている。「合わせた指導」である作業学習は，これらの教科の内容を含むものである。

90

織物，金工，窯業，セメント加工，印刷，調理，食品加工，クリーニングなど
のほか，事務，販売，清掃，接客なども含み多種多様である。

　「合わせた指導」は，知的発達に遅れのある子どもにとって，日常生活，社
会生活への適応を視野に入れた実際的・具体的な学びを提供することのできる
効果的な指導の形態である。実践するにあたっては，実際に学校・学級に在籍
する子どもの知的障害の程度や実態を考慮するとともに，集団としての願いに
即した活動内容等を独自に編成することが求められる。併せて，学習指導要領
に示された各教科等の指導の本質を踏まえ，生活としてのまとまりのある授業，
明確な目的や適切なねらいのある授業，効果的な学びのある授業づくりに留意
する必要がある。「合わせた指導」の授業の実際については，実践書・教育雑
誌等で事例が多々紹介されており，そうした先進的な取り組みをモデルとして
質の高い授業づくりを追究し続けることが大切である。

2　指導とそのかかわり方

(1)「わかる」指導を重視する

　知的発達に遅れがある子どもたちは，言語や数量等の理解に制約があるため
に，記憶する，推理する，判断することに困難がある。そのためにまず「わか
る」学習（授業），指導を行うことが大切である。「わからないからできない」
という状況を極力排し，「わかって，できる」プロセスを大切にした学びや生
活を積み重ねることである。このことは，知的発達に遅れのある子どもにとっ
ての合理的配慮でもある。

　日課や基本的な学習の進め方についても同じである。一日の学校生活がどの
ようなスケジュールで進んでいくのか，一時間の授業で何を，どのように，ど
こまでやればよいのか，といった「見通し」をもてる配慮は，知的発達に遅れ
のある子どもたちが安心して活動に参加し，やり遂げるうえでの重要な手立て
である。知的発達に遅れのある子どもを対象とした特別支援学校では，週間の
時間割を帯状にし，同じ時間帯に同じ活動を行うなど，わかりやすい日課とす
るところも多い。図3-20 はある特別支援学校小学部の週時程表である。「こ
とば・かず」「朝の運動」等がほぼ毎日，日課として同じ時間帯に実施されて
いることがわかる。

　また，日常生活に必要な動作等の指導においても，「わかる」ことを重視し
た配慮は重要である。ただ単に生活の流れやするべきことが理解でき，それを
スケジュールにそってこなすことができればよいのではない。「できる」こと
はもちろん大切であるが，「『わかる』ことがわかって『できる』」ことを重視
した指導を行わなければ，生活に生きる力にはつながらない。一例をあげれば，

	月	火	水	木	金
1	日常生活の指導				
2	ことば・かず				生活単元学習
	朝の運動				
3	生活単元学習	生活単元学習	生活単元学習	遊びの指導	
4			音　楽		
5	日常生活の指導	生活単元学習	日常生活の指導	生活単元学習	音　楽
6		日常生活の指導		日常生活の指導	日常生活の指導
下　校	14：00	15：20	14：00	15：20	15：20

図 3−20　帯状の週時程表の例

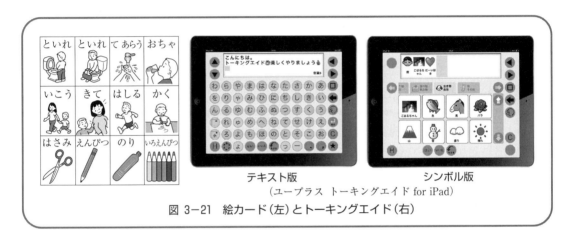

テキスト版　　　　　シンボル版
（ユープラス　トーキングエイド for iPad）

図 3−21　絵カード（左）とトーキングエイド（右）

洗濯物を干す方法を懸命に指導・訓練し，手順を完璧に身につけた子どもが，雨が降りしきる屋外の物干し台に洗濯後の衣服をつるそうとしている姿は，「わかる」プロセスを欠いた指導の結果といえる。

「わかる」指導のもうひとつの重要な視点は，他者に自分の意思や要求を確かに伝えることができたことが「わかる」手立て，つまりコミュニケーションを支援することである。絵カードやトーキングエイド（図3−21）やICT機器等を活用し，自分が理解していることを他者と共有し，そのことで意思や要求を伝えることができたという実感は，日常生活の指導のみならず，すべての学びに必要な事がらであり，こうした手立てを日常生活・学習場面に積極的・効果的に取り入れたい。

（2）「日常生活」「社会生活（含：職業生活）」を視野に入れた指導

自立と社会参加について，この教育においては特に，現在から将来にわたるすべての生活に自立があり，社会参加があるという幅広い視点でとらえることが大切である。つまり，小学１年生には小学１年生の，高校３年生には高校３

年生の，さらには社会人１年生には社会人１年生の，それぞれの時期・段階に
ふさわしい自立と社会参加の姿があるのである。そうした指導の積み重ねの延
長線上に将来生活がある。先に述べた「合わせた指導」はまさしく「生活」を
視野に入れた指導の形態であり，一時間一時間の授業において活動を精いっぱ
いやり遂げたり，自分の役割を果たした姿そのものが，自立であり社会参加で
ある。そうした「わかって，できた自分の価値」を実感できる，一連のまとま
りや生活の必然性に即した意味のある学びを通して，日常生活，地域生活，職
業生活を送るうえで必要な知識・技能を身につけ，習慣・態度を培うことがで
きるのである。

　仮に「レストランを開店しよう」という生活単元学習の単元があるとしよう。
この活動では，調理係，接客係，レジ係など，さまざまな役割を設定すること
ができるが，ただ役割を分担し活動がスムーズに展開できればよいのではない。
大切なことは，わかりやすく，個々のもつ能力等に応じてやり遂げる価値のあ
る質の高い役割活動となるよう工夫を重ね，子どもが先に述べた「自分自身の
価値」を実感できるようにすることである。そのためには，「ごっこ遊び」で
はない，本物の活動を設定し，一人ひとりが確かに役割を果たせる支援具や補
助具等を工夫することが効果的である。愛媛大学教育学部附属特別支援学校小
学部における同単元では，本物のレストランさながらのメニュー（図３−22）
を用意し，コックの衣装を身につけて活動に取り組んでいる。なお，図３−23は，
パンを汚さずに卵マヨネーズを挟むことができるよう，子ども自身と相談しな
がら自作した**補助具**である。ここで留意すべきは，子どもが最大限に力を発揮
できる適切な支援や環境を工夫することである。あくまでも子どもが自らの力
で主体的に役割を果たせたことが実感できる，「効果的に機能する最小の支援」
を慎重に検討したい。

補助具
障害のある者が，もて
る力を最大限に発揮し
てよりよく活動をやり
遂げるための教具。子
どもの実態や活動内容
に応じ現場の教員が自
作する場合が多い。

図 3−22　卵サンドセット

図 3−23　卵マヨネーズを挟む際に
使用した補助具（右）

　こうした活動を，役割を分担しながら集団でやり遂げた喜びを共有することはまた，将来にわたり地域社会で生きていくための大切な力となるのである。

　教科別の指導等においても，日常生活，社会生活との関連を視野に入れた指導を適切に組み入れ，生活に生きる力として育成していくことが求められる。例えば「数を数える」という活動ひとつにおいても，数え方の指導はもちろん，具体物を用いて「数えることの意味」を理解させる指導や，それがどう役立つのか，という結果に見通しのもてる指導を行い，学びを通して習得することへの意欲や，それを積極的に活用しようとする力を育む指導が大切である。

(3)「生活する意欲」「働く意欲」を育てる指導

　社会生活に必要な豊富な知識を得ること，できることを増やし技能を伸ばすこと，不足しがちな実体験・生活経験を広げることなど，生活に生かせる働く力を育てるために，この教育では従前よりさまざまな取り組みがなされてきた。いずれも子どもたちにとって大切な指導であるが，それらを確かな自立と社会参加につなげるためには，子どもの「意欲」の育ちに焦点をあてた指導が重要である。学習によって得た知識や技能，体験は，子ども自身にそれらを進んで活用しようとする「意欲」が，働くことによって生きた力として発揮されるものだからである。とりわけ，知的発達に遅れのある子どもに育てたいのは，「生活する意欲」であり，「働く意欲」である。

　「生活する意欲」とは，「生活上の役割を進んで果たそうとする意欲」である。実際的な生活を取り上げた学習（日常生活の指導や生活単元学習等）を通して，日常生活の流れに即した活動，生活上のテーマや課題にそった活動をやり遂げ，自立的な生活に必要な事柄を実際的・総合的に学習する中で育成されるものである。

　「働く意欲」とは，「職業生活上の役割を進んで果たそうとする意欲」である。これは，働く活動を中心に据えた学習（作業学習等）を通して，働く生活を題材としたテーマや課題にそった活動をやり遂げ，将来の職業生活や社会的自立に必要な事がらを総合的に学習する中で育成されるものである。知的発達に遅れのある子どもの自立と社会参加を確かなものにするためには，年齢の低い段階からの「意欲」の育ちを積み重ね，次のステージ，段階における意欲へとていねいにつなげる指導が求められる。なお，この子どもたちの意欲を育てるための授業を実践するにあたっては，以下のような工夫や配慮が必要である。

① 実際的な生活に結びついた具体的な活動を取り上げる。

　　生活と深い関連がある具体的な活動において，「わかって，できる」成功体験を積み重ねることで，生活に生きる力（応用・般化）の育ちが促される。

② 興味・関心や得意なことを生かした活動や役割を設定する。

　　子どもの興味・関心のあることを活動や役割として設定することはもちろん大切であるが，得意なことを生かすことは特に重要である。知的発達の遅れからくる弱さに焦点をあてるのではなく，強さ（得意）を生かして課題を解決できた経験が，弱さをも引き上げるのである。

③ 実態に応じ，課題が解決できたことが実感できる目標の設定や教材・教具等の支援環境，評価の工夫を行う。

　　子どもの実態を的確に把握し，子ども自身の力で解決可能な「少し高い課題」に主体的に向き合うための手立てを工夫することにより，「わかって，できた」自分の価値への気づきが促される。目標設定，支援環境，評価の工夫は，意欲を育てる授業づくりのための重要な手立てである。

（4）主体的に役割を果たす活動を重視する

　「主体性」とは，「自ら気づき，進んで行動を起こす」力や内面の働きである。「主体的に役割を果たそうとする行動」を発揮できる活動（授業）は，生きる力を根底で支える「意欲」を育てる重要な鍵である。主体性を発揮できた自分のよさへの気づきが，意欲の育ちにつながるからである。

　「役割」とは，そもそも人との関係性の上に成り立つものであり，集団としての目的・指向が明確で仲間と共有できるものであればあるほど，一人ひとりの「主体的行動」の価値は高まるものである。そこで，一人ひとりのもっている力や課題，願いを集約し，集団として成し遂げたい活動テーマを設定し，成員一人ひとりに価値の高い役割を設定できるかどうかを検討しつつ，単元活動を編成する。前述の「レストランを開店しよう」も，そうした観点に基づいて編成された単元である。

　知的発達に遅れのある子どもの指導（授業実践）で特に重視すべきは，その役割を主体的に果たすことができるようにするための支援の手立てや学習環境づくりである。自らの判断で「わかって，できた」確かな実感をもち，結果としての成功体験を得ることにより，意欲を育てることが重要だからである。その方策を，特別支援学校における作業学習（木工作業）の例をあげて解説する。

　まず大切なのは，わかりやすい学習（作業）環境である。図3-24は，キーホルダー作製（木取り・磨き・着色・袋詰め等）にあたって部品の準備・収納場所と，加工の手順の両方をわかりやすくするための環境づくりの手立てである。自分のするべき役割や完成までの段階，作業後の収納場所がわかることで，作業手順や次の工程（取り組み）への見通しをもつことができる。こうした「見

図3-24　加工部品置き場

図3-25　コンセントの収納

てわかる」環境は，視覚優位の特性が顕著なASD児にとって特に有効である。また，図3-25は，電動機械による作業後に確実にコンセントを抜き，片づけが終了したことを自分で確認するための環境的手立てである。こうした環境を整え，作業後に自ら指呼確認することを約束するなどのルールを設けることが，主体的に自分の役割を果たした実感とともに，仕事に対する責任感を育てることにつながるのである。知的発達に遅れのある子どもたちであるからこそ，教員による言葉かけや指示ではなく，自らの判断・気づきのもとに活動し，主体的に行動できた自分のよさを発見することのできる手立てと評価を工夫することを重視すべきである。

(5) 発達や心身の状態等の課題に配慮した指導

　知的発達に遅れのある子どもは，ほかの障害（身体障害，発達障害等）を併せ有するケースも多い。肢体不自由あるいは視覚・聴覚の障害，発達障害等による困難を補い学びの成果を確かなものにするための配慮は，当然のことながら重要である。また心身の発達が不均衡であることや，失敗経験の積み重ねなどから自己肯定感が低下し自信のなさが際立つなどの理由等により，十分な力を発揮できにくい場合があることにも配慮しなくてはならない。こうした場合，発達面の強さや得意なことを生かした活動（役割）を設定し，まず確かにわかり，自信をもってできたという成功体験を通じ，徐々に自信を高めることのできる，段階的な指導を進める必要がある。

　演習課題
1. 特別支援学校学習指導要領（および解説）をもとに，知的発達に遅れのある子どもの教育の特色や指導目標・内容について理解を深めてみよう。
2. 2項-(1)(p.91)に示した基本的対応が，知的発達に遅れのある子どもにとって重要である理由について，説明してみよう。
3. 書籍等に紹介されている各校の授業実践事例に，2項-(1)に示した基本的対応の視点がどのように具体化されているかを探ってみよう。

参考図書
・全国特別支援学校知的障害教育校長会編：特別支援学校のキャリア教育の手引き－実践編－，ジアース教育新社，2013.

 4　肢体不自由の子どもたちへの配慮・支援

1　教育とその特色

（1）肢体不自由とは

　運動機能に障害のある状態を「肢体不自由」という。身体障害者福祉法で示されている肢体不自由は「上肢」「下肢」の欠損もしくは機能の欠損，「体幹」の機能の欠損である。

　肢体不自由の基礎疾患分類を表3-4に示す。基礎疾患以外の原因として，外傷後遺症による運動機能の障害や腫瘍などによる切断などがある。

　学校教育法施行令第22条の3では，特別支援学校（肢体不自由）の障害の程度を次のように規定している。

> 学校教育法施行令第22条の3
> 　一　肢体不自由の状態が補装具の使用によっても歩行，筆記等日常生活における基本的な動作が不可能又は困難な程度のもの
> 　二　肢体不自由の状態が前号に掲げる程度に達しないもののうち，常時の医学的観察指導を必要とする程度のもの

（2）肢体不自由の主な疾患

　次に肢体不自由の主な原因疾患を示すが，以下の内容は平均的な病状や進行状況であり，多様な経過が推測される。

表 3-4　主な肢体不自由の基礎疾患分類

分　類	疾患名・障害名
中枢神経性疾患	頭部：脳性まひ，頭部外傷後遺症，水頭症など 小脳・脊髄性疾患：小脳変性症，二分脊椎など
末梢神経性疾患	シャルコー・マリー・トゥース症候群，ギランバレー症候群など
筋疾患	筋ジストロフィー，先天性ミオパチーなど
骨系統疾患	骨形成不全，軟骨無形成症など
代謝性疾患	フェニルケトン尿症，ムコ多糖症など

水頭症
頭蓋腔内に脳脊髄液がたまり，脳を圧迫する疾患で，頭痛，嘔吐，意識障害などを引き起こす。

シャルコー・マリー・トゥース症候群
遺伝性疾患で，四肢の筋力低下と感覚障害を示す。視覚，聴覚障害を起こすこともある。

ギランバレー症候群
風邪に似た前兆症状の後，四肢の運動神経の障害が起こる。腰痛や顔面神経まひ，呼吸困難などの神経症状を伴う。

先天性ミオパチー
生まれながらに筋組織の形態異常があり，筋力低下，関節や骨の拘縮などを合併することもある。ゆっくりではあるが進行性の経過をたどる。

軟骨無形成症
成長軟骨の異常により，低身長，四肢や指が短いなどの症状がある。水頭症，中耳炎などが合併することがある。

フェニルケトン尿症
生まれつきの酵素の欠乏により体内にフェニルアラニンが蓄積し，発達遅滞を引き起こす。赤毛や色白などの色素欠乏症を合併することがある。低フェニルアラニン食事療法で発症を予防することが可能。出世直後のスクリーニングの対象疾患である。

ムコ多糖症
先天性代謝異常のひとつで，発達の遅れ，低身長，骨変形などの症状がみられる。症状は多様で，重症の場合は徐々に症状が進行し，寝たきりになるが，軽症の場合は成人するまで診断されないこともある。

拘　縮
関節可動域制限をさす。まひなどで動かすことができない状態が長く続くと，関節の動きが悪くなる。

１）脳性まひ

　脳性まひは脳の障害により運動機能，姿勢保持機能，筋緊張などが障害された状態をさす。脳の損傷部位によって，身体機能のまひの状態は異なる。私たちはスポーツなどの運動時だけでなく，座位や立位，歩行などの日常の動きでも，筋肉の緊張を調整している。この緊張がコントロールしにくく，過緊張や低緊張になることを筋緊張の異常という。また，脳性まひはてんかんなどの疾患や，知的障害，聴覚障害，視覚障害，構音障害，摂食嚥下障害などの合併症があることも多い。一人ひとり障害の状態や程度が異なるので，どのような支援・指導が必要か，個別に考えていくことが求められる。

　脳性まひには痙直型，アテトーゼ型，失調型などのタイプがあり，このうち，最も多いのは痙直型である。痙直型の特徴として，筋緊張が高い（筋緊張の亢進），身体の一部を動かそうと努力するとほかの部位も動く（連合反応），座位や立位などの姿勢を保つことが難しい（姿勢反射の遅れや欠如）などがある。アテトーゼ型では，下肢よりも上肢の障害が強いことが多く，痙直型と異なり，身体・運動機能の障害は非対称である。特徴としては筋緊張が高まったり，低くなったりする（筋緊張の動揺），動かそうと思っていないのに手や脚が動く（不随意運動），身体をまっすぐに保つことが難しい（非対称性）などがある。

２）二分脊椎

　二分脊椎とは胎生期に脊椎の一部が形成されなかった状態をさし，何らかの神経症状を伴う。脊椎の障害部位にもよるが，ほとんどが腰から下の障害である。二分脊椎の主な症状は表３-５のとおりである。

　このほか，水頭症，てんかん発作，視覚障害，知的障害を伴うことがある。

３）筋ジストロフィー

　筋ジストロフィーは進行性の筋力低下を起こす疾病で，歩行障害から，次第に関節の拘縮，手の障害，嚥下障害などを併発する。主な筋ジストロフィーは次のとおりである。

・デュシェンヌ型筋ジストロフィー

　進行性筋ジストロフィーの多くは男子にだけ現れるデュシェンヌ型である。歩行を獲得するが，発症とともに歩き方がぎこちなく，徐々に転びやすくなり，10歳くらいで車椅子生活になることが多いのが特徴である。予後不良な病気のひとつであるが，医療の進歩により延命が可能になってきており，また，遺伝子治療の対象疾患でもある。

表 3-5　二分脊椎の主な症状

運動まひ	下肢まひ，歩行困難など
感覚まひ	触感，痛覚，温度覚などの感覚鈍麻もしくはまひ
膀胱障害	排尿のコントロール困難
直腸障害	排便のコントロール困難

・ベッカー型筋ジストロフィー

デュシェンヌ型と同じ病態であるが，発症時期および進行が遅く，拘縮が少なく，一般に予後は良好である。

・先天性筋ジストロフィー（福山型）

日本でだけ出現する筋ジストロフィーで，男女共に現れる。歩行の獲得はなく，知的障害を伴う。予後不良な病気のひとつである。

（3）肢体不自由教育

肢体不自由者は障害の程度などにより，通常の学級，特別支援学級，特別支援学校で学んでいる。知的障害を伴う場合は特別支援学級もしくは特別支援学校を選択することが多い。

肢体不自由特別支援学校には，知的障害の有無や程度に応じて，通常の教育課程に準ずる教育（準ずる教育課程），知的障害特別支援学校教育課程の一部ま

表 3−6　自立活動の6区分と指導内容

区分	指導内容
健康の保持	(1) 生活のリズムや生活習慣の形成に関すること (2) 病気の状態の理解と生活管理に関すること (3) 身体各部の状態の理解と養護に関すること (4) 障害の特性の理解と生活環境の調整に関すること (5) 健康状態の維持・改善に関すること
心理的な安定	(1) 情緒の安定に関すること (2) 状況の理解と変化への対応に関すること (3) 障害による学習上または生活上の困難を改善・克服する意欲に関すること
人間関係の形成	(1) 他者とのかかわりの基礎に関すること (2) 他者の意図や感情の理解に関すること (3) 自己の理解と行動の調整に関すること (4) 集団への参加の基礎に関すること
環境の把握	(1) 保有する感覚の活用に関すること (2) 感覚や認知の特性についての理解と対応に関すること (3) 感覚の補助及び代行手段の活用に関すること (4) 感覚を総合的に活用した周囲の状況についての把握と状況に応じた行動に関すること (5) 認知や行動の手がかりとなる概念の形成に関すること
身体の動き	(1) 姿勢と運動・動作の基本的技能に関すること (2) 姿勢保持と運動・動作の補助的手段の活用に関すること (3) 日常生活に必要な基本動作に関すること (4) 身体の移動能力に関すること (5) 作業に必要な動作と円滑な遂行に関すること
コミュニケーション	(1) コミュニケーションの基礎的能力に関すること (2) 言語の受容と表出に関すること (3) 言語の形成と活用に関すること (4) コミュニケーション手段の選択と活用に関すること (5) 状況に応じたコミュニケーションに関すること

たは全部を代替する教育課程（知的代替の教育課程），自立活動を主とする教育課程（自立主もしくは自活主の教育課程）の三つの教育課程がある。

特別支援教育においては表3-6に示す自立活動の6区分と指導内容が重要とされているが，特に肢体不自由者の教育においては，障害の多様性・重度化により，どの教育課程においても自立活動の6区分すべてに注目して指導する必要がある。自立活動は障害による学習上または生活上の困難の改善・克服に関する領域で，自立し社会参加する資質を養うことを目的としている。2017年4月告示の特支小中学習指導要領では「自立活動の時間はもとより」と学校の教育活動全体を通じて行うことが強調されている。

自立活動は個々の障害や認知の状態に合わせて指導されるものであることから，個々の実態を把握し，長期的・短期的目標を設定し，段階的に指導することが求められる。

2　指導とそのかかわり方

（1）身体の動きへの支援

1）教室環境

運動機能に障害があっても，生活年齢に応じた生活の場が必要である。「自分でできる」ことを増やすためには，教室配置やユニバーサルデザインの導入などが有効である。例えば，杖や車椅子で教室内を移動しやすいように，机や棚の配置を工夫することがあげられる。棚からものを出し入れするときに手が届く範囲が狭いことがあるので，車椅子からでも自分でものを出し入れできるように棚下のスペースの確保や，手が届く高さの棚を使用するなどの配慮が大切である。手を洗うときのシンクや蛇口などは，車椅子で使いやすいものが市販されている。

最近では通常の学校においても車椅子用トイレの設置が行われたり，段差を解消するためのスロープを設置したりすることが増えてきている。

2）姿　勢

活動内容に合わせて，適切な姿勢を保持することが求められる。上肢操作のしやすさ，見る対象への視線の向けやすさなどを考慮し，姿勢保持の方法を複数用意しておくことが望ましい。また，個人の身体状況に応じた車椅子は姿勢保持に適しているが，体幹支持の力が弱いと疲労しやすく，また時間とともに姿勢が崩れることがある。同じ姿勢を続けると側弯などが起こる可能性もあるので，座り直したり，床に降りてリラックスしたりする時間を設ける。

姿勢保持装置がない状況では，身体に痛みが出たり，呼吸が苦しくなったりすることがあるので，床に降りたときにはクッションやマットなどを適切に配置し，過度な筋緊張や身体の一部に負荷がかからない適切な姿勢が取れるよう

側　弯
脊柱が側方へ曲がり，さらに，ねじれも加わる疾病。

表 3-7　自立活動の時間の指導内容（身体の取り組み）

指導内容	具体例
筋緊張を整える	マッサージや関節可動域運動
姿勢を変える	寝返り，臥位から座位へ，座位から膝立ちへ，膝立ちから立位へなど，自らもしくは他動的に姿勢を変える
姿勢保持の練習をする	支持されて座る，腹臥位や支持座位で顔を上げる，バランスボール上で姿勢を保つ，補助具を使っての膝立ち・立位など
手指を動かす	キーボードや文字盤の操作，簡単なボードゲーム，おもちゃなど折り紙，粘土，大型ビーズなど，さまざまなものを操作する
歩行の練習をする	平行棒につかまって歩く，ミニハードルをまたぐ，階段やスロープでの昇降など，手すりの活用など クラッチ（杖）や松葉づえでの歩行練習，介助歩行
車椅子操作の練習をする	自操式車椅子もしくは電動車椅子の操作，安全確認など （直線，スラローム，段差，スロープなどでの移動）

にすることが大切である。

3）身体の取り組み・移動手段

肢体不自由特別支援学校では，週に1〜2時間程度（学校や学部により変動あり），自立活動の時間の指導が設けられている（表3-7）。自立活動室等にある姿勢保持や歩行などの練習用具を用いて，自立活動担当教員と学級担任との共同指導体制で行っている。PT，OT，STが指導・助言をする学校もある。

これらの取り組みは自立活動の時間だけでなく，教育活動の中で適宜取り入れて行うことが求められている。単にある動作をするのではなく，その動作を用いて生活上の活動が容易になること，本人の興味・関心がある活動を行うことで，自分の身体を意識し，楽しんで動かそうとする意欲を育むことができる。

現有する運動機能の維持・向上と併せて，個々人の運動機能や生活機能に応じた補助具や代替手段を活用することも検討する。例えば，手の動きについては，使いやすい文房具や滑り止めマット，書見台などを活用すること，パソコンやタブレット端末などのICT機器の活用などが考えられる。

通常の学校等では，運動の時間に他児と同じ運動をすることが難しい場合がある。運動機能の障害があっても身体を動かすことや，スポーツが好きな子もいるので，個に応じた課題を設定する，他児も楽しめる特別ルールを設けるなど，できるだけ同じ経験ができるよう工夫することが大切である。

【実践事例：電動車椅子の導入】

＜ケース＞

脳性まひ（痙直型），座位可，**自操式車椅子**を使用，知的遅れはない。

＜経　過＞

小学部では，急いでいるときや100m以上の移動時は担任が車椅子を押し

PT
（理学療法士）
運動機能障害の回復のための運動療法や物理療法を行う国家資格。歩行訓練，関節可動域回復訓練，マッサージや，水治療法などを行う。

OT
（作業療法士）
日常生活動作などの応用的な動作能力と社会適応能力を回復させることを目的とする作業療法を行う国家資格。手工芸や遊び，日常生活動作などを通して，職業に必要な複合的な動作の獲得・回復を目ざす。

ST
（言語聴覚士）
音声機能，言語機能および聴覚の機能維持・向上を図るための言語等の訓練，諸検査などを行う国家資格。業務内容は前述の機能の評価，構音指導，摂食嚥下指導，人工内耳の調整など，多岐にわたる。

自操式車椅子
タイヤにハンドリムがついていて，自分で操作することができる車椅子。自走式ということもある。

ていた。中学部に入り，体力がつき，車椅子では以前より早く移動できるようになったが，外出時などは介助者に押してもらうことが多かった。担任は将来の自立に向け，電動車椅子を勧めたが，試乗時に急に発進した怖さから消極的だった。中学3年になり，高等部の先輩が電動車椅子で外出していることを知り，自分も挑戦してみたいと希望してきた。まずは電動車椅子での校内移動を目標とした。

●第1期

自立活動室にあった電動車椅子を借りて練習を始める。歩くよりも遅いスピードで，体育館内で発進と停止の練習から始め，長い直線を進むことができるようになった。カーブやジグザグに進むスラロームでは慎重になりすぎて大きく回ることが多かったが，次第に小回りができるようになった。

●第2期

廊下や教室で電動車椅子を使用することにした。机やほかの車椅子にぶつからないように避けることやぶつかる前に止まることなど，危機回避が難しく，落ち込むこともあった。校内行事ですれ違った先輩から「乗った分だけうまくなるよ」といわれ，気持ちを立て直す。操作しやすさを高め，活用意欲を維持向上させるため，電動車椅子の購入を勧めた。自分の好みの色や乗りやすい座面などを選び，ハンドルの反応スピードを調整してもらうなど，作製にかかわらせた。

●第3期

個人用の電動車椅子が完成した。操作しやすくなったことで，危機回避のコツがわかり，楽しそうに操作することが増え，在校時はつねに電動車椅子で移動することとし，使用時間が長くなったことで，中学部の後輩から「電動の達人」と呼ばれるほど，操作技術が向上した。高等部入学時の引き継ぎを，校外での電動車椅子使用と活動範囲の広がりが，今後の課題であることを確認した。

(2) コミュニケーションの支援

運動機能障害に加え，構音障害や摂食嚥下障害がある場合，STによる言語指導や摂食指導を受けることがある。幼児期から言語指導や摂食指導を受けている場合も多いので，指導の経過を保護者や就学前施設等から聞き取り，系統的・継続的な支援を行うことが求められる。

言葉が聞き取りにくいと認知機能の発達の遅れがあるのではと考えがちなので，言語理解と言語表出の実態を把握することが重要である。

特別支援学校の自立活動では，以下のようなコミュニケーションの指導が行われている。

・やりとり（ターンテーキング）を増やす取り組み
・発声，発語の促進

図 3-26　コミュニケーション支援ボード

出典）明治安田こころの健康財団「コミュニケーション支援ボード」

・指文字や手話などの代替手段の獲得

・文字盤，コミュニケーション支援ボード，コミュニケーションブックの使用

・音声出力型携帯会話補助装置（VOCA）の使用

　音声言語でのコミュニケーションが難しい場合は，代替コミュニケーションの導入を検討する。代替コミュニケーションとは，拡大代替コミュニケーション（augmentative and alternative communication：AAC）ともいわれ，表出障害のある人の機能・形態障害や能力障害を補てんするコミュニケーション方法である。具体的には，自分の声で話す代わりに写真やイラスト，文字などを活用してコミュニケーションを取る。写真やイラストなどを活用したコミュニケーションボードでは，指さしでコミュニケーションが可能である（図3-26）。また，音声を再生する機器であるVOCAでは写真やイラストが表示されているボタンを押し，そこに録音されている音声を再生することができる。

　コミュニケーション方法は，認知機能や手指の操作性，家庭や学校，放課後の活動場所などでの使いやすさなどを考慮して，探っていく。

【実践事例：VOCA の活用】

＜ケース＞

　脳性まひ（痙直型），軽度知的障害，上肢での細かいものの操作は難しい。構音障害があり，「あい」と返事をする以外はほとんど明瞭な発語がない。

＜経　過＞

　平仮名の理解があり，五十音表を指さすことで，意思表示を行っていた。人

音声出力型携帯会話補助装置
voice output communication aid（VOCA：ヴォカ）
言語障害だけではなく，肢体不自由や知的障害等により，発音・発話が困難な子ども・人のコミュニケーションを支援するため，録音した他者の音声を再生したり，入力した文字を合成音声に変換したりして，メッセージを発信できるようにする障害支援機器の一種。

とかかわることが好きだが，自分から呼びかけることはなかった。話したいことが広がり，支援者による考えや気持ちの代弁では伝えきれなくなってきていた。そこでVOCAを導入することとした。

[VOCA導入の際の検討]

① 伝えたい内容がイラストや写真だけでは伝えきれないことから，文字を活用したVOCAが適当であろう。

② 細かな上肢操作は難しいが五十音表の指さしが可能であることから，五十音表を活用したVOCAが有効であろう。

③ 筆記が困難であることから，プリンターと接続してプリントアウトできる機能があると，パソコンの導入に向けた準備段階として有効であろう。

以上のことから，トーキングエイド（図3-21参照）を活用することとした。

●第1期

情報支援機器担当者からトーキングエイドを借り，使い始めた。当初は朝の会や授業のあいさつなどの定型文を入力し，音声化することで役割を果たせるようにした。すべてのあいさつが「あい」の発声を合図としていたが，場に応じた言葉を再生することができるようになり，ほかの場面でも使いたがるようになった。

●第2期

国語の時間に詩を書いたり，理科の時間に自分の考えを発表したりするときにトーキングエイドを使うようにした。また，本人が入力する時間を確保して発表機会を増やすように，各授業担当者に依頼した。以前は友だちの考えに賛成か反対を示すだけだったが，自分の考えを積極的に発表するようになった。休み時間には友だちに呼びかけたり，自分の好きな話題を伝えたりするようになってきた。日記を宿題にしたところ，2，3文ではあるが，興味があることについて書いてくるようになり，友だちだけでなく，学部の教員ともかかわることが増えた。こうした取り組みを続けていくうちに，最初は懐疑的だった保護者も次第に機器使用の有効性を感じるようになり，**日常生活用具給付等事業**を活用し，「**情報・意思疎通支援用具**」として福祉事務所に購入申請を行うことになった。

●第3期

中学部に入り，自分専用のトーキングエイドを持つことができた。コミュニケーションの幅を広げることが課題と小学部から引き継ぎがあり，外出の際にも活用することとした。まずは買い物学習を題材にし，校内で模擬店舗での買い物を行い，「これください」「ありがとう」などの簡単な会話を練習した。また，介助者がいると代弁してほしそうにすることがあったので，自分で伝えるように指導した。店舗での初めての買い物では緊張していたものの，店員の顔を見てから再生ボタンを押し，言葉を伝えることができた。その日の日記には

日常生活用具給付等事業
障害者等の日常生活がより円滑に行われるための用具を給付または貸与すること等により，福祉の増進に資することを目的とした事業。

情報・意思疎通支援用具
日常生活用具給付等事業で給付が認められている用具のうち，「点字器，人工喉頭そのほかの障害者等の情報収集，情報伝達，意思疎通等を支援する用具のうち，障害者等が容易に使用することができるものであって，実用性のあるもの」。

「自分でいえた。ドキドキしたけど，うれしかった」と書かれていた。

（3）食事への支援

　手にまひがあると，スプーンや箸などの食具を使ったり，コップを持って飲んだりすることが難しい場合がある。対応として学校で食具を用意する，保護者と相談し，使いやすい食具を用意してもらうなどの方法がある。また，食器が動かないように手で押さえることが難しい場合には滑り止めマットや傾きのある食器を使うと，食べやすくなる（図3-27）。

（4）卒業後の進路とキャリア教育

　ほかの障害種に比べ，肢体不自由特別支援学校高等部の卒業生は，重度重複化に伴い，大学や専修学校等への進学，就職の割合が低く，約90％が在宅，施設入所・通所などとなっている（表3-8）。

　こうした状況を踏まえ，肢体不自由児に対するキャリア教育では，社会の中で自分らしさを発揮しながら生活できることを目ざす必要がある。発声や発語が難しい場合は，コミュニケーションや社会性の発達を促すことで，人とのかかわりを広げることにつながる。認知機能が高く，発声が難しい場合には

・握りやすい箸
バネがついているので小さな力で開閉でき，箸先がずれないので，食べ物をつまみやすい。

・手首を返さなくてもすくえるスプーンやフォーク
スプーンやフォークの柄を使用者の手の動きに合わせて曲げることができるので，腕の動きで食べ物を口に運ぶことができる。

・握りやすい取っ手のコップ
持ちやすい取っ手のコップなので，握力が弱くても，握りやすい。

・すくいやすい皿
皿のふちにくぼみがあったり，くぼみに向けて傾斜がついているので，くぼみにそって食べ物をすくうことができる。

図 3-27　食具の工夫の一例

表 3-8　2022 年度高等部卒業生の卒業後の状況（%）

	大学等進学	専修学校・職業訓練校等	就職等	社会福祉施設等入所・通所	その他（在宅等）
視覚障害	37.1	4.3	11.2	36.2	11.2
聴覚障害	38.0	7.7	29.9	21.7	2.7
知的障害	0.4	1.3	32.9	60.3	5.1
肢体不自由	2.8	1.5	5.0	84.2	6.5
病弱・身体虚弱	4.9	7.0	16.9	59.6	11.6

出典）文部科学省：令和4年度学校基本調査，2022.

AACを活用することで，進学や就労の可能性を広げ，自己実現が可能になる。

　一方，障害が重度で重複している場合は，卒業後の日中活動が課題となってくる。在宅の福祉サービス利用だけの生活ではなく，外出の機会があること，週に1回は通所できる場をつくることなど，生活を広げるための地域づくりが求められている。こうした地域づくりは学校も福祉や医療と連携し，長期的な視野のもと，本人や保護者の願いを聞き取りながら進めていく必要がある。

(5) 指導・支援上の留意点

1) 実態把握

　まずは定型発達，すなわち子どもの運動発達，認知発達，社会性の発達などを理解しておく。定型発達をもとに，対象の子どもがどのような段階にあるかを知ることで，現在の課題が明確になる。その際，自立活動の6区分と，教科等の目標とを合わせると，授業の計画，内容，方法，教材などの意図が焦点化できる。

　実態把握には細かな視点で見ることと，全体像を見ることの二つの側面がある。細かな観察を統合し，全体像を見据えた中心課題を見いだすことが，一貫性のある個別の教育支援計画や個別の指導計画作成につながり，さらには子どものよさを伸ばしていくことが可能になる。

2) 授業の時間配分

　授業中に身体介助が必要であったり，個別課題が異なったりすると，教員がほかの子どもにかかわっているのを待つ場面が出てくる。例えば，魚釣りゲームをして釣った魚の数を数える活動では，一斉にゲームを行うことは難しい。車椅子5，6台でゲームをするスペースと，1対1の人手があれば待たせずに済む。一方で子どもには他者の活動を見て，自分がどのように行うか考える時間も必要である。自分の身体の動きを工夫し，思考を働かせてこそ，深い学びとなる。活動内容や教材の工夫により，一人でできること，介助を受けて行うことを授業に盛り込めば，待ち時間は学習時間になりえる。魚釣りゲームの場合，友だちの様子を見て釣り方を考えたり，釣った魚をいっしょに数えたりすることが可能である。その時間で何を学ぶかを明確にすることで，待ち時間は学びの時間となるのである。

3) 介助，代弁

　肢体不自由のある子どもは，一定の介助や代弁を必要とすることがある。発声，発語に時間がかかったり，発音が不明瞭で聞き取りにくかったりすることがある。意図を汲み取って第三者に伝える代弁も必要だが，つねに代弁者がいることや，自分の意図と異なる代弁がなされることがしばしばある場合，本来は自発的であるはずのコミュニケーションが阻害される。過度な介助や代弁はその子の主体性や自主性を損なうことがある。また，思春期に向け，同性介助

やプライベートゾーンなど性教育の視点も必要になってくる。特別支援学校教諭には，実態や生活年齢に応じて，何歳までにどの程度の自立を目ざすのかを考えながら，学習進度，介助・代弁の仕方や頻度，程度を見極めていくこと，それらの支援を子ども自らが選択する力を育てていく視点が求められている。

4）生活年齢への配慮

　肢体不自由のある子どもは身体の小ささや介助が必要な状態などから，生活年齢（実際の年齢）より小さい子に話すような話し方や呼び方をされることがある。また，自立活動を主とする教育課程の授業で，認知機能に合わせるといって幼児用の絵本が題材に選ばれることがある。話しかける言葉遣い，呼び方，授業において生活年齢に合わせた題材選定等，生活年齢に応じた課題設定がキャリア教育としても重要な視点である。

演習課題
1. 電動車椅子の事例で，操作ができるようになった要因をあげてみよう。また，高等部ではどのように指導を進めたらよいか考えてみよう。
2. VOCA を導入した事例で，この後，どのようなコミュニケーションの力を伸ばしていくとよいか考えてみよう。

参考文献
・文部科学省：特別支援学校小学部・中学部学習指導要領，2017.
・小林徹・栗山宣夫編：ライフステージを見通した障害児の保育・教育，みらい，pp.92-99，2016.
・上田征三・高橋実・今中博章編著：基礎から学ぶ特別支援教育の授業づくりと生活の指導，ミネルヴァ書房，pp.88-95，2017.

---

⑤　病気の子どもや身体の弱い子どもへの配慮・支援

1　教育とその特色

（1）病気の子どもの概要

1）病気の子ども・病弱者のさす領域

　学校教育法施行令第 22 条の 3 では病弱者を，「慢性の呼吸器疾患，腎臓疾患及び神経疾患，悪性新生物その他の疾患の状態が継続して医療又は生活規制を必要とする程度のもの」と規定している。

　また，同項目には「身体虚弱の状態が継続して生活規制を必要とする程度の

学校教育法施行令
学校教育法に基づいて定められた政令。主に義務教育に関する規定を行っている。

もの」と追記されており，これが病弱者の規定といえる。ほかの障害種と比較して直感的にひとつのイメージをつかみにくい病弱者は，この定義を字義どおり適応すると実はきわめて広範な状態をさす用語であることがわかる。すなわち，"経過の長い病気である（小児の）慢性疾患に基づく生活規制を要する状態"という意味であり，これを踏まえ，基礎となる慢性疾患と生じる生活規制や制限，既存の障害種との関係を表すと表 3−9 のようになる。

　つまり，定義どおり解釈すると病弱者はむしろほかの障害種・領域すべてを包括するほど広い概念といえる。表 3−9 の①〜⑥は障害福祉もしくは特別支援教育における独立した領域として確立している。

　病気の子どもに関するこの節では病弱者の中核的な領域として，主として⑦に含まれる疾患を扱う。なおこの領域は**身体障害者福祉法**において「心臓，じん臓又は呼吸器の機能の障害その他政令で定める障害で，永続し，かつ，日常生活が著しい制限を受ける程度であると認められるもの」（第 4 条別表）と定められている「内部障害」に該当する。

2）小児慢性特定疾病

　日本では，慢性疾病を抱える子どもとその家族の支援を目的として「小児慢性特定疾病」を設定し，医療費助成と研究を中心とした事業を行っている。その対象疾病は制度の改革とともに増加し，2014 年の時点で 516 疾病が設定されていた。そして 2015 年の新制度開始に伴いさらに適応疾病を追加し 2018 年 4 月現在では 16 の疾患群に分類された 800 種類以上の疾病が設定されている。具体的疾患群を表 3−10 に示す。

　これらの慢性疾病の診療には高額な，もしくは長期にわたる医療が必要なケースがあり，一定の基準を満たす場合には自己負担額の上限設定などの医療費助成を受けることができる。なお小児慢性特定疾病の実際の運用は都道府県等の自治体があたり，医療費助成に必要な医師意見書はあらかじめ自治体に登録された**指定医**でなければ作成することはできない。およそ年間 15 万人の子どもが本制度の適応により医療費助成を受けている。

（2）病気の子どもへの教育

1）病気の子どもの見方

　「病気の子ども」は前項で述べた病弱者や内部障害の定義でもわかるように，別種の身体システムの障害に由来する疾患をまとめた概念である。確かに治療や生活，教育を受ける環境など，病気の子どものおかれている状況にはある程度類似もしくは共通するところがあるのは事実である。しかし子どもたちの身体的な特徴は仮に同種の医学的診断がなされていても非常に個別性が強く，実際にその子どもの示す特徴や抱いている心理は一人ひとり異なっている。個別の特徴に根差して支援することは，単一の障害種に該当する子どもの教育にお

身体障害者福祉法
1946 年 12 月，法律第 283 号として成立，1950 年 4 月より施行。身体障害者の福祉増進を図るための法律。身体障害者の社会参加の促進を目ざして手帳制度等を定めている。

指定医
小児慢性特定疾病の指定医は 5 年間以上の診断・治療経験などを条件として規定されている。

表 3−9　慢性疾患と生活規制，障害種の対応

	基礎となる慢性疾患	生じる生活規制	障害種名
①	**ダウン症候群**，フェニルケトン尿症（p.98参照）などの精神遅滞をきたす疾患	知的理解力や意思疎通の制限	知的障害
②	運動器疾患，脳性まひなどの神経疾患	運動や姿勢の制限・異常	肢体不自由
③	網膜疾患，視神経疾患などの眼科的疾患	視力や視野などの制限	視覚障害
④	内耳疾患，聴覚器の形成異常など	聴力や聴覚的情報・言語の制限	聴覚障害
⑤	統合失調症，うつ病など	精神活動の規制・制限，行動の規制	精神障害
⑥	自閉スペクトラム症，注意欠如・多動症など	対人関係，注意力・集中力の制限	発達障害
⑦	そのほかの慢性疾患（循環器，呼吸器疾患，腎臓疾患など）	運動制限，感染への脆弱性，体力低下，発作性による生活規制など	身体障害のうち内部障害

ダウン症候群
21番染色体の過剰による先天異常。知的障害の原因疾患としては最多である。

表 3−10　小児慢性特定疾病の分類と疾病例　　2022年現在

	疾患群分類	疾病例	疾病数
1	悪性新生物	白血病，リンパ腫，神経芽腫，脳腫瘍	91
2	慢性腎疾患	ネフローゼ症候群，IgA腎症，慢性腎不全	51
3	慢性呼吸器疾患	気管支喘息，先天性横隔膜ヘルニア	14
4	慢性心疾患	心房中隔欠損症，QT延長症候群	99
5	内分泌疾患	成長ホルモン分泌不全性低身長症	92
6	膠原病	若年性特発性関節炎，皮膚筋炎/多発性筋炎	24
7	糖尿病	1型糖尿病，2型糖尿病	7
8	先天性代謝異常	フェニルケトン尿症，ミトコンドリア病	138
9	血液疾患	血友病，溶血性貧血，血小板減少性紫斑病	52
10	免疫疾患	選択性IgA欠損症，慢性肉芽腫症	56
11	神経・筋疾患	脳奇形，点頭てんかん，筋ジストロフィー	100
12	慢性消化器疾患	潰瘍性大腸炎，クローン病，胆道閉鎖症	44
13	染色体又は遺伝子に変化を伴う症候群	ダウン症候群，アンジェルマン症候群	35
14	皮膚疾患	色素性乾皮症，先天性魚鱗癬	16
15	骨系統疾患	骨形成不全症，軟骨無形成症	17
16	脈管系疾患	巨大動静脈奇形，リンパ管腫	9

出典）厚生労働省

いてさえ重要な，特別支援教育の根幹に通ずる概念である。ましてやきわめて多様な病理像を一人ひとり示している子どもたちを「慢性疾患の子ども」としてまとめてみなし，「病気の子どもの特徴はこうである」「病気の子どもの心理はこれに気をつけねばならない」などと短絡的に論じることの危険性について支援者は十分に認識しておかなければならない。そのことを踏まえつつ，一方

で慢性疾患を抱える子どもたちには，症状や必要な診療環境，治療方法等に由来する共通した心理的な特徴や留意事項が存在するのも確かである。次項からはそれについて述べていく。

2）病気の子どもの抱える不安

病気を発症することにより子どもはしばしば不安を抱える。不安とは，まさに「安らかでない」ことであり，対象が明確な「恐れ」に限らず，先の見通しができない状態に対しての漠然とした恐怖や心配も含んでいる。病気を発症するという状況は不安を惹起しやすい要因が多数存在している。

① 症状や体調不良による不安……身体的苦痛は不安等の心理的な不健康状態を招きやすい。必ずしも基礎疾患の症状に由来する苦痛に限らず，白血病の治療のように治療に伴う強い副作用として経験することがある（p.113の（2）−1）−②参照）。

② 生活制限による不安……発症する前は当然であった生活ができなくなることは自信の低下や不安を引き起こす可能性がある。特に入院は多くの生活環境が激変し，しかも長期に及ぶことも多いため見通しが立ちにくいことも不安を増大させる要因となる。学校に通うこと，学習をすること，友人と遊ぶこと，習い事をすること，家族と旅行や外出をすることなど，「できなくなったこと」ばかりを考えてしまうことで自己有用感・自尊感情の低下をきたすリスクもある。「できること，達成感」に着目した支援が重要であろう。

3）病気にまつわる教育環境

治療や療養に必要な生活環境は多様であり，子どものおかれた個別の状況に合わせた教育環境の設定が不可欠である。一人の子どもに適した教育環境が時期により変化しやすいことも病気の子どもの教育における特徴である。養育環境に適した教育システムの選択は制度上ある程度整備されているが，転学や転籍などの手続きが発生することもひとつの負担となっている現状がある。

① 通常学級……病気の子どもの約9割が通常学級に在籍しており，発症前と同じ教室で学習することは最も基本的な教育環境である。友だちと同じ教室で学べる利点と同時に個別の状況に対応するための合理的配慮や基礎的環境整備（第2章4節参照）等のインクルーシブ教育システムの適応が必要である。

② 特別支援学校（病弱）……学校教育法施行令第22条の3に記載された病弱者の教育に適した場として特別支援学校（病弱）が設置されている。病気の子どもの利用形態は以下の三とおりが存在する。

・入院に伴う利用：特別支援学校（病弱）はその性質上，医療機関に併設していることも少なくなく，長期の入院治療が必要な子どもの教育の場として利用されることがある。

白血病
未熟な白血球が悪性腫瘍化した状態。抗がん剤による治療を長期間必要とする。

・自宅からの通学：病気の子どもの教育に適した環境設定がされているため，入院だけでなく自宅療養の子どもが通学してくるケースも少なくない。実際に入退院を繰り返している子どもの一貫した教育の場として機能していることもある。

・訪問教育：特別支援学校に設置できる教育システムであり，通学することが困難な子どものもとに教師が訪問して授業を行う制度である。通学が難しい自宅療養児への教育はもちろん，教育の場が未整備な入院時に適応することも可能である。

③ 病弱特別支援学級……院内学級と呼称される病院内の学級で，最も一般的な制度は病弱特別支援学級であろう。長期入院児の教育保障において非常に重要な存在であるが，その利用には学級を運営する学校への転学措置が必要である。

2　指導とそのかかわり方

(1) 一人ひとりの特徴に配慮した指導

　病気の子どもの抱える身体的な特徴は，これまで述べたように一人ひとりで大きく異なっている。また視覚障害，肢体不自由などの感覚や運動の障害の場合，個別の状態はそれぞれ異なってはいるものの，障害種自体に共通するイメージは直感的に理解しやすい。しかし慢性疾患の子どもの大きな特徴は単に基礎疾患が多種多様であるというだけでなく，その子どもに必要な配慮事項が医療の非専門家にとって直感的にわかりにくいという特徴がある。そのため，子どもの指導にあたる学校・教育関係者と医学的管理を担当している医師や医療機関との連携はきわめて重要となる。

　近年の国際的な障害観はICF（第1章3節参照）に代表されるように健康状態や環境の因子，活動や参加の状況との関係でとらえるのが一般的である。病気の子どもたちは一般的に学習や体験的な活動に従事できる時間が少なくなるリスクを負っている。そのため，「どのような活動ならば参加できるのか」という観点をつねに子ども一人ひとりに意識することが求められている。

　日本学校保健会が作成している「学校生活管理指導表」は，病気の子どもへの学校生活上の対応のために開発された。2011年度の改訂時に通達された事務連絡文書にも，従来の制限の傾向から適性に即した参加を促す方針への変更が記載されている（図3-28）。

　つまり，従来は医療側が「学校生活での体調悪化をなるべく防ぐ」ことを最優先し活動を制限するための書類であったが，現在では「どのような運動ならば参加できるのか」を目的として，医療側が学校活動を想定して意見を述べる書類が「学校生活管理指導表」といえる（図3-29）。

事　務　連　絡
平成23年12月26日

各位

財団法人　日本学校保健会

学校生活管理指導表の改訂について

主な改善点

1. 学習指導要領の改訂に伴う改訂。
2. 「その他注意すること」の欄を新設し，主治医・学校医の意見を明記できるようにした。
3. 従来の生活管理表は運動制限の方向性が強い傾向にあった。適性の範囲で体育の授業に参加できるよう配慮した。
4. 小学生用の管理表は学年別に運動強度が示されている。

図 3-28　学校生活管理指導表の改訂について

出典）中野広輔：学校における合理的配慮の提供とは―小児科医にできること―，
愛媛県小児科医会会報，69，13-19，2017.

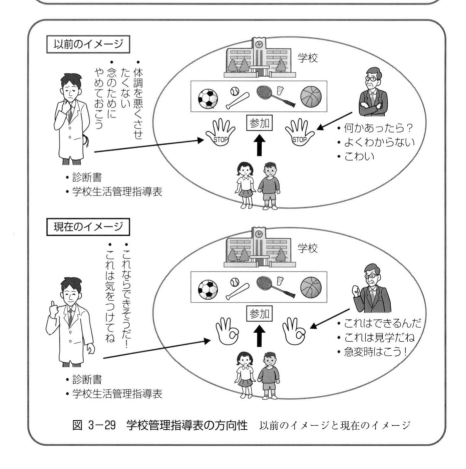

図 3-29　学校管理指導表の方向性　以前のイメージと現在のイメージ

　病気の子どものために個別の教育支援計画，個別の指導計画を作成する際
は，主治医もしくは学校医が作成する学校生活管理指導表が有用な情報源とな
る。特に学習指導要領の改訂に伴う 2011 年度の指導表の改訂で重要視された
こととして，「その他注意すること」欄の新設による個別の配慮事項を記載し
やすくなったことと，小学生用の指導表に学年別に運動強度を記載することに
より，学校活動に寄りそった内容になったことがあげられる。このような医療
と教育の情報共有が子どもの学習参加の促進という目的の共有となっているこ
とが重要であろう。

（2）具体的な病気の状態に応じた指導上の配慮

1）子どもの悪性腫瘍（小児がん）

　子どもの悪性腫瘍は骨髄・造血組織の悪性腫瘍である白血病が最も高頻度で
あり，ついで脳腫瘍が多数を占めている。それらの悪性腫瘍の診療は非常に長
期に及び，特徴的な状況もしばしば生じるため，保護者の了解を得ながら可能
な限り医療関係者からの情報提供を受けていることが望ましい。

　悪性腫瘍の子どもの状態に共通して生じる教育的状況について述べる。

① 長期間の入院治療……白血病やその類縁疾患では 1 年に及ぶ入院治療を
　要する。そのためどれくらいの入院期間が想定されており，現在がどの段
　階に位置しているのかを把握していると学習計画が立てやすくなる。生活
　や対人的な環境の変化が乏しいことも大きな特徴であり授業が貴重な非医
　療的活動時間となる。また退院の際にも学習の引き継ぎなどの個別の復学
　計画を立てることが必要である。

② 化学療法による副作用……抗がん剤による治療がしばしば行われるが，
　その副作用について理解しておくことが重要である。まず直接的な副作用
　として吐き気，頭痛などが起こりやすくなるため，体調に応じた学習を設
　定する必要がある。また抗がん剤の長期的副作用として**免疫力の低下**をき
　たすため，**クリーンルーム**では他人との接触を避ける措置をとることがあ
　る。入院環境による授業のため，理科等で具体的な動植物の教材を用意す
　る際には，現段階で感染管理上可能かどうかのチェックを要する。また体
　調が思わしくないことや頭髪の脱毛等による不安を抱きやすいことも留意
　事項である。

2）心臓疾患

　先天性の心臓疾患は新生児の約 1％ に生じるといわれている，比較的高頻度
の疾患である。具体的には心室中隔欠損症や心房中隔欠損症などの先天性心疾
患が中心である。通常学級に在籍しているケース，肢体不自由や知的障害特別
支援学校の子どもが合併しているケースなど，学校・学級種を問わず在籍して
いる可能性がある。心臓疾患の子どもに比較的共通した状況について理解しな

悪性腫瘍
腫瘍のうち，周囲の組
織に浸み込んで増える
（浸潤），遠隔臓器まで
運ばれて増える（転移）
という性質を示すもの
を悪性腫瘍という。法
令・行政用語としてよ
く使われる悪性新生物
も同義である。

骨髄・造血組織
血液の細胞である赤血
球や白血球は骨髄やリ
ンパ系と呼ばれる組織
で生成される。「造血
組織」と総称すること
もある。

免疫力の低下
抗がん剤の副作用によ
り白血球が減少し病原
微生物への抵抗力が低
下した状態。

クリーンルーム
部屋外から遮断され，
清潔な状態を維持して
いる治療室。感染しや
すい状態のときに入室
する。

がら指導にあたることが求められる。

① 手術治療が必要になる可能性……先天性心疾患は形態学的な病変による血液の流れ方が変わることが主たる病像であり、**物理的な解決手段**である手術治療がしばしば必要になる。学童期に手術が必要になることもあり、その際には長期間の入院治療を要することが予想されるため、院内学級等の教育環境の確保が必要である。また手術後の日常生活能力は日々変化していくため、学習活動が可能になったかどうかや、現在可能な生活強度を把握することが重要である。

② 個別の体調上の留意事項……過去に手術をしたが現在では運動制限等はない子どももいれば、運動を中心とした生活規制が強い子どももいる。主治医と連携して「学校生活管理指導表」などを参考に、運動制限や個別の留意事項について理解し指導に生かす必要がある。また、心臓疾患の子どもたちに比較的多くみられる病態について知っておくことも重要である。代表的な病態は以下のとおりである。

　・心不全：心臓のポンプ作用が低下した状態

　・チアノーゼ：顔色や口唇、爪などの皮膚・粘膜色が青紫になる状態

　・不整脈：心臓の拍動リズムが乱れた状態

子どもたちがどのような状況で、いかなる体調不良をきたしやすいのかを事前に情報共有しておくことが安心した学習活動につながる。

3) 気管支喘息

気管支喘息は略して喘息と呼ばれることもある。気管支粘膜が腫脹することにより呼吸困難をきたす疾患である。乳幼児は上気道の感染症(いわゆる「かぜ」)を契機に喘息に類似した呼吸困難を呈することがあるが、学童期以後の喘息は背景にアレルギーの体質があり、持続的な慢性の炎症が気管支粘膜に存在し、ある刺激に暴露されることにより発作的な喘鳴をきたす病態が一般的である。近年は予防治療や発作時の治療が進歩したため重症者は減少しているが、依然として重要な疾患のひとつである。

① 発作時の対応……喘息発作はその名のとおり発作的な症状なので、呼吸困難が急激に出現する。具体的な症状はせきが頻回に出る、呼吸時にゼーゼー・ヒーヒーという音が聞こえる、肩や胸部、腹部を大きく動かしながら呼吸をする、などの様子を示す。喘息発作に気づいた際は楽な姿勢にして衣服をゆるめたり、水やお茶を少量ずつ摂取させたりするなどしながら経過をみる。そして本人・保護者とあらかじめ確認している発作時用の**吸入薬**等の使用を検討する。ある程度呼吸困難が強い場合は、その治療薬を使用しながら保護者に連絡をして、医療機関の受診を検討する。

② 子どもの自己管理の支援……子どもによっては予防のための吸入薬や発作時の使用薬について、自己判断で学校でも使用するよう医療機関と保護

物理的な解決手段
近年は手術療法より負担が少ない、血管から細い管（カテーテル）を用いて病変にアプローチする治療法が増加している。

喘　鳴
呼吸のときにあえぐような音が鳴る状態。気道の狭さを反映している可能性がある。

吸入薬
粉末状もしくは液体の薬剤を吸い込むことにより気管支粘膜に薬を作用させる治療法。内服や注射に比べて薬剤の全身への影響が少ない。

者から指導されていることがある。教室で使用する定期薬や発作時の薬剤に関してはあらかじめ保護者や医療機関からの情報を学校としても共有し，必要時に子どもが使用する際に手助けや補助をすることが望ましい。いざ発作時には子どもが焦りや不安から理解していた対処法を遂行できないこともある。そのようなときはいっしょに確認しながら保護者に連絡するなど，子どもが安心するための支援をすることが重要である。また，明らかな喘鳴を呈しているにもかかわらず呼吸困難を全く訴えない場合があるのも子どもの特徴である。そのようなときはいったん落ち着かせて呼吸状態を確認させることが必要になる。

4）腎臓疾患

　子どもの腎臓疾患は，慢性**糸球体**腎炎とそれに伴う腎不全，およびネフローゼ症候群の二つが主要である。両者ともに疾患の状態により重症度や運動などの生活規制は多様であり，現段階の配慮事項について学校生活管理指導表などを用いて医療機関・保護者と情報共有しておくことが必要である。

　具体的な指導上の注意点に関して述べる。

① 慢性腎不全の子どもの支援……腎不全とは腎臓の主要な働きが低下した状態である。運動制限のレベルを医療機関からの指導表等で確認するとともに，食事や水分摂取に関する取り決めに関しても確認しておく。また腎不全状態は骨代謝が悪化し，骨折しやすくなるので，大きな外力がかかる活動には注意を要する。腹膜透析などの**人工透析療法**を実施している子どもでは透析時に使用するチューブなどの破損に注意し，万が一破損が疑われる際は保護者に連絡する。

② 免疫抑制状態の子どもの支援……慢性腎不全のため腎移植を施行したあとの子どもや，慢性糸球体腎炎の治療のために免疫抑制剤を使用している子どもの場合は通常よりも感染症への抵抗力が弱い場合がある。マスクの着用や手洗いの励行，感染症のクラスメートが発生した場合の別室措置など，感染対策を講じる必要があるため，医療機関・保護者と現在の状態についての情報交換を密にしておく。

③ ネフローゼ症候群の子どもの支援……ネフローゼ症候群とは，尿からたんぱく質が大量に漏出することにより血液中のたんぱくが低下する状態であり子どもに比較的多い疾患である。慢性糸球体腎炎に合併することもあるが，多くははっきりした病理所見を伴わない「微小変化型」である。主症状は全身の浮腫（むくみ）なので顔面や眼瞼，下肢などのむくみの増悪に注意を要する。むくみが強いうちは入院治療が原則であるが，**ステロイド剤**などの治療によってある程度改善すると自宅療養もしくは通学が可能になる。しかし上気道炎などを契機にたんぱく尿が再発することがあるため，再びむくみがひどくなっていないか観察すべきである。

糸球体
腎臓の毛細血管が嚢（ふくろ）の中に糸玉上に存在している構造物。ろ過の原理により血液から尿のもとが発生している。

人工透析療法
腎臓にかわって血液中の老廃物や過剰な水分を除去するための人工的な治療システム。血液透析と腹膜透析の2種類が存在する。

ステロイド剤
ステロイドとは本来副腎から分泌されるホルモンをさす。その成分を治療薬として用いる際にはステロイド剤と呼ばれ，炎症の軽減などの作用がある。

5）糖尿病

糖尿病はインスリンというホルモンの分泌が不足する，もしくは作用が不十分なために血糖の異常高値が持続する疾患であり，大きく１型と２型に分類される。１型は比較的子どもに多いタイプで，インスリンの分泌そのものが絶対的に不足することが原因である。また２型は成人に多く，インスリンの作用が低下した状態であり，肥満や運動不足と関連しているといわれている。

① インスリンの自己注射治療……特に１型の治療においては食事前のインスリン注射治療が必須となる。昼食前の自己注射が必須の子どもは学校給食の前にも打つ必要があり，タイミングや場所など，適切に自己注射ができるように配慮する。また，次に述べる低血糖症状の出現に注意する。

② 低血糖への注意……血糖値が異常に低下した状態が低血糖であり，インスリン治療中の子どもが陥るリスクがある。低血糖状態は頭痛やイライラ，あくび，冷や汗，顔色不良などを呈し，重度になると意識障害やけいれんを起こす。不可逆的脳障害や生命の危険性があるため，低血糖の発見はきわめて重要である。インスリンの接種量の間違いや給食を食べられないなどの状況下で起こりやすい。意識がある状態で低血糖を疑った際は糖分を含む飲食品をすぐに摂取する。またすでに意識障害があり経口摂取ができないときは救急車を要請しながら頬の粘膜の内側に砂糖を塗りつけるなどの処置をする。

③ 高血糖症状への配慮……血糖コントロールが不良の場合や診断前の初期症状時には，しばしば異常高血糖状態を呈する。高血糖時の症状は多飲，多尿等であるが，極度の高血糖状態はケトアシドーシスと呼ばれ，意識障害を呈する。糖尿病の子どもが学校で意識障害を呈した場合，低血糖かケトアシドーシスであるが，判別法としては低血糖時に準じて糖分摂取をして意識が回復する場合は低血糖であると判別できる。

6）てんかん

てんかんは慢性の脳疾患で，大脳の神経細胞が過剰な働きを示すために発作を反復する状態と定義されている。人口の約1％に合併する高頻度の疾患であり，知的障害等の基礎疾患があれば合併率はさらに高くなる。半数以上のてんかん患者は適切な内服治療で発作を抑制することができる。一方で，治療を行っていても発作が抑制できない「難治てんかん」の子どもも少数ながら存在する。教員はてんかんや発作症状に対する正しい知識をもち，子どもが安心して学校で過ごせるよう対応力を身につけておくことが望ましい。

① 発作の確認と対応……発作が抑制されていない子どもに関しては保護者から普段みられる発作症状について情報共有しておく必要がある。起こりやすい状況や身体変化の特徴，外傷など発作に関連する危険性，必要な対応などについて十分な話し合いをしておくことが，安心した学校生活につ

ながる。また発作の状況と学校における参加について長尾が公表した生活指導表も参考になる[1]。

② 必要な薬剤の確認……定期薬や**発作時のレスキュー薬**等で，学校で与薬が必要なてんかんの子どもも存在する。保護者との事前の協議ももちろんであるが，医療機関からの与薬に関する文書をあらかじめ提出してもらうことが望ましい。

③ 発作時の緊急対応……てんかん発作の多くは数分以内に終息し，普段の状態に戻っていくと予測される。しかし「てんかん発作重積状態」と呼ばれる，自然に終息しない，もしくは発作が繰り返されており，その間の意識が回復しない状態は緊急状態であり，医療機関へ救急搬送することが原則である。重積発作時に可能ならば使用する方針の座薬などは確認して与薬しながら搬送準備を進める。なお，重積でなくとも発作により溺水や外傷などを合併した際も程度によっては蘇生や救急搬送の適応である。あらかじめ搬送可能な医療機関と密な連携をとっておくことが緊急時の適切な対応のコツといえる。

発作時のレスキュー薬
発作症状の長時間化を防ぐために発作時に使用される薬剤で，座薬が頻用されている。短時間の発作頻発を抑制したり，発作を一定時間予防する目的でも使用される。

[演習]課題
1. 病気の性質からどのような生活規制が生じやすいのか，例をあげながら説明してみよう。
2. 学校生活管理指導表の改訂の趣旨がどのようなものであるか，以前と現在を比較しながら説明してみよう。

引用文献
1）長尾秀夫：てんかん児の生活指導表に基づく日常生活の配慮，特殊教育学研究，**36**(4)，pp.41-48, 1999.

参考文献
・小児慢性疾患情報センター ホームページ https://www.shouman.jp/（最終閲覧：2022年4月1日）．
・全国特別支援学校病弱教育校校長会：特別支援学校の学習指導要領を踏まえた病気の子どものガイドブック 病弱教育における指導の進め方，ジアース教育新社, 2012.
・全国病弱教育研究会：病気の子どもの教育入門，クリエイツかもがわ，2013.
・日本学校保健会 ホームページ https://www.hokenkai.or.jp/（最終閲覧：2018年7月1日）．
・奈良間美保ら：小児臨床看護各論 小児看護学②，第13版，医学書院，2015.
・五十嵐隆編集：小児科診療ガイドライン －最新の診療指針－，第3版，総合医学社，2016.

⑥ 学習や社会生活につまずきのある子どもへの配慮・支援

1 通常の学級の実態

　第１章１・２節で述べたように，特殊教育から特別支援教育への転換が求められた背景には，小・中学校の通常の学級に，特別な教育的支援を必要とする児童生徒が多数存在することがあった。こうした子どもたちは，いったいどれくらい存在するのだろうか。

　図３−30は，2012年に文部科学省が全国（岩手，宮城，福島の３県を除く）の公立小・中学校の通常の学級に在籍する児童生徒を対象に行った調査の結果である。本調査結果では，「知的発達に遅れはないものの，学習面または行動面で著しい困難を示す」とされた児童生徒の割合は6.5%，「学習面で著しい困難を示す」4.5%，「行動面で著しい困難を示す」3.6%，「学習面と行動面ともに著しい困難を示す」1.6%であった。また，この結果を発達障害の特性との関連でみると，「学習面で著しい困難を示す（LDの可能性）」4.5%，「不注意または多動性−衝動性の問題を著しく示す（ADHDの可能性）」3.1%，「対人関係やこだわり等の問題を著しく示す（高機能自閉症等の可能性）」1.1%であった。

　この調査は，通常の学級の担任を対象としたものである。結果から，発達障害については「その可能性」にとどまるものではあるが，小・中学校のひとつの学級に「発達障害の可能性がある特別な教育支援を必要とする子」が２〜３人存在することが明らかになっている。

6.5%
2002年に実施された調査でも，ほぼ同様の6.3%という数値である。

高機能自閉症等
自閉症の特性がある人の医学的診断名は「自閉スペクトラム症／自閉症スペクトラム障害（ASD）」であるが，文部科学省では，現在のところ，知的発達に遅れがないASDを「高機能自閉症等」と呼んでいる。

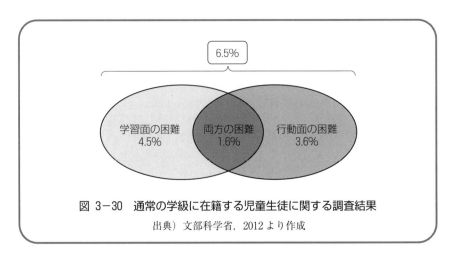

図 3−30　通常の学級に在籍する児童生徒に関する調査結果
出典）文部科学省，2012より作成

2　学習につまずきのある子どもへの配慮・支援

（1）通常の学級における学習のつまずき

　通常の学級で学ぶ児童生徒のうち，学習につまずきを示す子はかなり多くいるが，つまずきの主な原因は次のように分類できる。

　① 心理・環境的問題が原因で学習につまずいている子ども。

　② 一般の子どもよりも学習に時間がかかるスローラーナーの子ども。

　③ 軽度の知的障害が原因で学習に著しい遅れを示す子ども。

　④ LD（学習障害）の子ども。

　これらの子どもたちに対しては，いずれも特別な教育的支援が必要であるが，中でも，子どもの認知特性の理解と，その特性に応じた配慮・支援を必要としているのが LD（学習障害）の子どもたちである。

> **日本における学習障害（LD）の定義＊**
> 　学習障害とは，基本的には全般的な知的発達に遅れはないが，聞く，話す，読む，書く，計算する，又は**推論する**能力のうち特定のものの習得と使用に著しい困難を示す様々な状態を指すものである。
> 　学習障害は，その原因として，中枢神経系に何らかの機能障害があると推定されるが，視覚障害，聴覚障害，知的障害，情緒障害などの障害や，環境的な要因が直接の原因となるものではない。
>
> 　　　　　　　　　　　　　　　　　　　　　　（文部省，1999）
>
> ＊文部科学省では，DSM-5 に沿った限局性学習症（SLD）の定義はなされていない。

（2）LD（学習障害）とは

　全般的な知的発達に遅れはないのに，読み書きや算数などの教科学習に著しい困難を示す LD（learning disabilities：学習障害）の子どもたちの存在は，米国では早くから気づかれ，1960 年代から本格的な教育支援が始められていた。これに対して，日本の教育関係者の間で，LD の存在が認知されるようになったのは 1990 年代に入ってからのことである。日本における LD の最初の定義は 1995 年に行われ，現在用いられている上記の定義が確定したのは 1999 年のことである。

　この定義には，次の四つの要件が含まれている。

　① 全般的な知的発達に遅れがない：ウェクスラー式知能検査学童版（WISC）等の知能検査で測定された IQ（知能指数）が少なくとも **70 以上**である。

　② 認知能力の偏り：聴覚情報処理や視覚情報処理などのさまざまな認知能力において，ある能力は正常なのに，ある能力に著しい遅れがあるといっ

心理・環境的問題
養育環境の問題や学校生活への不適応状態など。

スローラーナー
知的発達の遅れや LD 等の問題はないが，ほかの子に比べて学習内容の習得に時間がかかる子ども。

軽度の知的障害
知的障害の存在が気づかれていない場合と，保護者が特別支援学級への入級に否定的であるため，通常の学級にいる場合がある。

推論する
算数の文章題や国語の読解など，推理や論理的思考にかかわる力。

ウェクスラー式知能検査学童版（WISC）
5 歳 0 か月から 16 歳 11 か月までを対象とした知能検査。全般的な認知能力を表す全検査 IQ と，四つの認知機能（指標得点）等から，個人内の認知能力のプロフィール（得意・不得意の特徴）を把握する。現在使われているのは，第 5 版の WISC-V である。

70 以上
知能検査結果の解釈では，統計学的にみて，IQ70 以上を「知的発達に遅れがない」とみなしている。

た発達の偏りがみられ，そのことが教科学習の困難の原因となっている。

③ 認知能力の偏りの原因：中枢神経系（脳）の機能障害があると推測される。

④ 除外による定義：教科学習の遅れは，視覚や聴覚の障害，知的障害，情緒障害や環境的な要因などによるものではない。

以上四つの要件のうち，特に重要なのは，② の認知能力の偏りで，このことが LD の特徴であると同時に，この後述べる教育上の配慮・支援とも深くかかわってくる。

なお，LD の定義は，教育と医学で異なっており，教育的な定義が「聞く，話す，読む，書く，計算する，推論する」という能力の困難を含むのに対して，**医学でいう LD** は，「読む，書く，計算する，推論する」の能力の困難に限定したもので，「聞く，話す」の困難は，医学では「コミュニケーション障害」に分類されている。このような定義の違いはあるが，① LD は学校での教科学習の困難を主症状とすること，② 必要とされる配慮・支援は教育的なものであり，その点で，LD は基本的に「教育的な概念」であること，を押さえておきたい。

医学でいう LD
DSM-5（アメリカ精神医学会）では，「限局性学習症／限局性学習障害」（specific learning disorder：SLD）と呼んでいる。

（3）LD の状態像と判断

一口に LD といっても，その状態像はさまざまである。その子が LD かどうかの判断は，**発達の個人内差**の様相と「聞く，話す，読む，書く，計算する，推論する」の六つの領域における困難の状態に基づいて行われる。

1）発達の個人内差

発達の個人内差
一人の子どもの中でのさまざまな能力間の差のこと。

柘植・上野[1] は，LD にみられる個人内差を，① 知能検査で測定される**認知能力と学習の達成度との不一致**，② **認知能力間の不一致**，③ **学習の達成度間の不一致**の三つとし，こうした個人内差の特徴が LD の判断の重要なポイントになると述べている。

認知能力と学習の達成度との不一致
知能検査結果が正常範囲にあるのに，学校での学習に著しい遅れがある場合など。

2）六つの領域における困難の状態

LD では，全般的な知的発達に遅れがないにもかかわらず，六つの領域のいずれか，または，複数において，次のような困難がみられる。

認知能力間の不一致
視覚情報の処理に問題がないのに，聴覚言語情報の処理に大きな困難がある場合など。

① 聞く：言葉の**聞き分けの困難**，全体に向けられた指示・説明の聞き取りの困難，話された内容の理解の困難，聞いたことを覚えておくことの困難，など。

② 話す：思っていることを言葉でうまく表現できない，筋道を立てて話せない，年齢不相応な発音の誤り（構音障害）がある，など。

学習の達成度間の不一致
算数で，計算はできるのに，文章題ができない場合など。

③ 読む：文字を読むのに時間がかかり音読がたどたどしい，一字一字は読めても単語や文として読むことが困難，読み間違いや読み飛ばしが多い，読めても内容を理解することが困難，など。

聞き分けの困難
「かさ」を「あさ」と聞き間違えてしまうことなど。

④ 書く：書くのに非常に時間がかかる，板書を写せない，文字の形がうま

くとれない，漢字の書き誤りが多い，マス目や罫線の中に字を収めること
が難しい，など。

⑤　計算する：数や量の概念の理解が困難，繰り上がりや繰り下がりがわか
らない，筆算が困難，など。

⑥　推論する：計算はできても文章題を解くことが困難，表やグラフを含む
問題を解くことが困難，図形問題や証明問題を解くことが困難，など。

（4）LD の指導とそのかかわり方

1）LD 支援の基本

LD 児の指導で「基本中の基本」となるのは，「子ども一人ひとりの認知特
性に応じた支援」ということである。得意なことは年齢相応またはそれ以上に
できるのに，苦手なことには大きな遅れがあるという LD の発達特性が理解さ
れないと，例えば，漢字を覚えるのが苦手な子に，「人の何倍も書く練習をし
ましょう」といった「過度の努力」ばかりが要求されてしまう。しかし，そう
した学び方はその子に合っていないので，努力のわりに効果は上がらず，学習
内容も定着しない（一時的に覚えても，すぐ忘れてしまう）。結果として，子ど
もは達成感を得られず，最終的には学習への意欲を失ってしまう（図 3-31）。

こうした悪循環を起こさないためには，子どもの認知特性（発達の個人内差）
を理解し，その子の特性に応じた支援を行うことが必要である。その点で，
LD 児は「学び方の違う子（learning differences）」ともいわれる。LD 児に対し
ては，「一般的な学び方でうまく学べない子には，その子に合った学び方を用
意する」という姿勢が指導者側に求められるのである。

文字表記体系
話し言葉を構成する音
韻と文字表記の関係
は，国（言語）によって
大きく異なっている。
英語は音素（母音や子
音）に文字表記が対応
するのに対して，日本
語の「かな」では，音
節に文字（かな）が対
応しているため，英語
に比べて対応規則の学
習が容易である。

コラム　ディスレクシア（dyslexia）

全般的な知的発達に遅れがなく，「聞く」「話す」の力に問題がないのに，文字の読みに著しい
困難を示す状態（特異的な LD のタイプ）をディスレクシアという。

ディスレクシアの出現率には，その国（言語）の**文字表記体系**が大きく関係しており，英語圏
では 8～10％ときわめて高い一方，日本では 1 ～ 2％とされている。米国では，トム・クルーズ，
スティーヴン・スピルバーグなどの有名人がディスレクシアであることをカミングアウトしたこ
ともあって，よく知られた障害であるが，日本でディスレクシアの人の存在が認知されるように
なったのは 2010 年代に入ってからである。

ディスレクシアの人が示す文字の読みの困難の程度はさまざまであるが，「聞く」「話す」の力
に問題がないことから，例えば試験などの場合，問題文の読み上げ（代読），漢字のルビ打ち，
口頭で答えたことを代書する，音声読み上げソフトを使用する，キーボード入力によるプリンタ
ー印字を認めるなどの「合理的配慮」が支援として適切である。

意欲・自信の喪失／授業場面での "give up" 状態

理解と定着の困難／達成感の欠如

「学び方の違い」に対する理解の不足

過度の努力を求める　　　　非効率的な学習

LDから生じる認知特性（発達の個人内差）

図 3-31　LD 児が教室で直面する困難

2）LD の指導

LD の学習支援では，次の点に配慮した指導を行う。

① 子どもの認知特性を把握する：実態把握と**アセスメント**から，その子の得意な所（強い能力）と苦手なところ（弱い能力）を把握する。

② その子に合った情報の入れ方を考える：視覚情報と聴覚（言語）情報のどちらの情報が理解しやすいのか，**継次的情報**と**同時的情報**のどちらが理解しやすいのか，など。

③ その子の得意（強い能力）を生かす：LD の学習支援では，苦手なところへのアプローチの前に，まず得意なところを生かして学習を進め，「できる，できた」という達成感と自信をもたせることが大切である。例として，形の把握が苦手だが，言葉の記憶が得意な子の漢字学習では，「木のうえに立って見るのは『親』」といった絵描き歌型の学び方を取り入れる。

アセスメント
子どもの認知発達特性を把握するアセスメントには，心理的アセスメント，発達アセスメント，学力のアセスメントの三つがある。

継次的情報
言葉による説明のように，時間的に順序立てて一つひとつ提示される情報。

同時的情報
図やグラフ，手順表のように全体が同時に提示される情報。

コラム　通級による指導（学びの教室）

　通常の学級に在籍したままで，一定時間「通級指導教室」で特別な指導を受けられる制度。1993 年に制度化され，2006 年に，LD・ADHD も指導の対象に加えられた。また，2018 年からは，高校にも通級指導教室の設置が始まっている。

　通級指導教室の通称はさまざまであるが，LD・ADHD を主な対象とする教室は「学びの教室」と呼ばれていることが多い。学びの教室では，学校生活への適応を高める自立活動に加えて，週 8 時間以内の教科の補充指導を行うことが可能である。

　気をつけておきたいのは，学びの教室で行われる「教科の補充指導」が，いわゆる「補習」ではない点である。学びの教室における学習指導は，① 児童生徒の特性（学び方）に合わせた学習の方法・内容，② 学習意欲の向上を図ること，③ 自分に合った学習の仕方（方略）を身につけること，などを目ざすものでなければならない。

④ その子が使いやすい教材を用意する：読みについては，**文字の書体**，大きさ，文字間隔と行間隔，語句の区分（分かち書きやスラッシュによる区切り），漢字のルビ打ち，などに配慮する。書きについては，文字の形を整えやすいマス目の大きさや罫線間隔を考える。

⑤ 学習の支援グッズを用意する：複数のことの記憶が苦手な子には学習の手順を視覚的に提示する，ひらがなや九九の想起に時間がかかる子には50音表や九九表を用意する，などがその例である。

⑥ ICT機器を活用する：子どもの年齢が大きくなったら，読み書きや計算，記憶の困難を補うために，タブレットやパソコン，電卓，ICレコーダーなどを用いて学習を進める。

文字の書体
読みに困難がある人では，線の太さが異なりハネ・払いがある教科書体や明朝体よりも，線の太さが同じゴシック体やユニバーサルデザイン（UD）を考慮したUD書体のほうが読みやすいといわれている。

3　社会生活につまずきのある子どもへの配慮・支援

（1）社会生活のつまずきとは

　学齢児童では，家庭と学校が生活の場であるが，「社会生活のつまずき」という場合，集団活動が求められる学校生活でのつまずきが，中心的な問題になりやすい。

　学校生活におけるつまずきは，不登校，いじめ，集団行動の困難，友人関係のトラブル，授業不参加，校内での暴言・暴力，校外での非行などさまざまな現れ方をするが，その原因となるのは，集団場面における行動面のつまずきと周囲の人とのコミュニケーションのつまずきである。

（2）行動面のつまずき

　子どもの行動面のつまずきは，教員やクラスメートなど周囲の人たちからみて，いわゆる「困った行動」として現れてくる。通常の学級における「困った行動」としては，次のような例があげられる。

① 授業中，席を立ち歩いたり，手遊びをしたり，授業と関係のないことをしたりして，授業に参加しようとしない。

② 教員の指示に従わず，勝手な行動をする。

③「順番にする」など学校生活のルールが守れない。

④ 他児とのトラブルが頻発する。友だちに暴力を振るってしまう。

⑤ 教員が注意すると，反抗的な態度を取ったり，暴言を吐いたり，パニックを起こしたりする。

⑥ 感情が高ぶると，ものを投げたり壊したりする。

　ここにあげたような行動が生じると，周囲の人はその子を「困った子」とみなしがちになるが，実は，いちばん困っているのはそうした行動をする子ども自身である。「困った行動」が生じる原因には，心理・環境的問題が背景となっ

ているケースと，ADHD や ASD といった発達上の問題を抱えているケースがあるが，どちらの場合でも，「困った行動」の底には，場面の見通しが立たない，ルールがよくわからない，何が適切な行動なのかがよくわからない，自尊感情・自己肯定感が低い，といった子ども自身の困り感がある。行動面のつまずきへの支援では，何よりもまず「いちばん困っているのは，『困った行動』をしている子ども自身である」という視点が大切になる。

（3）行動面のつまずきへの配慮・支援

1）発想の転換

　行動面のつまずきの支援にあたっては，前述した「子ども自身の困り感」の理解に加えて，支援者側の発想の転換が必要となる。

　困った行動が生じると，周囲の大人は，「困った行動をやめさせるにはどうしたらよいか」だけを考えてしまいやすい。しかし，困った行動をやめさせよう，減らそうとするばかりでは，子どもが感じている困難への支援にならない。子どもからすれば，いつも注意・叱責される状態におかれることになる。図３－32 に示すように，大切なことは，困った行動をやめさせることではなく，適切な行動を身につけられるようにすることである。困った行動をマイナスのものとすれば，たとえ注意・叱責してその行動がなくなったとしても，それはマイナスがゼロになっただけで，子どもが成長したことにはならない。「適切な行動（＝プラスのもの）」が育ち，身についてこそ，子どもは成長したといえるのである。

　行動面の支援では，支援者側の「困った行動をなくそう，減らそう」という発想から「適切な行動を育てる」ことへの転換が求められる。

2）行動が生じる原因の分析

　子どもが示す困った行動には，その行動を生じさせている原因が必ずある。また，行動には周囲の人たちとの関係のありようが含まれている。困った行動

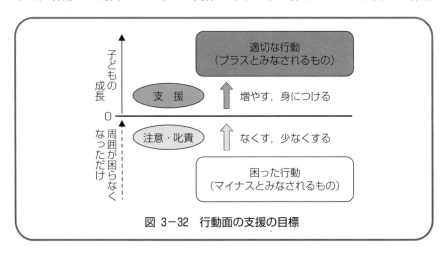

図 3－32　行動面の支援の目標

が生じる原因や行動を続けさせている要因を考えるには，**応用行動分析**の考え方が役立つ。応用行動分析では，次の「行動の四つの基本ルール」[2] に基づいて，子どもの行動を理解し，支援の方針を考えようとする。

① 行動の前後の出来事：どのようなときに（どのような場面で），その行動が生じ，その後どうなったか（周囲の人はどう反応したか）。

② 行動に対する周囲の反応の役割：周囲の人の反応は，行動の増減にどう関係していたか。

③ 行動の学習パターン：子どもはどのようにその行動を学習していったか。

④ 行動の役割（機能）：子どもは何のためにその行動をしているのか。

3）行動支援の基本

前述した発想の転換と「行動の四つの基本ルール」をもとに行動面につまずきを示す子どもの支援を考えると，その基本は次のようにまとめられる。

① 授業に参加する，課題に取り組むなど，その子が適切な行動をしているときに，すかさずほめるようにする。

② 困った行動がみられる場合は，子どもがその行動を何のために行っているか，また，どのような場面でその行動が生じやすいかを考えて対応する。例えば，自分に注目してほしいために困った行動をしている場合は，注目欲求を満たせるような場面をつくる。また，わからない苦手な学習から逃げ出すために行動をしている場合は，学習課題をわかりやすくしたり，課題量を調節したりする。

③ 困った行動に対する周囲の反応が，その行動を続けさせる要因になっていないかを考える。自分に注目してほしいために困った行動をしている子どもに対して注意・叱責することは，支援者の意図とは逆に，子どもの注目欲求を満たすことになってしまう。こうした場合には，行動に過剰に反応せず，適切な行動をしたときにほめるようにする。

（4）コミュニケーションのつまずき

周囲の人とのコミュニケーションの困難から生じる社会生活のつまずきは，どのような子どもにも生じる可能性があるが，今，通常の学級で一番困り感を抱えているのは，ASD の特性がある子どもたちである。

通常の学級で学ぶ知的な遅れのない ASD の子どもたちは，教員や友だちとのコミュニケーションがうまくできなかったり，集団活動への参加の仕方がわからなかったりするために，みんなといっしょに学習することに苦痛を感じていることも多い。その原因としては，次のようなことがあげられる。

① 行動の見通しの立てにくさ：「今，ここで，何を，どこまでするか」「これが終わったら，次に何をするか」「なぜ，これをするか」などがわかりにくいために，教室場面で混乱しやすい。また，突然の予定変更（避難訓

応用行動分析
動物やヒトの行動を研究する行動分析学の知見を，ヒトの行動の説明や理解，行動上の問題の修正などに応用する学問分野。

練など）や，初めて経験すること（宿泊学習など）に不安を感じやすい。

② 他者の気持ちを理解することの困難：表情，語調，しぐさなどから相手の気持ちを読み取ることが苦手なために（心の理論の障害），他者の言動の意味を間違って解釈したり，悪気なく他者の気持ちを傷つけるような振舞いをしたりしてしまう。

③ 推測することの苦手さ：直接的な表現は理解できても，間接的な言い回し（例：「書くものある？」といったら，「書くものを貸してほしい」の意味）やいわずもがなのこと（例：先生が「みなさん」といったら，そこには自分も含まれている）がよく理解できない。

④ 一面的なものの見方・考え方：ASD の特性がある子どもは，「よい／悪い」「好き／嫌い」というように，ものごとを一面的にとらえてしまいやすい。そのため，自分の間違いや失敗を「悪いこと」として受け入れられなかったり，学校生活のルールを「杓子定規」にとらえて周囲との摩擦を生じてしまったりしやすい。

⑤ 感覚の過敏：物音や人の声，においなど，一般の子どもたちには気にならない感覚刺激に苦痛を感じる。ASD の子どものかなり多くにみられる傾向である。

> **心の理論の障害**
> 他者の気持ちや考え等，心の状態を読み取る認知機能を心の理論（theory of mind）という。その機能の障害・困難が ASD の中心的な症状のひとつとされている。

（5）コミュニケーションのつまずきへの配慮・支援

1）ASD 支援の基本

　ASD 児の支援にあたっては，支援者が押さえておかなければならない基本原則が三つある。

　ひとつは，前項の①〜⑤にあげた ASD の特性をよく理解しておくことである。ASD の特性を理解しないままの働きかけは，善意で行ったとしても，子どもの混乱やストレスの原因となってしまうことが多い。

　二つ目は，子どもとの信頼関係をしっかりとつくっておくことである。「この先生なら自分のことをわかってくれる，困ったときは助けてくれる」と思える支援者がいると，集団生活が苦手な ASD 児も安心して学校生活を送ることができる。子どもとの信頼関係を築くには，子どもの好きなこと，得意なことを手がかりとして，好きなことをいっしょに楽しむといったコミュニケーションのパイプづくりをしていくとよい。

　三つめは，その場にふさわしい行動，社会的に適切な行動を具体的に教えていくことである。ASD 児が不適切な行動をしている場合，何が適切な行動かがよくわかっていないことが多い。そうした状態の子どもに「〜をしてはいけない」といい聞かせても，何をしたらよいのか子どもにはわからない。不適切な行動が生じた場合には，その行動が不適切であることを伝えるだけでなく，「こうすればよい」という具体的な行動の仕方をモデルを示しながら教えてい

くようにする。

2）ASD児の学校生活の支援

　ASD児の学校生活の支援では，ASDの特性に配慮した次のような支援が有効である。

① わかりやすい指示：言葉による指示は，できるだけ具体的なものにする（例：「国語の準備をしましょう」→「国語の教科書とノートを出しましょう」）。また，間接的で抽象的な言い回しは避け，直接的でわかりやすい表現にする（例：「みんなの迷惑になります」→「0の声で（静かに）前を向き待ちましょう」「○時○分までに□□をしましょう」）。

② 行動の見通しが立つようにする：その日の授業・活動のスケジュールや翌日のスケジュールを黒板の隅や脇黒板に掲示しておく。授業では，めあて（目標）や作業の手順などを，言葉だけでなく板書やカードで示すようにする。言葉による説明の理解が苦手な一方，視覚情報処理に優れたASD児にとって，こうした視覚的手がかりの使用は，行動の見通しを立てるうえで大きな助けとなる。

③ 前もって予告する：避難訓練など通常とは異なる活動が入る場合は，前もって子どもに予告しておくと混乱が少ない。また，宿泊学習や修学旅行のように初めて経験する活動については，家庭とも連携しながら活動の栞や画像などを用いて，事前にシミュレーション学習をしておくとよい。

④ 行動の理由を確認する：不適切な行動をしたときは，注意したりいい聞かせたりする前に「なぜそうしたのか」を尋ね，行動の理由を確認する。ASD児の場合，支援者が考えもしなかった理由で行動していることがあるので，「頭ごなし」の注意・叱責は避けるべきである。

⑤ 理由を説明する：友だちとのトラブルが生じた場合，「相手の気持ちを考えなさい」といった一般的な注意の仕方は，ASD児にはわかりにくい。「気持ちを考える」ではなく，「なぜ，そうしてはいけないのか」という理由を筋道立てて説明したほうが伝わりやすい。

⑥ 多面的な見方ができるようにする：間違いや失敗に対して，それがすべて悪いことではない点を伝える。「間違いを恐れるな」「失敗は成功のもと」といったフレーズを学級全体で共有するようにしておくと，ASD児も，間違いや失敗が必ずしも悪いことではない点を理解しやすい。

⑦ 感覚過敏への配慮：感覚過敏がある場合は，苦手な感覚刺激を無理強いしないようにする。「何度も経験すれば慣れるだろう」といった対応は，ASDの子どもにとっては苦痛になるだけで効果がない。避けられる刺激は避け，どうしても避けられない場合は場を外すことを認めるなどの配慮が必要である。

　以上，学習や社会生活につまずきがある子どもへの配慮・支援の概略を述べたが，学習面の困難であれ，行動面や社会生活面での困難であれ，最も大切なことは，子どもの発達特性を理解し，つまずきの原因に応じた支援を行うことである。「発達特性の理解とつまずきの原因分析なくして効果的な支援は行えない」ということを銘記しておきたい。

演習課題

1. LD の教育的意義と医学的定義の違いを確認してみよう。
2. 行動面のつまずきへの配慮・支援で最初に必要となる「発想の転換」とは何だったか，説明してみよう。
3. ASD の子どもたちが学校生活で直面する困難の内容と，困難への支援の方策について，まとめてみよう。

引用文献

1) 柘植雅義・上野一彦：特別支援教育概論 I 発達障害の理解（特別支援教育士資格認定協会編）特別支援教育の理論と実践 第 1 巻：概論・アセスメント，pp.25-26，金剛出版，2018.
2) 肥後祥治：行動面の指導（特別支援教育士資格認定協会編）特別支援教育の理論と実践 第 2 巻：指導，pp.139-171，金剛出版，2018.

参考文献

・文部科学省：通常の学級に在籍する発達障害の可能性のある特別な教育支援を必要とする児童生徒に関する調査結果について，2012.
・学習障害及びこれに類似する学習上の困難を有する児童生徒の指導方法に関する調査研究協力者会議：学習障害児の指導について（中間報告），1995.
・学習障害及びこれに類似する学習上の困難を有する児童生徒の指導方法に関する調査研究協力者会議：学習障害児の指導について（最終報告），1999.

発音・会話に困り感のある子どもへの配慮・支援

1　言語障害とは

　発音が不明瞭であったり，話し言葉のリズムがスムーズでなかったりするため，話し言葉によるコミュニケーションが円滑に進まない状況であること，また，そのため本人が引け目を感じるなど社会生活上不都合な状態であることは，特別支援教育領域においては「言語障害」と総称される[1]。

　2013年10月4日付けの文部科学省初等中等教育局長通知[2]には，言語障害にかかわる特別支援学級と通級による指導について，以下のように定義されている。

> ・特別支援学級：口蓋裂，構音器官のまひ等器質的又は機能的な構音障害のある者，吃音等話し言葉におけるリズムの障害のある者，話す，聞く等言語機能の基礎的事項に発達の遅れがある者，その他これに準じる者（これらの障害が主として他の障害に起因するものではない者に限る）で，その程度が著しいもの
> ・通級による指導：口蓋裂，構音器官のまひ等器質的又は機能的な構音障害のある者，吃音等話し言葉におけるリズムの障害のある者，話す，聞く等言語機能の基礎的事項に発達の遅れがある者，その他これに準じる者（これらの障害が主として他の障害に起因するものではない者に限る）で，通常の学級での学習におおむね参加でき，一部特別な指導を必要とする程度のもの

　このことから，特別支援教育における言語障害とは，① **構音障害**（器質的・機能的な構音障害），② **吃音**（話し言葉のリズムの障害），③ **言語発達の遅れ**（言語機能の基本的事項の発達の遅れ）に大別できる。

　まず，前述の通知においては，① 構音障害として，器質性構音障害と機能性構音障害があげられている。

・器質性構音障害：発語器官に構造的な問題（**口唇口蓋裂**，下顎前突出症，**舌小帯短縮症**等）があり，それによって構音障害が引き起こされる。口唇口蓋裂は，食べる（摂食嚥下）機能にも困難が生じるため，生後すぐに医療や福祉が必要である。もっとも，近年では，フォローの流れが確立しており，就学前までに整形手術や摂食嚥下の支援・指導，構音指導，家族等への支援・助言が実施されている。

構音障害
言葉を発する際，話し手本人は①「からす」②「すいか」と発音しているつもりであっても聞き手には①「たらす」②「ついか」と聞こえる等，特定の音が習慣的にほかの音におきかわったり，歪んだり，省略されたりする状態をいう。

吃音
話し手本人は話したい内容を明確に文章化できており，構音器官の構造や運動に問題がない（まひ等がない）にもかかわらず，話そうとすると，同じ音を繰り返したり，引き伸ばしたり，また声が出なくなったりする等，流暢さに欠ける話し方となる状態をいう。

口唇口蓋裂
口唇・口蓋等に割れ目（裂）がみられる先天性形態異常。鼻まで達する完全口唇裂や，達しない不完全口唇裂，そのほか，片側性・両側性などがある。

舌小帯短縮症
舌小帯の長さが短いため，舌の可動域に制限が生じ，構音に誤りが生じる場合がある。舌尖がハート状になることが特徴である。

筋萎縮性側索硬化症
（ALS）
筋肉を動かし，運動を
司どる神経（運動ニュ
ーロン）が侵される難
病。手足・のど・舌な
どの筋肉がやせてい
き，力が出せなくなる。
認知機能や体の感覚，
視覚・聴覚，内臓機能
などは保たれる。

・機能性構音障害：器質性の発見ができない（原因がはっきりしていない）が，現実に構音の誤り等が生じている状態をさす。

このほかにも，神経や筋に病変が生じること（**筋萎縮性側索硬化症（ALS）**，頭部外傷等）により，話すことに必要な運動機能のまひ等が生じる運動性構音障害もある。

次に，心理的な要因に起因する言語障害として，②吃音があげられている。吃音の定義は諸家によって多少異なっており，発話症状，発話の流れの崩壊，行為，心理的側面について述べられた三つの定義[3]を紹介する。

・ヴァンライパーの定義：吃音とは音・音節の繰り返しや引き伸ばしによって，また構音の構え，あるいは回避や阻止などからのもがき反応によって，発話の流れが妨害されたときに発生するものである。
・ウエストの定義：吃音は，実際の構音が，発作的に遮られている会話の態度の障害あるいは異常であって，聞き手が話し手を吃音者と見なしていることを話し手が知っているとき，あるいは吃音者と見なされるかもしれないと話し手が怖がっているとき，聞き手に最も目立つような異常行動が話し手に起こるものである。
・アイゼンソンの定義：吃音はおそらく機能的には，何かを伝達し叙述するための言語の使用が，瞬間的に乱されることと定義できよう。この乱れはためらい，繰り返し，引き伸ばし，あるいは過度の緊張によって，はっきりと特徴づけられる。その潜在的反応としては，心配，不安，話すことを避ける傾向などがあげられる。

最後に，③言語発達の遅れ（言語機能の基本的事項の発達遅滞）があげられているが，言語発達の全般的な遅れや，ASD・LD（ディスレクシア）等の発達障害が背景にある場合をいう。③言語発達の遅れの詳細については，本シリーズのほかの巻で取り扱うため，ここでは紹介するにとどめる。

（1）言語障害のある子どもへの早期支援

言語障害は，ほかの障害に比べると，日常の生活や教科等の学習に及ぼす影響が少ないと誤解されやすい。言語障害があると言語表出が少なくなる場合もあることから，「おとなしい子」と思われ，言語面の困難が見逃されたり，その困難を理解されなかったり，対応が遅れたりする傾向にある。しかし，子ども自身が感じている苦しみ・困難は周囲の想像よりも非常に大きく，劣等感を感じたり，自己肯定感が著しく低下したりする。

口唇口蓋裂のように，器質的な問題があれば，生後すぐに口腔外科・形成外科・歯科・耳鼻咽喉科・小児科等の医師・看護師による治療や，STによる言語聴覚療法，本人・家族に対するカウンセリング（心理的ケアや助言）が行われる[4]。一方で，機能性構音障害や吃音等は，3歳ごろから就学前くらいに症

状が顕著になる傾向にあり，「発音が不明瞭，言葉が出ない，言葉が遅い，表現・発音が幼稚」といった主訴で相談が始まることが多い。特に，吃音については，就学後に発症する場合もある。

　言語障害は，早期発見・支援が行われれば，障害の状態を改善・克服することも可能である。反対に，「もう少し様子を見よう」と判断し，専門的な指導・支援の導入が遅れることにより，言語障害の症状が固定化したり，症状の改善までに要する期間が長くなる場合も少なくない。大人（保護者，教職員等）は，子どもの言語行動に関心をもち，違和感を感じたら速やかに専門職種（通級による指導を担当する教員や特別支援教育担当教員，およびST等）に相談するよう心がけることが重要である。

　ただし，言語障害を含め，通級による指導を受ける子どもの数は年々増加しており，「令和元年度通級による指導実施状況調査」（文部科学省，2020）では10万人を超えている。そのうち，言語障害により指導を受けている子どもは3万9,691名（小学校3万9,106人，中学校556人，高等学校29人）であり，全体の29.6％を占める。一方で，国や各自治体でも通級による指導の環境整備を進めているところであるが，通級による指導を担当できる教員は限られている。そのため，順番待ち（待機）状態であったり，十分な頻度・時間数の指導・支援を受けられていなかったりする子どもも多い。教育領域での専門的指導・支援がすぐに受けられない事態が生じる場合は，近隣の医療機関と連携し，ST等による指導・支援を受けられるよう調整することが望ましい。子どもの言語聴覚療法を担当するSTに関する情報は，管轄する教育委員会や教育センター等が把握していることが多いので，相談することを推奨する。

(2) 言語障害と環境因子

　学校での生活はもちろん，社会生活を送るうえで，コミュニケーションは不可欠であり，言語が果たす役割は大きい。加えて，言語障害の状態は，子どもを取り巻く環境（特に対人的環境）に大きく影響を受ける。

　機能性構音障害や吃音の場合は，保護者や学級担任，周囲の子どもたちが対象となる子どもの症状に気づいていない（通級による指導の必要性を十分に理解できていない）ことも多い。ときには，対象となる子どもの発話を叱責したり，適切な発音・発話となるよう厳しく指導している場合もある。このように，意図的ではないにしろ，支持的・受容的ではない環境では，言語障害のある子どもは言葉を発することを回避しがちになるし，うまく話すことができず，相手に自らの意思が伝わらないという失敗体験を何度も経験する。その経験から，発音・発話を始める前に失敗する予期が生じ，症状が増悪する（構音障害や吃音の症状がより重度になる）危険性もある。

　これらは，学習性無力感，言語障害における二次障害と表現される。こうし

た学習性無力感や二次障害を予防するためにも，通級による指導を担当する教員は，落ち着いた環境で，互いの表情がわかるような位置や視線に注意しながら，ゆっくりわかりやすい言葉で会話するよう，対象となる子どもの周囲に助言することも必要であろう。

2 教育とその特色

（1）通級による指導（言語障害）とは

前出の文部科学省初等中等教育局長通知[2]に示されているとおり，制度上，言語障害のある子どもを対象とする言語障害特別支援学級，通級による指導（言語障害）が設置されている。ただし，教育現場において，難聴や脳性まひ等に基づく言語障害については，その主たる障害に基づく障害種別の学校・学級等で行われている。したがって，上述の三つの言語障害に対する指導は，一般的に通級による指導により行われている。

通級による指導（言語障害）対象の子どもは，通常の学級において学習するのが適切であるが，一部，言語障害に応じた特別な指導を必要とする。通級による指導を規定した平成5年文部省告示第7号によると，通級による指導は「障害の状態の改善または克服を目的とする指導」と定義され，通級による指導（言語障害）は，年間35〜280単位時間を「標準とする」ことが規定されている。

そのうえで，一部の言語障害児は，言語機能の基本的事項の発達遅滞により，言語障害の状態の改善・克服に多くの時間・特別な指導を必要とする場合もある。その場合，言語障害特別支援学級において言語障害にかかわる特別の指導を適切に行うと同時に，言語障害にかかわる教科指導等の配慮を充実させて指導することとなる。

（2）通級による指導（言語障害）の特色

通級による指導（言語障害）においては，対象となる子どもの言語面の障害・困難や，コミュニケーション上の困難を改善・軽減することに加え，周囲との望ましい人間関係を育てるための支援が重要になる。短期的には，構音障害・吃音等の改善が目標となるが，長期的には，対象となる子どものQOL（生活の質）を高め，自己実現を援助する指導・支援であることが大切である。言語の障害は，対象となる子どもと周囲との対人関係をはじめ，生活全般に与える影響が大きいことから，対象となる子どもが能動的に話す（メッセージを発信する）意欲を高める指導や支援（カウンセリング等）も必要となる。具体的には，言語障害の改善・克服のためには，通級による指導だけではなく，生活場面で継続的に発音・発語の練習を行う必要がある。そこで，通級による指導を担当する教職員は，家庭や在籍学級の担任と密接に連携を図ることが重要である。

例えば，口唇口蓋裂等の器質性構音障害がある子どもの場合は，就学前から医療機関における言語聴覚療法等のリハビリテーションを受けており，就学後も通級による指導（言語障害）と言語聴覚療法等を併用していることが多い。したがって，保護者から出生からの経過について情報収集するとともに，保護者を通して，保健医療機関（医師・ST等）や就学前の保育・療育機関（保育士等）と密に連携することが望ましい。

（3）言語障害の実態把握

　言語障害のある子どもの実態を把握し，適切な指導・支援を行うためには，教育的・心理学的・医学的観点から必要な情報を収集することが重要である。特に，通級による指導は，子どもとかかわる時間が限られていることから，専門知識・技能に基づき，短時間で的確に子どもの状況・変化を評価する必要がある。通級による指導（言語障害）で行う実態把握や評価の視点としては，以下の七つの点があげられる。

① 子どもの状況の把握：本人・学級担任・保護者・保健医療福祉領域の関係職種から情報を収集し，特別な指導の要否を検討する。特に，㋐子どもの日常生活場面での言語行動に関して，保護者や学級担任の気づきについて説明・情報提供を受ける，㋑日常生活場面の子ども自身の言語行動を観察する，㋒発話内容から子どもの言語発達段階を推測する等が必要となる。

② 音声の評価：日常生活場面での音声を，共鳴（鼻にかかる等），音質（嗄声等），音声の大小，緊張の有無，発声に際しての特徴的随伴動作（言葉を押し出そうとして手で拍子をとる等）の有無等を評価する。

③ 構音の評価：日本語に含まれるすべての音韻について，**構音検査**等を用いて評価するとともに，日常会話場面等についても，構音の状況を記録する。誤っている構音については，子ども自身が正しい構音との聴覚的な弁別が可能か，視覚的・聴覚的・触覚的に刺激を加えると構音が変化するか等を確認する。

④ 構音器官の構造・運動の評価：図3-33に示す構音器官の構造や運動（構音類似運動，摂食嚥下運動）の適否について，評価を行う。評価に際しては，構音検査の**構音類似運動検査**を参照するとよい。明確な口唇口蓋裂等は就学前までに発見され治療・指導が行われているが，**粘膜下口蓋裂やアデノイド肥大**，舌小帯短縮症等が発見される場合もある。

⑤ 話し言葉の流暢性の評価：会話や音読場面において，話し言葉の流暢性について評価を行う。表3-11に示すとおり，吃音には複数のタイプ（トラック）が存在する。そのため，吃音のパターン，頻度等を確認する。

⑥ 認知・言語発達の評価：言語活動にかかわる知能検査等を実施する。学

嗄声
一般に「声がかすれている」状態であり，声の質の異常である。口唇口蓋裂がある場合等に，嗄声になりやすいといわれている。

構音検査
検査者の指示のもとに，検査を受ける子どもに絵カードの名称を発音させたり，検査者の発声や口腔顔面運動を模倣させたりして，構音の誤りの性質を分析し，治療・指導の具体的方針を得ることを目的とした検査。

構音類似運動検査
特定の音を構音する際に必要な口腔部位の動きが備わっているか（随意的に動かすことができるか）を評価する検査。例えば，「パ/pa/」は，上下の唇を閉じなければ出せない音であるため，構音の前提として，検査を受ける子どもに指示して（例を示して模倣させ），口唇を閉じることができるか確認する。

粘膜下口蓋裂
明らかな口蓋裂はみられないが，口蓋裂がある場合と同様の構音障害（開鼻音）を示す先天的疾患。

アデノイド肥大
上咽頭にあるリンパ組織のかたまりをアデノイドという。このアデノイドがいろいろな原因で大きくなり，鼻や耳にさまざまな症状を引き起こす場合をアデノイド肥大と呼ぶ。鼻の空気の通り道が狭くなるため，鼻づまり・鼻声・いびき・口呼吸などが生じる。

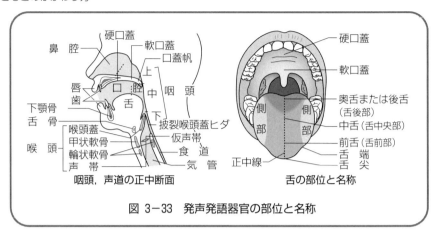

鼻腔　硬口蓋　軟口蓋　口蓋帆
上　口腔　咽頭　唇　歯　舌
中　下顎骨　披裂喉頭蓋ヒダ
舌骨　喉頭蓋　仮声帯　食道
喉頭　甲状軟骨　輪状軟骨　声帯　気管

咽頭，声道の正中断面

硬口蓋　軟口蓋　奥舌または後舌（舌後部）　中舌（舌中央部）　前舌（舌前部）　舌端　舌尖
側部　側部　正中線

舌の部位と名称

図 3−33　発声発語器官の部位と名称

表 3−11　初発時の吃音行動

吃音行動	トラック１	トラック２	トラック３	トラック４
発吃年齢	2〜4歳ごろ	3〜5歳ごろ（多語文出現後）	ことばを続けて話せるようになってから	通常4歳以降
発吃前の流暢性	良好	一般に欠如	良好	良好
発吃状態	徐々に始まる（緩発）	緩発	突発的，しばしば心理的ショックの後突然に発吃	突発的
出現状況	周期的	慢性的	周期性なく一貫的	散発的
軽快期	長い	なし	短い	なし
構音	良好	不良	ふつう	正常
発話速度	ふつう	遠く突進的	遅く注意深い	ふつう
主要症状	音節の繰り返し	途切れ，言い直し，音節や単語の繰り返し	無声の引き伸ばし，咽頭にブロック	単語，語句全体の繰り返し，音節の繰り返し
緊張性・発語努力	なし	なし	強い	時々あり
振戦（tremor）	なし	なし	あり	ほとんどなし
出現位置	文頭，語頭音，機能語（function words）	語頭，多音節語（長い単語），文全体文中の主要な単語	1区切りのことばの語頭	文頭，特に有意味な単語
吃音パターン	変動制に富む	変動性大	一貫している	一貫している
ノーマルスピーチ（非発吃中のことば）	なめらか	ギャップやためらいでことば全体が途切れがち	非常に流暢	非常に流暢
自覚	なし	なし	強い	強い
フラストレーション	なし	なし	強い	なし
恐怖	なし，意欲的によく話す	なし，意欲的によく話す	発語恐怖あり（特定の場面や語音など）	全くなし，意欲的・積極的に話す

出典）内須川洸・神山五郎編：講座　言語障害治療教育5　吃音，p.24，福村出版，1982.

校現場においては，言語発達を簡易に評価する検査として**絵画語い発達検査**（PVT-R），個別式知能検査として**田中ビネー式知能検査**や WISC 等がよく用いられる。

⑦　環境についての評価：対象児に対する，保護者や学級担任，在籍学級の子どもたちの態度・意見，実際のかかわり方等についても評価を行う。

言語障害の特徴・状態は，それぞれの子どもによって異なる。そのため，実態把握を行ったうえで，個別の指導を行うことが一般的である。そこで，実態把握で得た情報から，個別の指導計画を作成し，本人・保護者，学級担任，そのほかの関係職種との共通理解と連携を図る必要がある。

言語障害のある子どもの多くは，通常の学級に在籍しているが，学級担任の多くは特別支援学校教諭免許状を有しておらず，言語障害に関する知識・理解は乏しい。そのため，通級による指導の担当教員や ST にまかせきりとなり，積極的に関与しない事例も少なくない。個別の指導計画を作成することで，通級による指導の担当教員や ST が担う役割，本人・保護者が担う役割，学級担任が担う役割を明確にし，それぞれが主体的に関与して，適切かつ必要な指導を進めていくことが重要である。

絵画語い発達検査
3歳0か月から12歳3か月を対象とした言語発達検査。4コマの絵の中から，検査者の言う単語に最もふさわしい絵を選択させることで「語いの理解力」の発達段階を評価する。

田中ビネー式知能検査
2歳から成人まで実施可能な知能検査。精神年齢（MA）と生活年齢（CA）の比率から知能指数（IQ）を算出する。

3　指導とそのかかわり方

（1）構音障害のある子どもへの指導・支援

①　発声発語器官の運動機能の向上……構音障害の中には，発声発語器官の運動が不十分であることに起因するものがある。口唇の閉鎖や舌の挙上等の運動機能の不全が認められる場合は，構音に必要な運動について指導を行う。

構音類似運動検査等から，習得すべき運動機能を明確にし，日常生活の行動と結びつけて指導を行う。例えば，舌を挙上させる運動は，個別の指導で練習するだけでは効果は限定的であり，食事の前後や，歌を歌う際などに，意識して舌を挙上する練習を行うことが望ましい。したがって，保護者や通常の学級の学級担任との連携した指導が重要になってくる。

②　聴覚的な認知・記憶力を高める指導……正しい構音と自らの構音の違いが弁別できなかったり，音と音を比較・照合できなかったり，音を記憶・再生できなかったりするために，構音障害が生じる場合もある。このような場合は，聴覚的な認知・記憶力を高める指導が必要となる。具体的には，以下のような方法がある。

・音節数を聞き分ける（音節を分解する）練習：単語を聞き，いくつの音節で構成されているか判断する。

・音節を抽出する練習：単語の一音節を聞き，単語の中での位置・順番を

判断する。

・音節を同定する練習：単語の一音節を聞き，その音節を真似する。

・音節と音節を比較する練習：二つの単音・単語を聞いて比較し，異同を判断する。

・音節と音節の正誤を判断する練習：単語や単語の目的となる音を聞き，正誤を判断する。

・複数音節を記憶・再生する練習：複数の音節をひとまとまりとして記憶し再生する。

　これらも，言葉遊び（しりとりやダジャレ，なぞなぞ等）や，音楽の指導などと関連しており，日常生活場面で継続して練習することが大切である。加えて，音の意識・認知を促進するために，文字や数字等を併用することも有効であるため，並行して指導することも必要である。

③　構音障害の指導……器質的な問題の有無にかかわらず，誤った構音の仕方を覚えてしまったり，適切な構音の仕方を知らない子どもには，正しい構音の仕方を習得させるための指導が必要となる。通級による指導や言語聴覚療法で用いられる方法としては，以下があげられる[1) 3)]。

・聴覚刺激法：聴覚的に正しい音を聞かせ，子どもにそれを模倣させる

・構音可能な音から誘導する方法：構音可能な音を用いて，ターゲットとなる音の産出へと移行させる

・キーワード法：子どもが時に正しく構音できる場合，その音を含む単語をキーワードとして用い，目的の音を獲得させる

・構音点法：発声発語器官の正しい位置（構音点）や動き（構音法）を教え，正しい構音運動を習得させる

・母音変換法：子どもが正しく構音できる音について，その母音を変えて目的の構音を促進する

　なお，年齢が上がるにつれ，習慣性が強くなり，誤った構音が定着し，その音を産出する際に構音器官に緊張がみられる子どもも増える。また，通級による指導や言語聴覚療法における構音指導や心理的ケアだけではなく，在籍する通常の学級における日常生活での会話等も含めて，指導・支援の手順や方向性について，柔軟に対応する必要がある。

(2) 吃音等，話し言葉の流暢性にかかわる障害のある子どもの指導・支援

　吃音の指導法は，子どもに間接的・直接的に働きかける心理療法と言語指導法などがある。心理療法としては，間接的働きかけとしての環境調整法や遊戯療法，直接的な働きかけとしての自律訓練法やリラクゼーション法，メンタル・リハーサル法などがあげられる。言語指導法としては，**流暢性促進技法**等があ

流暢性促進技法
声を合わせて音読すると，吃音が減ることが知られている。そこで，他者と同時に同じ内容の発話を行う斉読，他者と同時に同じ内容の発話をする斉唱，他者の後を追って，同じ内容の語や文を音読する追読，他者の後を追って同じ内容の言葉を言う追唱等を行い，流暢な発話を通して発話に対する自信をもたせる方法。

る[4]。

　特に，通常の学級に在籍する子どもの場合，就学後，授業における発言や朗読，日直としての発言等，集団場面での言語活動が多くなり，吃音を意識する契機となりやすく，吃音がある子どもの負担が増加することも多い。また，吃音の背景に，教科学習でのつまずき・困難を感じていたり，学級担任になじめていない等，人間関係の問題が潜在していたりするケースも少なくない。そこで，環境調整法として，吃音のある子どもの周囲に，吃音に対する正しい知識や情報を伝え，望ましい態度・関係を育てることが有効である。家庭や学校，学校以外の社会的体験（クラブ活動や下校後の友だちとの遊び等）において，良好な人間関係が形成されれば吃音が軽くなり，反対の場合には悪化することが報告されている[4]。加えて，吃音等のある子どもが，周囲の子どもからからかわれるような事態が生じた際には，「障害のことをからかうことは決して許されることではない」という断固たる態度で対応することも必要である。

　吃音の症状は，疲れているときや緊張が高まっているとき，発音しづらい音があるときに悪化することが多い。一方，吃音のある子どもも，自由で楽な雰囲気の中，話しやすい人に話しかけるときは，流暢に，または軽い吃音症状を伴いながらも，楽に話すことができる。このように「楽に話せた」経験を蓄積することが必要である[1]。また，あくまで一時的な体験にとどまることが多いが，流暢性促進技法のように，他者といっしょに声を合わせて読む，他者の後について読む等の手法を用いて，流暢性を体験することもできる。そのほか，いいにくい音の前に意図的に修飾語句をつけることで吃音を軽減させる人もいる。

4　言語障害のある子どもへの合理的配慮

　言語障害のある子どもを指導・支援するうえで，障害特性に応じた合理的配慮の提供が必要である。具体的には，① 話すことに自信をもち積極的に学習に取り組むことができるようにするため，通級による指導（言語障害）や言語聴覚療法，一斉指導時の個別的な対応によって，発音・発話の指導を行うことや，② 発音・発話のしづらさ等を考慮して，教科書の音読や音楽の合唱等を個別に指導すること等があげられる。また，近年では，③ 言語障害のある子どもが集まる交流の機会について情報提供を行うことや，④ 筆談や ICT 機器を活用して，代替手段によるコミュニケーションを可能にすることも，合理的配慮として行われている[1]。

　これまでにも，代替手段によるコミュニケーション（**拡大代替コミュニケーション，AAC**）として，簡易筆談器（例：かきポンくん，図 3-34）による筆談や，音声出力型携帯会話補助装置（例：トーキングエイド，p.92 図 3-21 参照）により，

拡大代替コミュニケーション，AAC
augmentative and alternative communication：AAC
話す・聞く・読む・書くなどのコミュニケーションに障害のある人が，残存する音声あるいは言語コミュニケーション能力を補う支援技術を用いる拡大コミュニケーション技法（augmentative）と，音声によるコミュニケーションが全くできない人に用いるコミュニケーション技法（alternative）の総称。

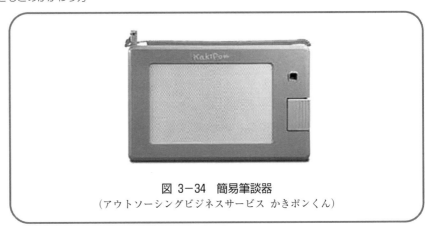

図 3−34　簡易筆談器
（アウトソーシングビジネスサービス かきポンくん）

キー入力した文字列を合成音声で読み上げてコミュニケーションをする方法が
あった。これらのツールは，言語障害のある子どもにとって不安を軽減する福
音であったことは間違いない。しかし，言語障害のない子どもは使わなくても
問題なく会話ができることから，日常会話場面において利用することには，一
定程度の心理的ハードルがあった。

　しかし，近年では，アクティブラーニングや教育現場でのICT活用が推奨
される中で，グループウエアやメッセンジャーサービス，ソーシャル・ネット
ワーキング・サービス（SNS）等が，教育現場でも活用されるようになった。
これらのサービスでは，ユーザーは，文字や絵文字（スタンプ等），動画・写真
等，自らが選択したコミュニケーション方法によって，情報発信をすることが
できる。すなわち，言語障害のある子どもも，発音・発話のしづらさを気にせ
ず，また，特殊なツールを使うという心理的ハードルも感じず，文字等の視覚
的な方法を用いて，他者とコミュニケーションを取ったり，自らの考えを多く
の人に発信したりすることもできるようになった。今後も，教科書のデジタル
化等が見込まれており，インクルーシブ教育システムの推進が，言語障害のあ

コラム　通級による指導（ことばの教室）

　通級による指導は，学校教育法施行規則第140条において定義されている（p.83 参照）。1993
年度より制度化され，実施されているが，この「特別の教育課程」のひとつが，「言語障害者へ
の通級による指導」いわゆる，ことばの教室である。言語障害のほかにも，自閉症，情緒障害，
弱視，難聴，学習障害，注意欠如・多動症等が対象となっている。

　なお，2018 年度からは，小・中学校等だけではなく，高等学校・中等教育学校等においても，
通級による指導が制度化された。

る子どもにとってのコミュニケーションの取りやすさ，生きやすさにつながることが期待される。

演習課題

1. 言語障害にはどのような障害，症状が含まれるか，自分の言葉で説明してみよう。
2. 構音障害のある子どもには，どのような指導・支援が必要か，整理してみよう。
3. 吃音等，話し言葉の流暢性に問題がある子どもには，どのような指導・支援が必要か，整理してみよう。

引用文献

1）文部科学省：Ⅵ　言語障害，教育支援資料〜障害のある子供の就学手続と早期からの一貫した支援の充実〜, http://www.mext.go.jp/component/a_menu/education/micro_detail/__icsFiles/afieldfile/2014/06/13/1340247_11.pdf（最終閲覧：2018年5月2日），2013.
2）文部科学省：障害のある児童生徒等に対する早期からの一貫した支援について（通知），2013.
3）斉藤裕恵編著：言語聴覚療法シリーズ8　器質性構音障害，建帛社，2002.
4）都筑澄夫編著：言語聴覚療法シリーズ13　改訂吃音，建帛社，2008.

8　障害が重複している子どもへの配慮・支援

1　子どもたちの姿

　教育の場には障害が重い，あるいは障害が重複している重度障害児もしくは重度・重複障害児と呼ばれる子どもたちがいる。多くは常時介護を必要とする子どもたちである。このような子どもたちは，以下のように表現される。

　「身体障害は『ねたきり』といわれる状態である。頸の座っていないことも多い。身体のまひは弛緩性よりも筋肉の緊張が強いことが多く，身体が動かないだけでなく，躯幹は弓なりになり，二次的に変形・関節拘縮・脱臼を伴ってくる。精神遅滞（知的障害）は重度のことが多いが，**アテトーゼ型**のまひの場合は軽いか，まったくないこともある。まだ年齢の小さい彼らは，その小さく硬い身体を緊張させ，伸ばし，反り，激しく呼吸している。発汗し，分泌物が口からあふれ，さらに呼吸を困難にする」[1]

　「小学部に入学した俊君は歌が好きなダウン症の男の子。まだ歩行ができないということで肢体不自由の特別支援学校へ入学してきました。よつばいで移動することができ，つかまり立ちもできる（中略）けれど，入学後の俊君は移

アテトーゼ
自分の意思に反して起こってしまう不随意運動。「アテトーゼ型」は脳性まひの種類のひとつ。

動する力はあるものの，教室では，童謡が流れる『うた絵本』を手にすると，身体をクシャッと二つ折りのようにさせた姿勢で床に頭をつけるようにして耳を絵本につけたまま，ほとんど動かない様子でした。（中略）好きなものにしか視線が向かずほかに興味がない，大人の呼びかけは聞こえていないかのような俊君の様子」[2]

「学校に着てくる服は２着だけ。行きと帰りで道順が違えばたちまちパニック。偏食がきつくて給食にはいっさい手をつけない日もある。そんなＡ君は，毎年，運動会の練習が始まるとパニックやこだわりが増える。中３のときに転校してきたＢ君の引き継ぎ資料には，パニックになるとメガネや腕時計を壊すと記されていた。実際，転校初日に私のメガネは壊されることになった」[3]

初めの記述は，重症心身障害児（後述）と呼ばれる子どもたち，二番目は，肢体不自由特別支援学校の中で重い障害のある子，三番目は，知的障害特別支援学校の**重複障害学級**に在籍する子どもについての記述である。そして子どもたちは次の記述のように，ゆっくりだが確かに成長し発達していく。

「Ａ君は肢体不自由特別支援学校の中学生。お母さんの運転する自家用車で登校します。特別支援学校には児童生徒が通学するためにスクールバスが配車されていますが，Ａ君は健康上の理由で乗っていません。時々睡眠のリズムが乱れることがあるＡ君は登校したときに眠っていることもあります。車椅子に乗って身体を硬くして背中を丸めるような姿勢をとっています。朝の日課は硬くなった身体をほぐすためのマッサージ。このマッサージを受けている間に目覚めることが増えてきました。十分に寝たときには，にっこりとほほ笑むような表情で目覚めることが多く『アー』と声を出すこともみられてきました。『おはよう』の声かけに，口をモグモグと動かして応えます。Ａ君は『おはよう』という言葉の意味（朝の挨拶であり，昼の『こんにちは』でもなく，夜の『こんばんは』でもない，朝の『おはよう』）を理解するのはこれからの課題ですが，目覚めたときに大人（この場合は教員）から声をかけられ，それを心地よく受けとめたときに口を『モグモグさせて』応える，と私たちは意味づけています。朝の会の『呼名（出席とり）』のときにも口をモグモグと動かして応えます。Ａ君は歌が大好き。毎日歌う今月の歌のときには，曲が終わるとにっこりとほほ笑みます。もうすぐ歌の途中で『アー』と声を出して『歌う』ことも始まるだろうと期待しています」[4]

重複障害学級
重い障害のある子どもたちのために，編制される学級。通常の学級より教員対子どもの割合が低い。

2 さまざまな「呼び名」

重い障害のある子どもたちはさまざまな呼び名で紹介される。特支学習指導要領には，「複数の種類の障害を併せ有する児童又は生徒」という記述があり，「重複障害者」とされている。「重度」という規定は特支学習指導要領にはなく，

1975年に文部省（当時）が発行した「重度・重複障害児に対する学校教育の在り方について」には「これまで『公立義務教育諸学校の学級編制及び教職員定数の標準に関する法律』等で定められている重複障害児（学校教育法施行令第22条の2（筆者注：現在の第22条の3）に規定する障害－盲・聾・知的障害・肢体不自由・病弱－を2以上あわせ有する者）のほかに，発達的側面からみて，『精神発達の遅れが著しく，ほとんど言語を持たず，自他の意思の交換及び環境への適応が著しく困難であって，日常生活において常時介護を必要とする程度』の者，行動的側面からみて，『破壊的行動，多動傾向，異常な習慣，自傷行為，自閉性，その他の問題行動が著しく，常時介護を必要とする程度』の者」と説明されている。

　「重症心身障害児」（以下，重症児）という呼称は，医療・福祉分野の規定である。児童福祉法には「重度の知的障害及び重度の肢体不自由が重複している児童」（第7条第2項）との記述がある。また，医療機関であり福祉施設である**重症心身障害児施設**の入所基準として，1968年に大島一良が作成した「大島分類」が有名である（図3-35）。

　また，障害児医療の発展に伴いさまざまな医療的な対応によって生活を送る子どもたちが増えたことによって，「超重症児・準超重症児」という規定が示された。1991年，鈴木康之ほかによって「超重症児介護スコア」が発表され，従来の重症児と比較して，呼吸管理を中心とした継続的な濃厚医療，濃厚ケアを必要とし，**モニタリング**や細かな観察を要し人手がかかる，病状が急変しやすいなどから，**診療報酬**上，入院費の加算が設定されている。超重症児判定基準は，① 運動機能は座位までで，② 呼吸管理，食事機能，**胃・食道逆流**の有無，補足項目（体位変換，定期導尿，人工肛門など）の各々の項目のスコアの合計が

					(IQ)
21	22	23	24	25	
20	13	14	15	16	75
19	12	7	8	9	50 35
18	11	6	3	4	20
17	10	5	2	1	
走る	歩く	歩行障害	座れる	寝たきり	

重症心身障害児（者）：重度の肢体不自由と重度の知的障害とが重複した状態。
医学的診断名ではなく，児童福祉の行政上の措置を行うための定義
① 1, 2, 3, 4の範囲は重症心身障害児
② 5, 6, 7, 8, 9は周辺児と呼ばれる

図 3-35　大島分類

出典）大島一良：重症心身障害の基本的問題，公衆衛生，**35**(11)，pp.648-655, 1971.

重症心身障害児施設
重度の肢体不自由および重度の知的障害を併せ有する子どもたちを対象に，生活支援・医療管理・訓練などを行う施設。病院の機能も併せて備えている。

モニタリング
観察し，記録すること。ここでは，心臓の働きや血液中の酸素の濃度を測定することを指す。

診療報酬
医療保険から医療機関に支払われる治療費のこと。1点10円で，すべての医療行為について点数が決められている。

胃・食道逆流
胃酸が食道のほうに流れてしまうこと。食道の粘膜がただれ，炎症が起きる症状。食中・食後の姿勢に注意が必要である。

25 点以上で，それが 6 か月以上続く場合を「超重症児」と判定する。「準超重症児」は，それに準じるもので 10 点以上 25 点未満の場合である。「超重症児・準超重症児」は医療上の概念で，入院診療報酬点数が加算される。

さまざまな呼び名はあるが，いずれにしろ，重い障害のある子どもたちが日々安心して生活でき，有意義な学校教育を受けられるように，さまざまな分野の人たちと十分に連携していくことが求められる。

3　子どもたちへの配慮・支援

重い障害のある子どもたちへの配慮および支援についてのキーワードとして「コミュニケーション」「自己評価」「仮説と検証」「バイタルサイン」「運動発達」「感覚障害」「思春期」「集団」などをあげることができる。ここではそのいくつかをもとに考えていく。

（1）コミュニケーションを考える

私たちは，子どもたちにたくさんのことを伝えたいと思っているし，現に伝えているのであるが，伝えすぎかもしれないという自覚が必要と思われる。また，「子どもたちからの発信（特に，私たちが願っていること以外のもの）を見落としているかもしれない」という意識が必要である。重い障害のある子どもたちからの発信は非常に弱いものが多いので，気をつけてみていきたいものである。一方的に「伝える」だけになるか「伝え合い」になるかは，私たちの側にかかっていることが多いからである。コミュニケーションは，一般的には「相互交信」「やりとり」という意味に解されている。「相互〜」だから，相手がある。「〜交信」「やりとり」だから「伝える（伝えたい）内容」があり「伝える（伝えたい）相手」があり，「伝える方法」がある。そして，当然のように「伝わったことの相互確認」が必要である。「内容・相手・方法・確認」がコミュニケーションの重要な要素であると押さえられる。このように考えると，私たちの間（大人同士）でもコミュニケーションが不成立なことをしばしば経験する。

コミュニケーション（伝え合い）の一般的図式は，図 3-36，3-37 と考えられる。図 3-36 の① はアクション，② はリアクション，③ はリアクションの確認を伝えること。以下，④・⑤…と続き，無数の矢印のどこでも① になりえる。

重い障害のある子どもたちとのコミュニケーションにおいては，「表現」と「表出」を区別して考えることが必要である。「表現」は「伝える相手」や「伝わった後のこと」がわかり（見通しや期待がもて），「この人にこれを伝えよう」ということを意識して行われる発信ととらえる。「表出」は，以上のことがまだ明確ではないが，外に現れる「発信」ととらえる。「表出」の場合は，図 3-

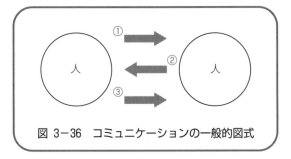

図 3-36　コミュニケーションの一般的図式

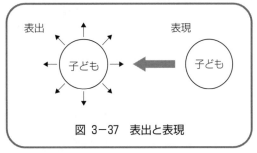

図 3-37　表出と表現

36 の②の矢印（リアクション）が，まだ弱々しい線で，いろいろな方向に向いていて定まっていない。その②の矢印を，太い・たくましい実線に，そして明確な方向（照準を定める）にしていくのが，③のリアクションの確認と押さえられる。重い障害のある子どもたちの場合は，②の矢印が「弱々しい線で，いろいろな方向に向いている」ことが多いので，③の「リアクションの確認を伝えること」が特に重要である。

(2) 自己認識を育てるコミュニケーション

「内容・相手・方法・確認」を大切にしてのやりとり（コミュニケーション）には，以下のような効果がある。

①「内容」のより確かな**認識**を育む：表現することで，自分が伝えたかった「内容」をもう一度確認することになる。

②「相手」の認識を深める：「この人は伝わる相手だ」「この人には伝わらない」など，「相手」に対しての認識が深まる。プラスの認識とマイナスの認識の双方の可能性があり，かかわりの初期には，マイナスの認識だったものがプラスに転化することも多い。

③「方法」の認識を強める：「相手」と同じように，伝える「方法」についての認識が強まる。「この方法がよい」「この方法ではだめ」などである。また，子どもたちはやりとりの過程で方法を選択していく。子どもたちの中には，**気管切開**部の**カニューレ**を抜いて，訴えるようなこともある。不満や怒りの訴え，自分に注目してほしいときに抜いてしまうのであるが，今までの生活の中で，それが有効と判断している。「そんなことをしなくても，ほかの方法で伝えることができるんだよ」との思いで，表現手段や見通しを育てていきたいものである。

④ 伝わったことを確認することが自己評価につながる：自分の気持ちが相手に十分伝わった経験を豊かに積んだ場合は，「伝わった」「状況を変えた」「自分の要求を実現した」ということで，プラスの自己評価（「自分はたいしたものだ」という気持ち）をもつことができる。自分に対する自信も高まる。自分の弱さやマイナス面を含めて丸ごとの自分を見て認めていくのが

認　識
物事を見分け，本質を理解し，正しく判断すること。また，そうする心の働き。

気管切開
気道確保のため，頸部の気管軟骨を切開すること。

カニューレ
心臓や血管，気管などに挿入する太めの管のことである。気管切開後に切開部から気管内に挿入するものを気管カニューレという。

「自己肯定感」といわれているが，その前段の感情はこのようなことでは
ないかと思われる。子どもたちは成長のある一時期に，「自分は何でもで
きる」という自惚れにも似た感情をもつことが大切なのではないかと思わ
れる。その後，「何でもできるわけではない」ということに気がつくわけ
だが，この一時期もった感情の土台があるため，後に，自分のできるとこ
ろもできないところもいっさいをひっくるめて，自分を好きになれる「自
己肯定感＝自尊感情」をもつことができるのではないか。

これらが，気持ちが外へ向く鍵となる。興味・関心を広げる土台となる。自
分に対する評価が高く，自信があるので不安にめげず，新しいことやちょっと
苦手なことにも挑戦していく気持ちが生まれる。信頼する人といっしょならば，
なおのこといろいろなことに挑戦できるのではないか。子どもたちは成長の過
程で一時期，「自分は何でもできる」「自分は王様・王女様だ」というくらいの
自信をもつことが必要なのだと考えられる。一方，自分の気持ちが相手に伝わ
らないことばかり経験している場合は，自己認識・自己評価はネガティブなも
のにならざるをえない。「自己否定感」である。気持ちは内に向き，外界への
興味・関心につながらなくなる場合が多くなる。子どもたちは「自己肯定感」
と「自己否定感」の間で動揺を繰り返しているといえる。

コミュニケーションは「ポジティブ」「ネガティブ」の双方向への可能性をもっ
たものといえる。今，「子どもたちに自己肯定感を育てる」ということが重要
視されているが，重い障害のある子どもたちの自己肯定感は，コミュニケーショ
ンの正否が大きく作用していると考えられる。子どもたちがさらに力をつけて
いくに従って，「ものに働きかける活動（操作など）の成功」や「見通しの的中」
なども重要な内容となるが，ここでも，その喜びや感動を「伝え会うこと」「伝
え合い，共感し合う人がいること」が大切である。

(3)「仮説－検証」の実践スタイル

重い障害のある子どもたちの発信（応答）は微弱であるといわれる。「反応
がない」といわれることも少なくない。しかし，私たちのかかわりに対して子
どもたちが受けとめ・応答していることは，重い障害のある子どもたちとのか
かわりの歴史の中で証明されている。では，微弱で場合によっては「反応がな
い」といわれる子どもたちの応答をどのように理解していくのか。以下のよう
な取り組み内容である。

・嫌なときのしぐさ，様子の把握

↓

・とりあえずは，嫌なしぐさがでないように働きかける

↓

・働きかけの中で，「オッ」と思うこと（しぐさ・応答）をつかむ

↓　　　　　　　　（表情，目の動き，舌の動き，緊張の具合など）

・「仮説」を立てる…～をしたら○○をするのではないか

↓　　　　　　　…～のしぐさは○○なのではないか

・「仮説」に基づいて行う…かかわりとしぐさの因果関係を確かめる

↓　　　　　　　　　　　状況を変えてやってみるなど

・「仮説」の「実証」または「否定（修正）」または「継続取り組み（観察）」

　以上のような実践スタイルの繰り返しである。もちろん，授業はテストではない。実証された発信に基づいてかかわりを深めていくことがねらいとなる。
　その場合は，以下のような配慮が必要である。
① 子どもたちは働きかけを受けとめてできるところで発信している：かすかな発信でも，細かく読み取っていくこと。さらに，全身を使ってできるところで発信が行われているので表情・目や舌の動き・手足の動きや緊張状態の変化・呼吸のあり方にも注意が必要ある。
② 発信には意味があり，探ることでその意味をつかむことができる：子どもの発信を「こういうことではないか」と考えていく場合，検証がなければ「思い込み」で終わってしまう。ほかの場面での様子や子どもをよく知っている人からの情報を総合して発信の意味をつかみ，仮説を立てて確かめつつ実践を進めることが重要である。
③ 子どもにかかわることは子どもの「安定を壊す」側面ももっている：緊張してしまったり，ときにはてんかん発作につながるようなこともあるが，そのようなことにならない配慮と「かかわられることが心地よい」ことがはっきりする中で立ち直りが早まる。
　発信の意味を探り，仮説を立てつつかかわる中で，「かかわられることが心地よい」という状況をたくさんつくっていくことが，人とのかかわりを深めることにつながっていく。初めは人を十分とらえることができなくても，継続した働きかけの中で，「心地よさ」と「人のイメージ」がつながっていく。また，発信を人が読み取ってかかわる中で，発信を人に送るということが子どもの中で明確になっていく。この過程が「人とのかかわりを深める」ということと考えられる。
　「仮説」「検証」などという言葉を使うので，とっつきにくいかもしれないが，

だれもが普段やっていることである。障害の重い子どもたちとのかかわりでは，これをていねいに，焦らず，時間をかけて確かめていきたい。

（4）バイタルサインと健康

　重い障害のある子どもたちは健康について配慮が必要なことが多く，バイタルサインについての共通理解が進んできている。バイタルサインは「人の生命（バイタル）の基本的兆候（サイン）」で，一般的には，体温，脈拍，呼吸，血圧があげられるが，「生きている兆候」と広義にとらえ，意識，皮膚の温度と発汗の状態，排尿・排便，食欲，体重，睡眠等を含めるようになっている。日々の健康観察において子どもたち一人ひとりのバイタルサインの特徴を踏まえ，健康の維持増進に役立てることが重要である。

　東京都教育委員会は健康観察の留意点と観点を以下のようにまとめている。

1）健康観察の留意点

① 毎日，的確に：体温・呼吸の状態などについて把握しておく。

② 経時的な健康観察：登校時，普段と違う場合は学習時，給食時と1日の学校生活の中で経過を追って観察する。

③ 生育歴との関連を：傷害・疾病・心身の変化などと関連させて把握する。

④ 健康状態の引き継ぎを忘れずに：授業などの引き継ぎ時には，健康状態，体調，心身の変化を具体的に伝える。

⑤ 複数の目で観察を：「いつもと様子が違う」ところがあれば一人で判断せずに複数の目で観察する。

⑥ 保健室との連携

⑦ 家庭との連携

2）健康観察の観点

・体温：平熱を把握しておく（家庭と連絡）。検温する場合，身体の緊張などにより左右の腋下（えきか）で異なることがあるので，高い場合は左右測ることが必要。

・脈拍：通常の脈拍を把握しておく。感染の場合，脈拍が高くなることが多い。

・顔色：通常と異なるがどうか。唇・爪なども。

・呼吸：通常と異なるかどうか。速すぎる・遅すぎるなど普段と違ったら保健室へ。

・喘鳴：喘鳴（の音）が通常と異なることを観察する。

・痰：痰の有無，色，状態（硬さや粘性など）

・表情：いつもみられる笑顔がない，硬い，泣きそうなどに注意する。

・皮膚：皮膚の状態，カサカサ，艶がないなどを観察する。

・発疹：身体に発疹がないかを調べる。

・身体の動き：緊張の有無や状態の違い，活発さ，不自然な動き，痛みなど
　　　　　　　がないかを観察する。
・鼻汁：有無，色，状態を観察する。
・咳：有無，咳込みの様子や状態を観察する。
・尿：回数や量，性状について把握しておく。
・便：回数や量，状態（水様便，下痢便，軟便，普通便）について把握しておく。

　ここで最も重要なことは，「普段と違う」様子を観察によって見つけることである。いうまでもないことだが，子どもたちの普段の様子をしっかり把握しておくことが必要である。また，「体調を崩す前兆」は一人ひとり違うため，その子その子のポイントを押さえておくことが重要である。

(5) 重い障害のある子どもたちの思春期

　「児童期から青年期への移行が行われる 11 ～ 13 歳の青年前期は成熟を意味する puberty の時期，ことに第二次性徴に着目して思春期と呼ばれる」[5]。小学部最終年ころから中学部，場合によっては高等部前期までと個人差があるが，この時期に子どもたちは思春期を迎える。特徴の第一は，身体的激変である。子どもの身体が大人の身体になっていく移行期である。重症児の場合も，体調の不良や発作の薬の変更，円形脱毛症や胃潰瘍・十二指腸潰瘍などの精神的な要因の疾患，緊張の亢進，精神的不機嫌として現れやすいことから，思春期危機ともいわれる。

　三木裕和は重症児の思春期についての考察を踏まえ「重症児は誕生以来，加齢とともに安全域に近づく。しかし，思春期は新たな健康上の問題が起こりやすく，それにふさわしい対応が求められる。対応を誤ると，思春期は危機的時期となる」[6]と述べている。ここでの「ふさわしい対応」は医療的な側面と教育的な側面（家庭での対応も含め）が考えられるが，教育的側面についていえば，キーワードは，「不安」だと思われる。その時期までに，一定の安定を経験し，自分像ができてきているところにきて，身体の激変による不安定さに見舞われるのであるから，不安は大きくなる。「あれ，どうしちゃったんだろう，こんなんじゃなかったのに」と，安定を経験しているからこその不安が大きく，悪循環に陥りがちとなる。医療的な面での必要な処置（薬の変更や疾患の治療，場合によっては緊張緩和剤の服薬など）がなされることは当然であるが，そのうえで，「不安」に対する取り組みが教育に求められる。さらに，保護者への対応である。思春期についての説明が十分になされなければ，保護者の不安も増す。「私の健康管理が悪かったから…」「ちゃんと対応しなかったから…」と自分を責めてしまう場合もあり，こうなると保護者の不安が子どもにも伝染してさらにまた，となりかねない。小学部高学年のころから思春期について話題にすることが必要となる。「こんなに障害が重いうちの子に，思春期（危機）がある

亢　進
物事の度合いが高まること。緊張の亢進とは，緊張の状態が高まること。

んですか？」という保護者も少なくない。「身体の激変(つまり，成長ということ)」が根本の原因との説明が重要で，さらに，「成長中の必然的なものである」との認識が必要である。

　これから思春期を迎える子どもたちは，共に思春期に立ち向かう人を獲得するのが大きな課題である。親や教員，友だちなど，信頼して身も心も預けられるような人を獲得することはどのような時期でも重要だが，この時期にはよりいっそう重要になる。それも複数で。今，思春期真只中の場合は，その信頼できる人と嵐に立ち向かうことになる。嵐に立ち向かう中で信頼がいっそう増すことも考えられる。このとき必要な対応は，一見すると「後退」しているようにみえることもある（例えば，高等部の生徒をずっと抱っこしている，など）。しかし，「今，そのとき」に必要なことをきちんと実行することが必要である。仕方なくするのではなく，今，子どもたちに必要と考えれば，積極的に行う，という心構えが大事である。子どもたちは教員の心を見抜く。仕方なくしている場合も，積極的にやる場合も子どもたちに伝わる。思春期危機を乗り越えた場合には，医療的な対応が以前より増えているかもしれないが，一般的には，「落ち着き」「広がり・深まり」「許容範囲の拡大」といわれるような状況がみられる。その中で，新しい力が獲得されていくと考えられる。中学部・高等部では「**生活年齢を考慮した**」指導が重要である。さらに，思春期の「前」「真只中」「後」を考えたときに，一人ひとりの子どもに応じた生活年齢が吟味される必要がある。「中学部だから，高等部だから」といってひとくくりにはできない難しさと面白さがここにはある。

生活年齢
生まれた日を起点として，こよみのうえで数えた年齢。満年齢と数え年がある。暦年齢。

コラム　「ネガティブ」，しかしその本質は……

　初めて訪問教育を担当する若い先生が，訪問先の家庭からがっかりして学校に戻ったそうです。その日は一人で訪問する初めての日で張り切って出かけたのですが，「担当の子に泣かれてしまった」とのこと。そのことを聞いたベテランの先生が，「すごい力だね。(先生が)替わったことがわかって，それをちゃんと表現したんだね。内にこもるんじゃなくて，外にちゃんと表現する。立派な力をもった子だよね。すぐ泣かれなくなるよ」とアドバイス。その言葉に力を得て（多少の半信半疑もあったようですが），若い先生は次の訪問にも勇んで出かけました…三か月後，今度は，授業が終わって帰るときに泣かれて困ったそうです。

演習課題

1. 重い障害のある子どもたちとコミュニケーションをとる場合の重要な点について考えてみよう。
2. 「仮説と検証」の実践スタイルについて日々の自分の生活から理解を深めてみよう。
3. バイタルサインについて知ろう。
4. 重い障害のある子どもたちの思春期について「不安」という点から考察してみよう。

引用文献

1) 高谷清：はだかのいのち，大月書店，p.24　1997.
2) 古澤直子：小学校一年生，学校とはどういう場か：子どもが笑顔になる学校（古澤直子・塚田直也・石田誠・三木裕和），全障研出版部，p.4　2017.
3) 佐藤比呂二：私の教育実践　子どもから学ぶということ，みんなのねがい，No610，pp.40-42，2017.
4) 髙木尚：障害の重い子どもたち，高校の広場，Vo182，pp.80-81，2011.
5) 岩田純一・浜田寿美男・矢野喜夫・落合正行・松沢哲郎：発達心理学辞典，ミネルヴァ書房，1995.
6) 小谷裕実・三木裕和：重症児・思春期からの医療と教育，クリエイツかもがわ，p.85，2001.

参考文献

・東京都教育委員会：医療的配慮を要する児童・生徒の健康・安全の指導ハンドブック，pp.10-11，1997.

参考図書

・髙谷清：重い障害を生きるということ，岩波書店（新書），2011.
・岡本夏木：子どもとことば，岩波書店（新書），1982.
・白石正久：発達とは矛盾をのりこえること，全障研出版部，1999.
・白石正久：障害の重い子どもの発達診断，クリエイツかもがわ，2016.
・全国訪問教育研究会：せんせいが届ける学校，クリエイツかもがわ，2007.
・北村晋一：乳幼児の運動発達と支援，群青社，2013.
・近藤直子：1歳児のこころ，ひとなる書房，2011.

第4章
特別支援教育における現代的諸問題

1 障害者差別解消法，合理的配慮，基礎的環境整備

1 障害者権利条約と日本の障害者施策

　　　今日の日本の障害者施策の土台となり，国際的にも障害者の権利擁護のスタンダードとされているのは，2006年に国連で採択された「障害者の権利に関する条約」（以下，障害者権利条約）である。障害者に関する初の国際条約である本条約は，障害者の人権および基本的自由の享有を確保し，障害者固有の尊厳の尊重を促進することを目的とするもので，2008年5月に国際法として発効した。その概要は以下のとおりである。

障害者の権利に関する条約
①「障害」のとらえ方
　日常生活や社会生活において障害者が受ける制限は，心身の障害のみに起因するものではなく，社会におけるさまざまな障壁と相対することによって生じるとする「障害の社会モデル」の考え方に立つ。
②条約に掲げられた平等・無差別及び合理的配慮の原則
　・第1条：全ての障害者に人権及び基本的自由を確保し，障害者の固有の尊厳の尊重を促進する。
　・第2条：障害者の人権と基本的自由を確保するための「必要かつ適当な変更及び調整」である「合理的配慮」を行う。
　・第4条：条約締約国は，障害者施策に関する意思決定過程において，当事者（＝障害者）と緊密に協議し，当事者を積極的に関与させなければならない。
　・第5条：条約締約国は，障害を理由とするあらゆる差別を禁止し，合理的配慮の提供が確保されるための措置を採らなければならない。

　日本は，2007年9月本条約に署名したが，国内の障害当事者等から条約の批准に先立って国内法の整備を進めるべきとの意見が寄せられたため，**障害者基本法**の改正，**障害者自立支援法**の改正・改称，障害を理由とする差別の解消の推進に関する法律（以下，障害者差別解消法）の制定，障害者の雇用の促進等に関する法律（以下，**障害者雇用促進法**）の改正などのさまざまな法律整備を行い，それに基づいて2014年2月に本条約が国内で発効した。

　本条約の批准に向けて整備された法律は，どれも重要なものであるが，中でも障害者差別解消法は，学校教育とも深く関係し，インクルーシブ教育システムを構築していくうえで重要な概念を含んでいるので，次に説明したい。

2　障害者差別解消法

本法律の要点は次の三つである。

① 障害を理由とする差別等の権利侵害行為の禁止：障害のある人に対して，障害があることを理由に差別することや，権利利益を侵害することを禁止する。このことは，国・地方公共団体，民間事業者（会社など）すべてが守らなければならない法的義務である。

② 社会的障壁（バリア）の除去を怠ることによる権利侵害の防止：障害のある人が社会参加するうえで妨げとなる社会的障壁を取り除く努力を，その実施に伴う負担が過重でない限り，怠ってはならない。また，障害のある人が社会参加し，社会で活動できるようになるための「合理的配慮」と「基礎的環境整備」を行わなければならない。このことは，国・地方公共団体については法的義務，民間事業者については努力義務とする。

③ 国および地方公共団体による啓発・知識の普及を図るための取り組み：国および地方公共団体は，①②を実現するための啓発活動や情報収集を行うとともに，本法律にかかわる相談・紛争解決のための体制整備や，地域における連携体制づくりを行わなければならない。

以上三つのポイントのうち，②にあげられた「合理的配慮」について以下で説明する。

障害者基本法
障害者の自立および社会参加を支援する施策に関する基本理念を定めた法律。1993年に制定され，2011年に改正された。

障害者自立支援法
それまでの障害者福祉制度を全面的に見直し，障害者の自立支援の観点から一元的な福祉サービス提供システムを規定した法律。2006年に施行され，2012年の改正に伴って名称も「障害者総合支援法」（略称）に改められた。

障害者雇用促進法
障害のある人を一定割合以上雇用することを義務づけた法律で，1960年に制定され，1998年，2013年に改正されている。

151

3　合理的配慮について

（1）合理的配慮とは

1）合理的配慮の定義

国連の障害者権利条約では，合理的配慮を以下のように定義している。

> **障害者権利条約第２条　定義**
> 「合理的配慮」とは，障害者が他の者との平等を基礎として全ての人権及び基本的自由を享有し，又は行使することを確保するための必要かつ適当な変更及び調整であって，特定の場合において必要とされるものであり，かつ，均衡を失した又は過度の負担を課さないものをいう。

条約の文章はかなり難解なので，これをわかりやすく言い換えると，合理的配慮とは，障害のある人が，障害のない人と同様に社会参加し，社会で活動していくうえで必要となるさまざまな変更や調整を，お金や労力の負担がかかりすぎたり，社会的不公平さが生じたりしない範囲で行うことといえるだろう。

2）合理的配慮を巡る留意点

合理的配慮については，いくつか留意しなければならない点がある。

第一は，合理的配慮という訳語を巡る問題である。合理的配慮のもととなった言葉は英語の「reasonable accommodation」であるが，「reasonable」については，「だれの目にもその必要性が明らかで納得がいく」という意味で「合理的」の訳が適切だろう。問題は「accommodation」で，その本来の意味は「適合」「調整」であり，障害のある人と周囲の人が協議して行うというニュアンスがある。これを「配慮」というと，「障害のない周囲の人が，障害のある人のために行う」というニュアンスが強くなってしまう。適切な訳語がなく，仕方がなかったことではあるが，「配慮」の本来の意味が，障害のない人が主語ではなく，障害のある人とない人の両方が主語である点に気をつけておきたい。

第二は，合理的配慮が「障害のある人のためだけ」のものかという点である。実は，どのような人も，その人自身の心身の機能や個人的能力だけで日常生活や社会生活を送っているわけではなく，さまざまな場面で社会的サービスや支援（＝合理的配慮）を受けている。問題は，そうしたサービスや支援が，障害のない人を基準に制度設計されていて，障害のある人がその恩恵を受けられなかったことにある（社会的障壁の存在）。

例えば，千人以上の人が集まる講演会を考えてみよう。そうした会場では，話者の肉声だけでは後ろの人に話が伝わらないため，当然マイクとスピーカーが用意される。これはひとつの合理的配慮である。しかし，この会場に聴覚障害の人がいたとしたら，この配慮は役立たない。そのために，手話通訳の配置というプラスアルファの合理的配慮が必要とされるのである。

　以上のように，合理的配慮はだれもが受けていることであり，障害のある人のためだけに行うものではないこと，障害のある人への合理的配慮が求められるのは，障害のない人を基準に行われてきた配慮だけでは障害のある人に役立たないからなのだということを，ぜひ理解していただきたい。

　第三に，障害への合理的配慮は，基本的に「個人」を対象とするものだという点である。障害のある人が社会生活を送るうえで必要とする配慮は，一人ひとり違っており，一律的なやり方では的外れなものになってしまうケースも多くある。障害への合理的配慮を行うにあたっては，あくまで障害のある人個々人の要望や意見を聞いたうえで実施することが大切である。

(2) 学校における合理的配慮

1) 学校における合理的配慮の定義

　学校教育（幼稚園・保育所・認定こども園を含む）場面での合理的配慮とはどのようなものだろうか。学校教育における合理的配慮の根本は，次のように定義できる。

> **学校教育における合理的配慮の定義**
> 　学校での学習や生活で，その子が本来もっている力が障害等の理由によって十分に発揮されない状態にあるとき，適切な環境調整や支援を行うことにより，本来もっている力を十分に発揮できるようにすること。

　例えば中学校で，手に軽いまひがあり，書字（文字を書くこと）は可能だが，周囲の子よりも書くことに多くの時間がかかる生徒がいたとしよう。この生徒に対して，定期テストで周囲の子と同じ時間内に解答を求めると，答えはわかっていても時間内に解答を書ききれない（＝本来もっている力を十分に発揮できない）という事態が生じてしまう。この場合，その生徒が本来もっている力を発揮できるようにするためには，生徒の状態に合わせた試験時間の延長（＝適切な環境調整）が必要であり，それが合理的配慮となる。逆に，こうした配慮をしないことは，「社会的障壁の除去を怠ることによる権利侵害」となり，障害者差別解消法の規定に違反することになってしまうのである。

2) 学校場面における合理的配慮の目的

　さらに，学校の授業場面での合理的配慮の目的は，次のようにまとめられる。

> **授業場面での合理的配慮の目的**
> 　授業場面で合理的配慮を行うことによって，配慮が必要な子の教育機会への参加を保障し，教育目標の達成水準を最大化すること。

　このことについて，重い書字障害のある中学生が，作文を書かなければならない場合を考えてみよう。この生徒は，書字障害のために，原稿用紙に鉛筆で文章を綴ることが著しく困難な状態にある。さてこの場合，作文指導の教育目標は何だろうか。教育目標は，作文学習によって状況説明力や自己表現力の育ちを図ることであり，原稿用紙に鉛筆で文字を書くことではない。とすれば，パソコンやタブレットを使って文章をキーボード入力することや，書き上げた文章をプリントアウトして提出することを認めれば（＝合理的配慮をすれば），生徒の教育機会への参加が保障でき，教育目標を達成することができるのである。

3）合理的配慮の今後の課題

　学校での合理的配慮，特に学習場面での合理的配慮として，今，最も注目されているのが，パソコン，タブレット等の ICT 機器の活用である。ICT 機器の活用は，読み書きや計算，記憶の困難など，学習面に困難のある子どもが学習を円滑に行ううえでおおいに役立つものであり，大学教育では，困難のある学生に必要な合理的配慮として，多くの大学ですでに認められていることである。にもかかわらず，中学校や高等学校ではまだ，「特定の生徒だけに，特別な措置は認められない」，「周囲の生徒に理解・納得してもらうことが難しい」といった理由で，使用がためらわれていることも多い現状である。

　しかしながら，「困難のある生徒に必要な合理的配慮」ということと，「周囲の生徒の理解・納得」ということは全く別の問題であり，「周囲の生徒」を理由に必要な合理的配慮を行わないのは，障害者差別解消法に掲げられた「合理的配慮を怠ることによる権利侵害」に抵触することを銘記しておく必要がある。そうした認識のもと，学校現場で ICT 機器の活用が進展することが望まれる。

演習課題

1. 合理的配慮と訳されている「reasonable accommodation」の「accommodation」がもつ本来の意味はどのようなものか説明してみよう。
2. 学校教育における合理的配慮はどのように定義されるか，また，学校の授業場面における合理的配慮の目的は何か説明してみよう。

参考文献

・日本政府（外務省）：障害者の権利に関する条約（日本語約全文），2014.
・内閣府：障害を理由とする差別の解消の推進，https://www8.cao.go.jp/shougai/suishin/sabekai.html

1　ディスレクシアとは何か？

　学習障害（LD）の中でも読み書きの困難を抱えた人はディスレクシア（dyslexia）と呼ばれる。ディスレクシアの困難を理解する際，文字の読み書きが全くできないわけではないことをまず理解する必要がある。読める書けるけれどもたどたどしい，読める書けるけれども正確ではないなど，読み書きの困難さはひとつの軸で測ることのできるものではなく，複層的なレベルに分けられる。ただし，「全く読めない書けないわけではないから，努力し続ければ追いつくはず」という考え方は正しい理解ではないので注意が必要である。

　ディスレクシアの中核には「文字の形」と「その文字が表する音」を連合させることの難しさがあり，その程度は個人によって異なるため，ディスレクシアの程度はグラデーション状のものと考えるとよい。

（1）文字種による異なりをとらえる

　日本語における読み書き困難は，文字種によって出現頻度が異なることが知られており，ひらがな・カタカナと比べると漢字の習得が困難な児童の割合は高い[1]。ひらがな・カタカナ・漢字における読み書き困難の割合を表4-1に示す。

　ひらがな・カタカナの習得でのつまずきは，例えば「きゃきゅきょ」といった拗音や「きって」といった撥音，「とうふ」といった長音など特殊音節の習得に時間がかかる場合や，「お」と「を」や「え」と「へ」，「わ」と「は」といった助詞の書き分けができない場合，ひらがなとカタカナが交じってしまう場合などがある。ひらがな・カタカナの習得で困難が現れなかったにもかかわらず，漢字の読み書きで困難が現れる場合がある（例えば，漢字の偏と旁が入れ替わってしまう，共通のパーツをもつ漢字を混同してしまう，漢字を構成する線の数を正しく書くことができないなど）。また，英語の読み書きで困難が現れる場合もある（例えば，形が左右対象な「dとb」や「pとq」の見分けができない，形が似た「a

学習障害
文部科学省は以下のように定義している。「学習障害とは，基本的には全般的な知的発達に遅れはないが，聞く，話す，読む，書く，計算する又は推論する能力のうち特定のものの習得と使用に著しい困難を示す様々な状態」（1999）。医学的診断基準に基づく医学的定義では限局性学習症（specific learning disorder）という用語が用いられる。イギリスでは特異的学習困難（specific learning difficulties），オーストラリアでは学習困難（learning difficulties）と呼ばれる。近年，「学び方が異なる」という意味合いで learning differences という用語を用いることも増えている。

偏と旁
主に漢字の左側に位置する部位が偏，右側が旁。

表4-1　日本の文字別読み書き困難の割合

読み困難			書き困難		
ひらがな	カタカナ	漢　字	ひらがな	カタカナ	漢　字
0.2%	1.4%	6.9%	1.6%	3.8%	6.0%

出典）Uno, *et al.*, 2009.

とnとh」の書き分けができない，「girl」を「garl」と書くなど単語を正確に綴れないなどの場合もある）。

（2）速度と正確さの両面でとらえる

すらすらと読み書きできない速度の問題（例えば，一文字一文字をたどるように読むたどり読みなど）と，正確に読み書きできない正確さの問題（例えば，「○○です」を「○○でした」と別の語に読んでしまう勝手読みや，「安心」を「あんぜん」と形と意味の似た漢字に読み誤ってしまうなど）がある。速度と正確さの問題は，どちらか一方の問題をもつ場合もあれば両方併せもつ場合もある。

また，読み書きの速度と正確さは，一般的に一方を優先すればもう一方がおろそかになるトレードオフの関係にある。例えば，手書きですばやくメモをとろうとすると文字の一部を省略して書いてしまい，煩雑になることなどである。しかし，ディスレクシアの人は読み書きをする際にかかる負荷が通常よりも大きいため，読み書きの速度と正確さのトレードオフ関係が通常とは異なる場合がある。読み書きの速度と正確さのトレードオフ関係が顕著に生じたり（例えば，速く書こうとすると文字が極端に乱雑になるなど），どちらかを優先しようとしてもコントロールがうまくできなかったりする（例えば，文字が乱雑になってしまうためていねいにゆっくり書こうと意識してもそれが難しい）ことがある。

（3）習得と定着の違いをとらえる

いったんはある文字の読み書きを習得したにもかかわらず，時間がたつと習得したものを忘れてしまう（例えば，テストの前の日に学習した漢字は書けるが，1か月前に学習した漢字を書くことができないなど）定着の問題をもつ場合も多い。

（4）マルチタスクにおける困難をとらえる

授業中に教員が黒板に書いたことをメモする板書に困難を抱えるディスレクシアの子どもは多い。教員の話を聞くことはできる，黒板に書かれた文字を見て書くことはできるという場合でも，その二つを場面に応じて切り替えながら行うことが難しい。これは，複数の活動を同時にもしくは短期間で組み合わせながら行ういわゆる**マルチタスク**において生じる困難といえる。日常の学習場面では，話を聞きながら書く以外にも文章を読みながら内容を記憶することや，筆算で計算をしながら数字を書くことなどがマルチタスクにあたると考えられる。

（5）見えない障害としてとらえる

言葉は生活の中で自然に身につくものであるが，文字の読み書きは小学校1年生から学習によって習得するものである。文字の読み書きを学ぶ機会がな

マルチタスク
multitasking
日常の生活場面では，ラジオを聞きながら車の運転をする・電話で相手と話をしながら手元でその内容をメモするといった作業のこと。

ディスクレパンシー
discrepancy
乖離のこと。学習障害（LD）判定の用語として用いられる場合には知的能力と学業成績との間の差のことを示す。

URAWSS（小学生の読み書きの理解）
understanding of reading and writing skills of schooolchildren
読み書きの速度を測定し，その速度を学年平均（小学1年〜6年生）と比較できるツールである。読みは文章の黙読課題，書きは文章の書き写し課題を用いる。改訂版URAWSSⅡでは書き課題の対象学年が小学1年〜成人に拡大した。

かったり，十分に練習をしなかった場合は読み書きできるようにはならない。そのため，ディスレクシアはその困難を有する本人でさえも自分の困難さを認識しないまま努力が足りないのだと自分を責め，支援を求められないでいる場合がある。

　このような特性を示すディスレクシアは本人にとっても認識しにくい。

2　ディスレクシアの評価・判定

（1）読み書きの困難さを評価する

　ディスレクシアを含む LD の判定には，医学的診断と教育的判定が存在する。医学的診断は，アメリカ精神医学会が発行する DSM-5 や世界保健機関（WHO）が発行する ICD-10 に診断基準が示されている。日本の学校において教育的に特別な配慮が必要かどうかを判定する際には，教育的判定基準を文部科学省が試案として公開している（文部科学省，1999）。LD 判定は知的に遅れがないことを知能検査で確認した後に，学習能力（学習達成度，例えば読み書きについては，正確さ（習得度）と流暢さ（速度））を標準化検査で評価する方法がとられるのが一般的である（表 4-2）。

　このような知的能力（知能）の水準と学習能力の水準との間に乖離がある状態を障害とするとらえ方は**ディスクレパンシー**モデルと呼ばれ，評価から支援につなげる方法といえる。

（2）ディスレクシアを判定するうえでの課題

　評価から支援へという方法は，ディスレクシアという見えない障害のある子どもに支援を提供するうえでは課題がある。

　先に述べたように，ディスレクシアは文字の習得過程で現れる困難であるため，努力不足と文字の習得の特異的な困難さとを区別することが難しい。読み書きの困難さが著しく目立つものであれば，それは評価する対象となる。しかし，その困難が習得途上との判別がつかない程度の場合（グレーゾーンと呼ば

表 4-2　LD の判定に用いられる標準化検査と，評価できる項目

略　称	知的能力 （知能）	読み書きの正確さ （習得度）	読み書きの流暢さ （速度）
WISC-Ⅴ	○	—	—
K-ABC Ⅱ	○	○	—
URAWSS	—	—	○
STRAW	—	○	—（○）*
稲垣ガイドライン	—	○	○

＊改訂版の STRAW-R では，流暢さの評価が可能である。

STRAW（標準読み書きスクリーニング検査）
screening test of reading and writing for Japanese primary school children
読み書きの習得度を測定し，それを学年平均（小学 1 年〜6 年生）と比較できる検査。ひらがな・カタカナの単音 / 単語，漢字の単語について，それぞれ音読と書き取りの課題を行う。
改訂版 STRAW-R では習得度だけでなく流暢性も評価できるようになり，対象年齢が小学 1 年〜高校 3 年生に拡大した。

稲垣ガイドライン
正式名称は，「特異的発達障害診断・治療のための実践ガイドライン−わかりやすい診断手順と支援の実際−」であり，読みの習得度と速度が評価できるガイドラインである。読み課題はひらがなの単音，単語・単文で行われる。実施対象は小学 1 年〜6 年生である。

れる）には，評価の対象として上がってきにくい。また，教員が子どもに読み書きの困難さがある可能性に気づいたとしても，保護者が読み書きの困難についての誤解やマイナスのイメージをもつ場合には，個別の評価を受けることを拒否する場合もある。

さらに，評価から支援を開始するディスクレパンシーモデルでは，標準化検査によって知的能力と読み書き等の学習能力との間に乖離が生じていなければLDと判定されない，つまり学習が遅れていなければ支援が開始されないという問題もある。

RTI

response to intervention/ instruction

一定の効果が確認されている介入や指導に対する子どもの反応を評価し，子どもの教育的ニーズをとらえるモデル。子どもに対する介入をまずは集団全体に行い，それに対する反応が乏しい場合にはより人数の少ない小集団，さらに個別指導へと段階的に個別性を高め，子どもの特別な教育的ニーズを判定する。読み方は「アールティーアイ」。

これらの問題に対応するための新たな判定の評価手法としてRTIモデルがある。RTIモデルは，これまでの研究で一定の効果が明らかになっている介入を，学習の遅れの兆候を示す子どもに対して集団で実施する。そして，その介入に対する効果を測定したうえで，効果がない場合には次の介入を小グループで行い，さらに効果が得られない場合にはより手厚い個別指導に移行していくという段階的なモデルである（図4-1，4-2）。このモデルには，学習上の困難が大きくなって顕在化する前に，サポートを開始できるというメリットがある。

日本でもひらがな・カタカナの習得段階でこのRTIモデルを使った支援の研究が行われている（例えば，海津ら[2][3]や小枝ら[4]）。つまり，RTIモデルは評価から支援へというモデルを，支援から評価に逆転させたモデルである。見えない障害であるディスレクシアを早期から支援するためには，この支援から評価へという転換が鍵になる。

まずは通常学級の中での学び方に多様性をもたせ，そのうえで個別の支援につなげていくことがディスレクシアの子どもの支援においては重要なポイントである。支援から評価へという手法を取れば日常の学習活動の中から学習ニーズを拾うことは，専門的な評価ツールがなくとも十分に可能である。

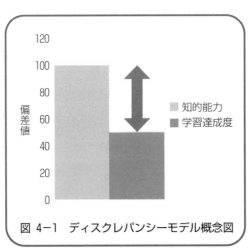

図4-1　ディスクレパンシーモデル概念図

図4-2　RTIモデル概念図

例えば，通常の手書きのテストの代わりに選択式のテストを行う日を設ける。そして手書きのテストと選択式のテストの得点を比較する。選択式のテストだと得点がとれるという子どもがいたとすれば，書くことに困難がある可能性がある。それを手がかりとして，クラス全員に対して宿題に取り組んだ時間を記録するように指導し，家庭学習に過度な時間を費やしていないかといった追加の情報収集を行い，書くことに特異的な困難を有することが明確になってくれば，それをどのように補うかを本人や保護者に具体的に示すことで，個別の評価を行うことの意義が共有され，支援につなげていくことができるだろう。

3　ディスレクシアへの支援

（1）特性に応じた支援

　ディスレクシアの読み書き困難の程度は多様である。また，その困難の背景にはさまざまな要因がある。ディスレクシアを支援する際には，その困難が情報の入力，処理，出力の3段階のどこにあるのかを見極めて支援する必要がある。

　入力段階での困難として，ディスレクシアの子どもの中には，文字がにじんで見える，動いて見える，文字の細かなところが見えない，漢字を構成する線が何本あるかわからないなどといった見え方の困難を訴える場合がある。これは視覚情報の入力段階に課題があると考えられるため，文字を認識しやすい教材（例えば，プリント教材では，用いる書体を教科書体から**UD デジタル教科書体**に変更する（図4-3），用いる紙を白色からうすい水色・緑色・黄色などに替えるなど）を用いることが望ましい。また平面に書かれた漢字をどのように書けばいいのかがわからない場合には，文字の運筆を動画で示すなどの工夫が効果的な場合がある。

　次に，処理段階に困難のある例としては，文字の音と形が結びつかないことや，一度結びついてもしばらくするとその結びつきが弱く定着しないことがあ

UD デジタル教科書体
学習指導要領に準拠し，弱視やディスレクシアに配慮し，読みやすくデザインされた書体。2017年からWindows10で採用されている（Windows10 fall creators update）。

MS 明朝体 (リョービイマジクス)

MS ゴシック体 (リョービイマジクス)

HGS 教科書体 (リコー)

UD デジタル教科書体 (モリサワ)

図 4-3　さまざまな書体

げられる。「シ」と「ツ」を見分けられるのにどちらがどちらかわからなくなる，カタカナを書こうとしているのにひらがなが出てきてしまう，漢字を読むことができるし書き写せるのに，漢字を想起して正確に書けないという場合も処理段階の問題といえる。このような場合には，かな文字表を用いてその都度正しい文字を確認できるようにしたり，ワープロの単語変換を用いて文章を作成するようにしたりして，文字を正確に記憶していなくても文字を活用できるようにするとよい。

　出力段階の困難としては，例えば，文字を書くときに鉛筆をうまく把持できずに筆圧が強くなるために文字の形をうまく書き表せないことや，逆に手に力が入らずに薄い字になってしまうことなどがあげられる。このような場合には，筆記用具をボールペンやサインペンなど書くのに力を要さないものや握りやすいものを選んだり，解答用紙を拡大して枠を大きくしたりするなどの工夫ができる。

　読み書きの困難がどこの部分からの影響で起きているのかを見極め，それに応じた指導を行うことが大切である。

(2) ICT による読み書き支援

　ディスレクシアへの支援として，近年，タブレット PC（以下，タブレット）などのテクノロジーを活用する方法が注目を集めている。紙の印刷物はこれまで，情報を得たり表出したりするために広く使われてきた。小・中学校においても紙の教科書を読んで，紙のノートにメモをしたり，答えを書き込んだりすることが一般的であった。これは，紙以外の方法がまだ身近にはなく，高価で選択肢としてあがらなかったためといえる。

　しかし，近年の科学技術の発展により，スマートフォン（以下，スマホ）やタブレット等の ICT 機器が身近なものとなり，情報は紙の印刷物だけでなく電子媒体で閲覧したり，記録されたりするようになった。

　教育における ICT 活用には大きく二つの側面がある。ひとつは，教員が効果的な指導を行うために使う方法である。従来の特性に応じた読み書き指導を，より効果的に行うために教材を**マルチメディア**化したり，教材作成を効率化したりする。もうひとつは，本人が自身の抱える困難を補い，教育にアクセスするために使う方法である。ディスレクシアは文字の読み書きという教育へのアクセス手段に困難がある。したがって ICT 活用における後者のような使い方によって，学ぶ環境を大きく変えることができる。

　テクノロジーによって読み書きを別の方法で補うアプローチは代替アプローチと呼ばれる。本を目で見て読むことが難しいならば，文字を音声化してそれを耳で聞いて読むことで情報が得られる（音声読み上げという技術を用いる），文字を手書きすることが難しいならば，ワープロのキーボードで文字を打ち込

マルチメディア
multimedia
情報を伝える際に単一媒体（例えば，文字情報）ではなく，文字情報・映像・音楽といった複数媒体で情報を伝えることをさす。

コンセプトマッピング
物事の関係性を地図上に図示して，整理する方法。代表例は，トニー・ブザンが提唱したマインドマップ（紙の中心にテーマをおき，テーマに関連する事がらを中心から放射状に広げていく）など。作文を書く前段階で内容の構成案を作る際にコンセプトマップを用いると考えがまとまりやすくなる。

表 4-3 ディスレクシアの子どもに学習場面で経験する困難と
それに対応するスマホ，タブレットの機能

学習上の困難	学習上の困難を補う
読む ・教科書を読む ・テスト問題を読む ・プリントを読む	電子書籍，音声読み上げ，レイアウト変更（文字のフォント，行間，文字の大きさ，文字・背景の色），ルビ，辞書，OCR（光学文字認識）
書く ・板書する ・テストに解答する ・作文を書く	ワープロ，カメラ，録音，**コンセプトマッピング**，音声認識

んで考えを表出することができるという考え方である[5]。

　スマホやタブレットといったハード面の普及だけでなく，教科書等の教材の電子化も進んでいる。紙の教科書が読めない場合には電子媒体の教科書（音声教材）が提供される仕組みがある。日本障害者リハビリテーション協会（マルチメディアデイジー教科書を発行，https://www.dinf.ne.jp/doc/daisy/book/daisytext.html）や東京大学先端科学技術研究センターのアクセスリーディング（ePub 形式教科書と word 形式の教科書を発行，https://accessreading.org/）は電子図書館の役割を担い，子どもたちに音声教材を届けるための窓口となっている。

　表 4-3 にディスレクシアの子どもが学習場面で経験する困難とそれに対応するスマホ，タブレットの機能を示す。

（3）アクセシビリティ

　ICT 機器にはその機器へのアクセスを保障する機能（**アクセシビリティ機能**）が標準で備わっている。例えば，文字が読みにくい場合には，画面上の文字やメニューを音声で読み上げる音声読み上げや，拡大機能や白黒反転等の色の調節機能が利用できる。マウス・キーボードの操作に制限がある場合には，それを補助する機能（**マウスキー，フィルターキー**など）がある。機種によってアクセシビリティの設定方法は異なるため，各開発メーカーが公開している情報を随時閲覧するとよい。

　アクセシビリティの各機能は障害別に存在しているようにみえるが，前述したように情報の入力・処理・出力のどの部分に困難があるのかという視点で困難をみていくことで，ほかの障害に対応して設けられているアクセシビリティ機能を活用することができる。例えば，情報の入力を支援する音声読み上げや画面拡大，文章のレイアウト変更は，全盲や弱視といった視覚障害だけでなく，ディスレクシアにおいても有効である。さらに，ADHD といった情報に注意を向けることが困難な場合や，視覚情報に過敏に反応してしまう視覚過敏のあるタイプの ASD にも有効に活用できる。障害名にとらわれることなく，障害

アクセシビリティ機能
accessibility
アクセシビリティとは障害のある人がほかの人々と同じように物事に参加したり，利用したりする際の利用しやすさのこと。電子機器では，その端末を使う際，それを使いにくい人のために用意された補助機能のこと。画面の文字を大きく表示したり，音声読み上げは，代表的機能である。

マウスキー
パソコンの画面上のマウスポインタをキーボードを使って操作する機能のことであり，運動障害によってマウスを操作することが困難な人がコンピュータを操作するために用いる。

フィルターキー
手の震えなどの運動障害がある場合にパソコンのキーボード入力において，キーを連続して押してしまったり，押したいキーの隣のキーを押してしまったりという誤作動が生じることがある。そのような場合には，一定時間以上キーが押し続けられた場合にのみ入力がされるようにしたり，同じキーを押し続けてしまっても連続して入力されないようにしたりなど，キー入力のタイミングを調整するフィルターキー機能が役立つ。

を読み・書きといった学習活動の制約ととらえることで，より多くの支援の選択肢が得られる。

（4）受験における ICT 利用の現状

　教育における ICT 活用の広がりに伴い，読み書きを代替して高等学校や大学の入学試験を受ける事例が増えている。東京大学先端科学技術研究センターでは 2007 年より，DO-IT Japan ―障害のある学生の進学と就労への移行支援を通じたリーダー養成プロジェクト―（https://doit-japan.org/）を行っている。DO-IT では参加者（スカラーと呼ばれる）に対する ICT 機器の活用サポートだけでなく，入試での合理的配慮をスカラーとともに入試実施機関に求め，これまで 100 名を超える障害のある高校生スカラーが大学に進学している。

　ディスレクシアのあるスカラーは，小・中学校段階から，通常学級において授業中のワープロ・カメラ機能を使った板書，電子教科書の閲覧，電子辞書の活用が認められ，学習している。さらに，中学校の定期テストにおいても，問題文の音声読み上げ，ワープロ解答が認められる事例が増えている。

　例えば，大学入試・高校入試において読み書き障害のある生徒が代読という配慮を認められた例[6] や，書字障害のある生徒がワープロ利用という配慮[7] を認められた例がある。以下は，その事例の詳細である。

＜高校入試・大学入試を代読で受験した読み書き障害のある A ＞

　A は読み書きに困難を抱えていた。読み書きの困難さに気づいたのは小学 4 年のときだった。漢字テストの成績が悪く，居残りで漢字を繰り返し練習したが成績は上がらなかった。小学 5 年から読めない漢字にはルビをふってもらうようになった。中学 1 年の 3 学期から定期テストの際に問題文を代読（第三者が代わりに読み上げる）してもらうようになった。A が中学 3 年時，下記の代読手続きを実際にどのように行っているのかを確認するために，試験でのやりとりを再現すると，A は問題の該当部分および周辺部のみを代読し，文章全体を読んでいなかった。その理由は「すべてを読んでもらうと時間がなくなってしまう」というものだった。

　A はこの後，高校入試を代読で受け，高校に進学した。高校ではパソコンの音声読み上げを活用して学んだ。大学入試センター試験においては，問題文をパソコンで読み上げる配慮を申請した。大学入試センターからの回答は代読を認めるというものだった。これは，読み書き障害のある生徒への代読措置そのものが初めてであり，A の申請は「パソコンの機器の持ち込み」と「読むことの音声代替」という二つの新しい要素があるため，まずは「読むことの音声代替」として代読を行うとのことであった。A は大学入試センターからの回答に合意し，試験を代読で受け，大学に進学した。

代読の手続き
① 代読者が受験者の隣にいて，受験者が指定した箇所を読み上げる。
② 代読者は問題文に示された図や資料および傍線部の位置をさし示す。
③ 漢字の読み方を問う問題や，英語の発音問題など解答に直接つながる部分は，出題者があらかじめ「読んではいけない箇所」として蛍光ペンで明示し，代読者はその部分の読み上げを行わない。

＜高校入試でワープロ利用が認められた書字障害のあるＢ＞

　Ｂは小学生のときから文字を手書きすることに困難さを感じていた。文字を書き写すのに時間がかかり，授業中の板書は間に合わない。ひらがなは何とか書けるが，カタカナになると思い出して書けない文字がある。漢字を読むことは問題なくできるのに，書くとなると小学校低学年のものでも難しくてほとんどできない。そのような書くことの困難を補うため，中学生からは皆と同じ内容のテストを別室でワープロを使って受けてきた。数学が得意で複雑な数式も数式エディタを使えばワープロで入力ができる。中学３年生になったＢは好きな数学を勉強するために県立高校に進学することにし，志望校との話し合いを重ねた。その結果，高校入試でのパソコン利用が認められ，５教科すべてでワープロを利用した。キーボードでは入力ができない「数学における図形の作図問題」は口述筆記（本人が述べたことを第三者が代わりに書くこと）を用いた。解答にキーボードを用いるとその項目の評価ができなくなる「国語における漢字の書き取り問題」は，漢字の知識を問う別の問題（同音異義語の中から意味に合う熟語を選択する問題）に替えた。書字の困難さをワープロ入力という別の方法で補って入試を受けたＢは，試験に合格し高校に入学した。

　このように，ICT機器を活用し，読み書きを代替して学ぶことができるようになっている反面，教育現場では読み書きを代替することによる発達的影響を心配する声や，テストなど評価において読み書きを代替することでほかの子どもとの公平性が保てないのではないかということを心配する声もあがっている。

　読み書きを代替することの発達的影響に関しては，未だ十分に検討されているとはいえない。しかし，ディスレクシアの子どもが文字の読み書きの習得を促す指導によって，どの程度困難さが軽減されるかについては，個人差がある。成人のディスレクシア事例に関する報告[8]からは，成長とともに文字の読み書きが徐々にできるようになり，その習得度は改善している一方で，読み書きの流暢性に関しては改善していない場合もあることが報告されている。つま

り，文字の読み書きの習得ができるようになるかには個人差があり，成人になっても流暢にできない場合もあるため，それを考慮に入れて，文字の読み書きに困難があっても学習機会を奪われないようにするために，学習内容にアクセスする手段を子ども自身が得るための環境整備や支援の提供が必要である。

ほかの子どもとの公平性に関しては，障害のある子どもへの合理的配慮に関する理解が進むことが望まれるが，同時に何を教えるのかという教育の本質や，どのような能力を評価するのかという評価の本質が問われているといえる。

演習課題

1. ディスレクシアの困難をとらえるためにどのような視点が必要か考えてみよう。
2. ディスクレパンシーモデルと RTI モデルの違いについて考えてみよう。
3. ディスレクシアのある子どもに対して，特性に応じた支援をするための読み書きの処理における三つの段階と，それぞれの段階で困難がある場合の教育上の工夫について考えてみよう。

引用文献

1) Akira Uno, Taeko N. Wydell, Noriko Haruhara, Masato Kaneko and Naoko Shinya「Relationship between reading/writing skills and cognitive abilities among Japanese primary-school children: normal readers versus poor readers (dyslexics)」Reading and Writing, 22 (7), pp.755-789, 2009.
2) 海津亜希子・田沼実畝・平木こゆみ・伊藤由美・Vaughn Sharon：通常の学級における多層指導モデル（MIM）の効果−小学 1 年生に対する特殊音節表記の読み書きの指導を通じて−，教育心理学研究，56 (4)，pp.534-547，2008.
3) 海津亜希子・田沼実畝・平木こゆみ：特殊音節の読みに顕著なつまずきのある 1 年生への集中的指導−通常の学級での多層指導モデル（MIM）を通じて−特殊教育学研究，47 (1)，pp.1-12，2009.
4) 小枝達也・関あゆみ・田中大介・内山仁志：RTI を導入した特異的読字障害の早期発見と早期治療に関するコホート研究脳と発達，46，pp.270-274，2014.
5) 中邑賢龍・近藤武夫：発達障害のある子を育てる本　ケータイ・パソコン活用編，講談社，2012.
6) 平林ルミ・中邑賢龍：読み書き障害のある中学生に対する定期試験における配慮−個別評価に基づき代読措置を求めた事例−，臨床発達心理実践研究，8，pp.62-72，2013.
7) 平林ルミ・村田美和：小学校・中学校・高校入試での ICT 利用の事例，近藤武夫編：学校での ICT 利用による読み書き支援−合理的配慮のための具体的な実践−，pp.50-60，金子書房，2016.
8) 河野俊寛：学齢期に読み書き困難のエピソードがある成人 8 例の読み書きの流暢性及び認知特性−後方視的研究−，LD 研究，23 (4)，pp.466-472，2014.

参考文献

・文部科学省：資料 1　LD, ADHD, 高機能自閉症の判断基準（試案），実態把握のための観点（試案），指導方法，2010.
https://www. mext.go.jp/a_menu/shotou/tokubetu/material/1298207.htm
（最終閲覧：2018 年 6 月 15 日アクセス）

3　教科指導における合理的配慮の提供

1　各教科の指導と合理的配慮

（1）特別支援教育と各教科の指導

　障害のある子と障害のない子が共に学ぶための「インクルーシブ教育システム」に関して，「共生社会の形成に向けたインクルーシブ教育システム構築のための特別支援教育の推進（報告）」（2012年7月）の中では，「それぞれの子どもが，授業内容がわかり学習活動に参加している実感・達成感をもちながら，充実した時間を過ごしつつ，生きる力を身につけていけるかどうか，これが最も本質的な視点」であると指摘されている。一方で，特殊教育体制から特別支援教育体制に移行して10年以上が経過するが，残念ながら「特別支援教育は障害児のための特別な教育」「障害があるため教科等の指導は行わない」等の誤解が散見される。しかし，文部科学省が発表する「特別支援教育の対象の概念図」に示されるとおり，特別支援教育の対象は，特別支援学校や特別支援学級に在籍している児童生徒だけではない。義務教育段階の全児童生徒数の約0.89％が通級による指導を受けていること，通常の学級に在籍する発達障害の可能性がある児童生徒が約6.5％と試算されていること等を考えると，全児童生徒数の約1割が特別支援教育の対象ということになる。ゆえに，インクルーシブ教育システムにおいては，障害の有無にかかわらず，すべての児童生徒が各教科等の指導を受けることができる仕組みが重要となる。

　障害者の権利条約や障害者差別解消法に基づき，障害のある子ども（以下では，幼児も含める場合があるため，児童生徒ではなく「子ども」とする）が各教科について学習するためには，インクルーシブ教育システムを構築するための基礎的環境整備に加え，障害特性に応じた合理的配慮の提供が必要不可欠である。文部科学省は，基礎的環境整備や各障害に対応した合理的配慮の例をホームページで紹介している[1]。

　この合理的配慮の例として，全障害に共通した合理的配慮の八つがあげられている。それは①バリアフリー・ユニバーサルデザインの観点を踏まえた障害の状態に応じた適切な施設整備，②障害の状態に応じた身体活動スペースや遊具・運動器具等の確保，③障害の状態に応じた専門性を有する教員等の配置，④移動や日常生活の介助および学習面を支援する人材の配置，⑤障害の状態を踏まえた指導の方法等について指導・助言するPT，OT，STおよび心理学の専門家等の確保，⑥点字，手話，デジタル教材等のコミュニケーショ

バリアフリー・ユニバーサルデザイン
物理的な障壁だけでなく，社会的，制度的，心理的なすべての障壁に対処するという考え方（バリアフリー）と，施設や製品等で新しいバリアが生じないようだれにとっても利用しやすくデザインするという考え方（ユニバーサルデザイン），この両方に基づく取り組みのこと。

ン手段の確保，⑦一人ひとりの状態に応じた教材等の確保（デジタル教材，ICT機器等の利用），⑧障害の状態に応じた教科における配慮（例：視覚障害の図工・美術，聴覚障害の音楽，肢体不自由の体育等）である。そしてこれらに加えて，各障害に対応した合理的配慮の例もあげられている。ただし，文部科学省のホームページで紹介されているのは例であり，教育現場において，教員が指導・支援を担当する際には，子ども一人ひとりの障害特性やニーズを把握したうえで，具体的な合理的配慮を協議し，提供することが求められる。

　そこでこの節では，教職員が各教科の指導等を行ううえで，理解しておくべき知識・技能を紹介する。なお，各障害に対応した合理的配慮の例は文部科学省のホームページで確認することができる。

（２）各教科の指導における合理的配慮

　基礎的環境整備と合理的配慮は，障害のある子どもと障害のない子どもが共に学ぶ仕組みとしてのインクルーシブ教育システムを構築するための前提条件といってもよい。学校における基礎的環境整備は，障害の有無や障害の特性に関係なく，学校が行きやすい（生きやすい）場となるために用意される要素であり，合理的配慮の基礎となる。そしてこの基礎的環境整備をもとに，各自治体・各学校で，障害のある子どもの個別の状況に応じた合理的配慮を提供することとなる。川島・星加は，障害者の権利条約の定義に基づき，学校教育において提供されなければならない合理的配慮は，次の三つの観点から成立する，と解説している[2]。

　①障害者個々のニーズを満たすこと
　②（配慮する個人・団体・行政機関が）過重な負担を伴わない範囲であること
　③①・②を踏まえたうえで，個々の社会的障壁を除去すること

　これらの観点を踏まえて，各教科の指導において合理的配慮を提供する際に忘れてはならないのが，障害のある子どもの個々のニーズに適切に対応する必要があるということである。さまざまな教育実践やその報告を概観すると，インクルーシブ教育システムの実現を目ざした教育実践として「教育・授業のユニバーサルデザイン化」という表現が用いられることが多い。ただ，「教育・授業のユニバーサルデザイン化」で強調される「全員のための」「すべての子どもへの」あるいは「より多くの子どもに向けられた」等の理念は，基礎的環境整備の充実を意味しているにすぎない。もちろん，より多くの子どもを対象とした指導や支援，配慮の提供により，全体の中で，個別に対応しなければ不利益を被る子どもの割合は低くなるかもしれない。その意味では，基礎的環境整備としての「教育・授業のユニバーサルデザイン化」と合理的配慮の提供は，ときに互いを補う関係になることもある[3]。しかし，「全体性」を志向するユニバーサルデザインの考え・取り組みに主眼をおくと，障害のある子どもの

個々のニーズに対応することができない場面が増えてくる。なぜならば、特定の教職員が「すべての、もしくはより多くの子ども」にとって「わかりやすいだろう」と考えたとしても、教職員一人ひとりの知識や経験には限りがあるため、その教職員が過去に経験したことがない、あるいは関連する知識がないニーズは必ずあるからである。

　例えば、過去に「教育・授業のユニバーサルデザイン化」を目ざした教科の指導として「視覚化：重要なポイントに、黄色や赤などで印をつけて、黒板に示す」という方法を用いた実践を参観したことがある。この方法は、確かに定型発達児にとっては、理解を促進する要素が多い方法であった。しかし、①色や印という視覚的な情報は見えの困難（例えば、全盲、弱視・ロービジョン、色弱・色覚異常、視覚情報処理障害）がある子どもは利用できない可能性がある、②口頭での指示に「これ」「あれ」等の指示語が多いため、見えの困難がある子どもに加えて、聞こえの困難（例えば、ろう、難聴、聴覚情報処理障害）にも伝わりにくい可能性があることから、特定の子どもにとっては障壁が残る（反対に障壁が大きくなる）ことが危惧された。

　繰り返しとなるが、基礎的環境整備を充実させるという観点から、「教育・授業のユニバーサルデザイン化」を目ざすこと自体は重要である。ただし、安易に「教育・授業のユニバーサルデザイン化」ができる、もしくは「教育・授業のユニバーサルデザイン化」によって、すべての子どもの教育的ニーズに対応できると誤解すると、反対に「教育・授業のユニバーサルデザイン化」という目標から離れていってしまう可能性があることを理解しておくべきであろう。したがって、究極的には「教育・授業のユニバーサルデザイン化」を目ざすとしても、現実の指導・支援場面では、学習への参加に社会的障壁（バリア）が生じている子どもがいるのではないかという視点をもち続けることが必要不可欠である。

　ちなみに、「ユニバーサルデザイン」は、アメリカ合衆国の建築家ロナルド・メイス（ノース・カロライナ州立大学ユニバーサルデザインセンター所長）によって提唱された概念である。ユニバーサルデザインは、以下の七つの原則によって成り立っている。

　1.　だれにでも公平に使えること（equitable use）
　2.　使用に柔軟性があること（flexibility in use）
　3.　簡単で、直感的に使えること（simple and intuitive）
　4.　必要なことがすぐにわかること（perceptible information）
　5.　ちょっとしたミスを許してくれること（tolerance for error）
　6.　肉体的な負担が少ないこと（low physical effort）
　7.　利用するための大きさと空間が適切なこと（size and space for approach and use）

　これらの原則のうち，第 1，第 2，第 4 の原則については，「教育・授業のユニバーサルデザイン化」を目ざす際に注釈が必要であろう。第 1 の原則の「equitable」と第 2 の原則の「flexibility」，第 4 の原則の「perceptible」は，「すべての」ユーザーが「同一のデザイン（設備や道具等）を使う」ということを意味しているのではない。特に，第 4 の原則のガイドラインには「大切な情報を十分に伝えられるように，絵や文字，手触りなど異なった方法を併用する」と付記されている。つまり，多様なユーザーが公平に使い，目的を達成できるように，同時に提示される複数のデザインの中から，自らにとって直感的で使いやすいもの（使いやすい高さ・形等）を選んで利用することができるということが重要である。決して，だれもが使うことができる唯一無二のデザインを目ざしているわけではない。この考え方を「教育・授業のユニバーサルデザイン化」に適用するならば，各教科の授業において，複数の教材・学習法が提示されており，多様な子どもたちが，自ら学びやすい教材や学習法を選ぶが，単元の目標は公平に達成できることが求められるだろう。すなわち，社会的障壁が生じている子どもには，その社会的障壁を取り除くために，その子ども個人に必要とされる（ニーズを満たす）合理的配慮を提供する必要があることを理解しておかなければならない。

　なお，各教科の指導において，その子ども個人に必要とされる（ニーズを満たす）合理的配慮の例としては「全盲のため点字の資料がほしい」「難聴のため補聴器を使い，音声を文字に変える情報が必要」「電子タブレットを授業で使わせてほしい」「計算に電卓を使わせてほしい」等があげられる。こうした個々のニーズに応じるということをめぐっては，合理的配慮を受けるためには配慮を求める当事者（子どもや保護者）による，根拠に基づいた（理にかなった）意思表明が必要だ，という考え方もある。

　だが，中には，診断等を受けておらず自らの困難に気づいていない子ども，自分の困難を的確に表現できない子ども，意思の表明が難しい障害のある子どももいる。同じく，子どもの障害について診断は受けたが合理的配慮の必要性については認識していない，子どもの困難を十分に代弁することができない保護者もいる。これらの事態を加味すると，中学校段階までは，明らかに「合理的配慮」が必要な子どもが在籍し，その子どもの社会的障壁（バリア）を除去する必要が明白な場合，当事者の意思表明がなくとも，黙示で合理的配慮の提供を行う必要がある[4]。

配慮提供者にとっての過度な負担
合理的配慮が過重な負担であるかどうかについては，配慮の不提供を許容する根拠となるため，具体的な場面や状況に応じて総合的・客観的に判断されなければならない。

　ただし，合理的配慮を行うことが，**配慮提供者にとっての過度な負担**であってはならない。どこまでが提供すべき合理的配慮なのか，一方でどこからが過度の負担なのか，その判断（線引き）は難しい。特に，日本の教育現場では合理的配慮の概念が紹介されて間もないことから，判断に迷う場合も少なくないだろう。いずれにしろ，合理的配慮は，求める側と提供する側，双方の立場を

すり合わせることで形作られていくものであるということを，双方が理解しておく必要がある。

　普遍的で定型的な合理的配慮というものは存在しない。根拠が示され，当事者が提供を求める配慮については，学校や教職員は，基本的には合理的配慮として提供する義務を負う。一方で，学校の機能が損なわれる，もしくは教職員の心身に過度の負担がかかることは，当事者側も合理的配慮として求めることはできないし，求められたとしても学校や教職員に提供する義務は生じない。合理的配慮は，絶えず調整や適応といった，変更の可能性が保障されたプロセスの中に見いだせるものだともいえる。

（3）よりよい合理的配慮にしていくために

　それでは，教科の指導において合理的配慮を提供する場合，どのような点に留意すべきであろうか。この節では，以下の三つの点を中心に説明する。

1）生活機能・困難の観点から実践事例（歴史・データベース）に学ぶこと

　教職員は，多様な子どものニーズに応じた配慮が，いつでもどこでも提供・提案できるように，多くの実践事例にふれて，その知識や方法を可能なかぎり身につけておくことが望ましい。ただし，実践事例に学ぶ際，障害種別・障害名ではなく，生活機能に着目することを強く推奨する。生活機能に着目するということは，子どもが抱える「困難」に着目することでもある。2017年告示の特別支援教育学習指導要領においても，学習上・生活上の困難に応じた指導・支援，困難を克服・改善するための教育の必要性が明記されている。

　例えば，指導する子どもに「漢字を覚えることが苦手，覚えるのに時間がかかる」という特徴がある場合，発達障害の観点からは「**読み書き困難，学習困難，限局性学習症**」等の障害名が想像されるだろう。しかし，視覚障害や知的障害，**高次脳機能障害**等がある場合も，同様の特徴が認められる。このとき「見る，見て学ぶ」という生活機能に困難があるととらえて，障害種別・障害名を超えて実践事例に学ぼうとすれば，多くの情報を収集することができ，実践に活用できる知識や方法をより多く得ることができるだろう。

2）困難を克服するバイパスをつくること

　生活機能や困難に着目して実践事例に学んだとしても，先行事例の情報や理論と実践が結びつかなければ意味がない。しかし，教育現場で多様な子どもたちへの指導と並行して，どの子どもがどのような支援，合理的配慮を必要としているかを把握するにはどのようにすればよいのだろうか。当然のことながら，医学的診断や教育的判断により障害種別・障害名がわかっている場合は，その情報が参考になるだろう。近年，特別支援教育においては，**科学的根拠に基づいた実践**（evidence based practice）の重要性が認識されており，医学的な検査に加えて，標準化された知能検査・心理検査等が行われ，その結果に基づ

読み書き困難，学習困難，限局性学習症
知的な発達に異常があるわけではないにもかかわらず，本来その知的能力から期待される文字の読み書き習得に困難を伴う状態。米国精神医学会の診断基準（DSM-5）では，読みの正確さと流暢さ・内容理解・綴り字の困難さ・書字表出の困難さ・数字の概念・数学的推論のどれかひとつにでも困難さがあり，しかし，感覚器官の障害やほかの精神神経疾患や環境要因がない場合に限局性学習症（Specific Learning Disorder），いわゆる学習困難と診断する。

高次脳機能障害
脳卒中や脳外傷等を原因に，言語・思考・記憶・行為・学習を行う知的な機能に障害が起こった状態。注意散漫になる，新しいことが覚えにくくなる，感情や行動の抑制がうまくできなくなる等，日常生活，または社会生活に制約が生じることとなる。

科学的根拠に基づいた実践
教員の経験則だけで実践を構成するのではなく，最新の教育研究の成果・動向や，標準化された知能検査・心理検査等の医学的な診断等に依拠し，展開される教育実践のこと。

169

いて医学的診断・教育的判断が行われている。

　この節では，ひとつの例として，近年日本でも多数報告があがっている読み書きの困難に注目して，代表的な認知心理学のモデルを紹介し，科学的根拠と教科の指導における支援や合理的配慮をつなげてみよう。

　このモデルでは，音声を聞いた，もしくは文字を見た際に，その音声・文字を発話したり，文字として書き留めたりするまでの認知処理を示している。例えば，「山」という文字を見た際には，視覚的分析システムで文字の形を同定・認識し，視覚入力辞書において過去に経験した形・文字に関する記憶と照合する。過去に見て学んだ文字であれば，意味システムにおいて，文字と文字がさし示す事物・事象等が結びつき，理解に至る。その後「山」という文字を書く場合には，過去に書いた経験（書記出力辞書）と結びつき，**書記素**レベルで字を書く運動の準備が行われ，上肢・手指部位の運動を伴って「山」という書字に至る。一方で，その文字を読む場合には，書記素−**音素**変換として，文字を書記素としての仮名，および読みとしての音素に変換（山→やま→ /ya//ma/）される。そのうえで，過去に発話した経験（発話出力辞書）と結びつき，音素レベルで音を発する運動の準備が行われ，口腔部位の運動を伴って「やま」と発話されるに至る。「やま」という音声を聞き，その音声を復唱したり，文字として書いたりする場合にも，同様の過程が想定されている。

　子どもが書字に困難があるという場合，この認知モデルのさまざまな過程において問題が生じていることが考えられる。例えば，視覚的分析システムに問題が生じて文字を同定・認識できていないのかもしれない。この場合には，文字を音声に置き換えて，聴覚的分析システムから処理を始められるようにバイパスを作ることが，合理的配慮となる（図4−4，破線①）。教科の指導においては，文字を代わりに読むこと，すなわち，教員が範読したり，クラスメイトに続いて追い読みをすることが合理的配慮ということになる。

　別の可能性として，音素変換あるいは，文字は同定できたが音素−書記素変換に問題があり，文字と音が結びついていないという仮説も成り立つだろう。この場合は「山」という文字に「やま」とルビを打ったり，そのルビを読み上げることが合理的配慮になる（図4−4，破線②）。さらに別の可能性を考えると，身体運動の不器用さが原因で，書字や発話運動の水準で問題が生じているのかもしれない。この可能性に対しては，不器用さがあっても書きやすい文房具や学習支援機器（音声認識システムがついたICT機器）等を用いて書字運動を容易にしたり，書字による回答を求めるのではなく口頭試問により発話による回答へのバイパスを作ることが合理的配慮となるだろう（図4−4，破線③）。

　このように，学習上の困難を引き起こす過程を特定，解釈して，その過程を回避，もしくは克服できるようなバイパスを作ることが，教科の指導における合理的配慮となりえる。すなわち，教科指導における合理的配慮の提供とは，

書記素
書記言語において意味上の区別を可能にする最小の図形単位。

音　素
音韻論上の最小単位。

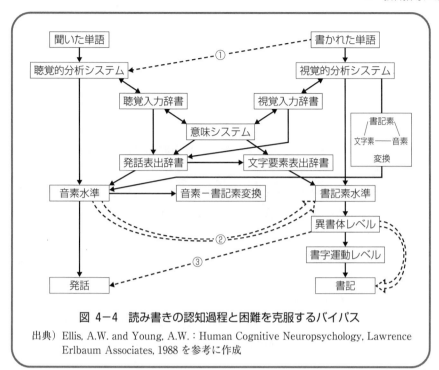

図 4-4　読み書きの認知過程と困難を克服するバイパス

出典) Ellis, A.W. and Young, A.W.：Human Cognitive Neuropsychology, Lawrence Erlbaum Associates, 1988 を参考に作成

学習上の困難に対してアクセシビリティを確保する実践だと表現することもできるだろう。

3) 子どもの様子を観察し，教員の「気づき」とともに記録しておくこと

　前述の例と ICF の概念図（p.8 図 1-1 参照）で示されるとおり，障害とは個人の健康状態と背景因子（環境因子と個人因子）が複雑に絡み合うことで生じるものでもある。そのため，同じ状態として現れる障害や困難も，それを引き起こす要因は必ずしも同一というわけではなく，その対応（合理的配慮）も個々人によって異なる。このように，学習上の困難を引き起こす過程・背景を特定・解釈するうえで，有益な情報を提供するものが，医学的検査や知能検査・心理検査による科学的根拠（エビデンス）である。

　ただ，こうした科学的根拠や診断・判断の情報がない場合でも，対象となる子どもの過去の情報（過年度に行われていた支援や配慮の記録等）があれば，まさに「今－ここ」で必要となっている支援や合理的配慮の提供につながるだろう。

　読み書きのつまずきを例に考えてみると，高等学校に進学する際に，小・中学校時代に学校から提供されていた支援や合理的配慮が参考となる。小・中学校時代に提供されていた合理的配慮（範読）が適切であった場合，範読がない場合には読み間違いが非常に多いが，範読後はスムーズに読むことができた，筆記試験では誤答ばかりだったが口頭試問形式で習熟度を確認すると十分に理

解できていることがわかった等，肯定的な子どもの様子・反応が観察されるだろう。その反応・様子が根拠となり，高等学校入学後の合理的配慮が検討され，継続して提供される場合が多い。

　　また，障害のある（もしくは疑いのある）子どもは実際に困難を抱えて学習・生活しているわけであるから，専門的な知識・技能に基づいた情報がないとしても，教育経験による見立てから「とりあえず」支援・配慮をしてみた結果（子どもの様子・反応）も，より適切な支援や合理的配慮を検討する際には重要な示唆を与えてくれるだろう。

　　これも読み書きのつまずきを例に考えてみると，読み間違いや新出漢字の学習に時間がかかる場合，読み書き困難を疑う可能性はある。ただ，教室で目を細めてみている，読書など近見作業が長続きしない，読書のときに極端に目を近づけている，見る課題で目の奥の痛みを訴える等の反応・様子がみられた場合，**屈折異常**等の見えの困難（視機能の困難）が疑われる。その場合には，「とりあえず」文字を拡大したり，ルーペを使ってみるだろう。こうした取り組みで，読み間違いが少なくなり，学習に要する時間が短くなれば，保護者に眼科受診を勧めたうえで，席の位置を工夫したり，教材や黒板の文字の大きさを配慮するだろう。

　　以上のとおり，医学的検査や知能検査・心理検査は，合理的配慮について検討する有力な情報であるが，教育現場で直接子どもとかかわる教員の観察や「気づき」も非常に重要な情報となる。このように考えると，教員が子どもの様子をていねいに見ているか否か，子どもの変化に対して感受性が高いか否かが重要であるといえよう。ときに，非常に感性豊かな教員の取り組みにより，子ども一人ひとりの習熟度や学習スタイル（問題への取り組み方）に合わせて，指導の内容や方法が調整されることで，通常の学級に在籍しながら，障害のある（もしくは疑いのある）子どもが困難を意識することなく学習に取り組むことができている姿を観察することもある。このような取り組みを見ると，その教員の感性や，子どもの様子を細やかに観察する姿勢に感嘆する。各教科の指導場面だけではなく，全人的・包括的に子どもの様子を観察することが理想的であるが，まずはひとつの教科において，障害のある（もしくは疑いのある）子どもの様子・反応をしっかり観察し，記録を取ることを推奨する。

近見作業
読書やテレビゲーム，パソコン等，近くを見る作業のこと。

屈折異常
遠視，近視，乱視などによって，ぼやけて見える状態。

2　教科指導の合理的配慮を考えるための「アイデアのタネ」

　　障害の特性により，教科の学習に困難がある子どもへの支援や合理的配慮は，多種多様である。ここでは，教科の指導における合理的配慮を考えるための基本的な考え方，すなわち「アイデアのタネ」を紹介する。

（1）国語（読み）

　読み書きは多くの学習の基礎になっており，読み書きが遅れることで，ほかの教科の学習にもつまずき（学習困難）が出てくる可能性が高い。加えて，こうした学習上のつまずきから，登校しぶりや不登校といった行動上の諸問題が出てきやすくなる。したがって，教員にとっては，子どもたちがそれぞれにとって学びやすい教材・学習方法を選択しながらも「公平に」学習内容を理解できるようにすることが重要な目標（ミッション）となる。

　例えば「聞く，話す」といった能力は実年齢相当であるものの，教科書や副読本，ワークシート等を読みながら書くということができない子ども，もしくは読み・書きに対して同学年の子どもに比べても何倍も時間が必要な子どもが，通常の学級に在籍していたと仮定しよう。このような子どもたちには，どのような支援・配慮を提供することが望ましいだろうか。

1）子ども自身にとって読みやすい文字サイズ・フォントの選択

　「読み書き困難」や「視覚障害」等の医学的診断や教育的判断がついていない子どもであったとしても，一定程度の割合で「文字が見えにくい」と困難を感じる子どもが存在している。このような場合，文字等を拡大することで「見えにくい」という感覚・困難が軽減する事例も多く含まれている。そこで，教科書等の教材を1.0倍，1.1倍，1.2倍，1.3倍，1.4倍…と拡大複写した教材や，明朝体，教科書体，ゴシック体…とフォントを変えた教材を用意したうえで，客観的な指標として，読み速度，正しく読んだ文字の割合（正読率）を測定してみる。併せて，1.0倍と1.1倍，1.0倍と1.2倍，1.0倍と1.3倍…，明朝体と教科書体，明朝体とゴシック体…というふうに，二つの教材を比較し，どちらが読みやすいか，子ども自身に判断してもらう（主観的な指標）とよいだろう。客観的・主観的指標を総合的に判断すると，例えば「1.2倍に拡大し，ゴシック体のものが最も読み速度が速く，読み間違いも少なく，本人も読みやすいという感覚をもつ」ということがわかる。当然，個人によって，読みやすい倍率は異なる。そこで，特定の子どものためだけに用意するのではなく，学級全体に「自分が読みやすいと思う大きさのプリントを使ってよいです」と指示しておくと，まさに「自らにとって直感的で使いやすいものを選んで利用する」という「ユニバーサルデザイン」の原則にも合致する。

　なお「毎回の授業で，複数の教材を準備することは困難だ（過度の負担だ）」と感じる教員もいるだろう。この点について，近年の特別支援教育現場では，障害のある子どもへの合理的配慮として，情報コミュニケーション技術（ICT：タブレット端末等）を中心とした学習支援機器教材の活用が推奨・推進されている。これらのICTは，動画や写真等を用いた「マルチメディア」な教材としての優位性だけではなく，ユーザー個人へのカスタマイズが容易にできるという利点がある。すなわち，電子テキストファイル（ePub形式やDAISY形式，

DAISY
digital accessible information systemの略
視覚障害者や普通の印刷物を読むことが困難な人々のためにカセットに代わるデジタル録音図書の国際標準規格として，約50か国の会員団体で構成するDAISYコンソーシアムにより開発と維持が行われているアクセシブルな情報システム。

もしくは PDF 形式）があれば，拡大縮小，フォントサイズの変更，フォントの変更等が，ユーザー自身による操作で瞬時に変更できる。電子テキストファイルを閲覧するアプリケーションの設定を事前にしておけば，教員が操作しなくても，子ども一人ひとりのニーズに合わせた教材を提供することができるようになる。

2）リーディングルーラーの使用

読みにつまずきがある子どもには，読む行を明確に示し，ほかの行を見えなくする教材として，リーディングルーラーの使用機会を促すことも有効な手立てとなりえる。学習を進めるうえで，注目すべき情報（signal）と注目しなくてもよい情報（noise）が，しっかりと区別できるようにすることは「ユニバーサルデザイン」の原則のうち「簡単で，直感的に使えること（simple and intuitive）」と「必要なことがすぐにわかること（perceptible information）」を保障することになる。同様の支援は，既製品（**クロスボウ**等）を購入することもできるが，教職員や保護者，子ども自身も自作することもできる（図 4-5）。リーディングルーラーを自作するメリットは，子どもの好みに合わせることができるほか，ルーラーの大きさやカラーフィルムのサイズを自由に調整することができることだろう。

読む行を示すカラーフィルムの幅（教科書 1 行分がよいか，2 行分・3 行分・4 行分がよいか等），カラーフィルムの色（赤・青・黄・緑・紫・桃色等）等を調節すれば，個々の子どもの認知特性に合うリーディングルーラーを作成できる（いくつものカスタムや調整ができる）。

この方法も，カラーフィルムの幅・色を変化させたリーディングルーラーを複数用意し，学級の中で「自分にとって見えやすい，わかりやすいと感じるものを使ってもよいし，使わなくてもよい」と指示しておくと，子どもたちは各自の判断のもとで利用することが多くなる。

3）電子テキストファイルの使用

子どもが感じる困難を軽減・除去するという点から考えたとき，前述のとおり，近年では電子テキストファイルの利用によって，困難を大幅に軽減する取

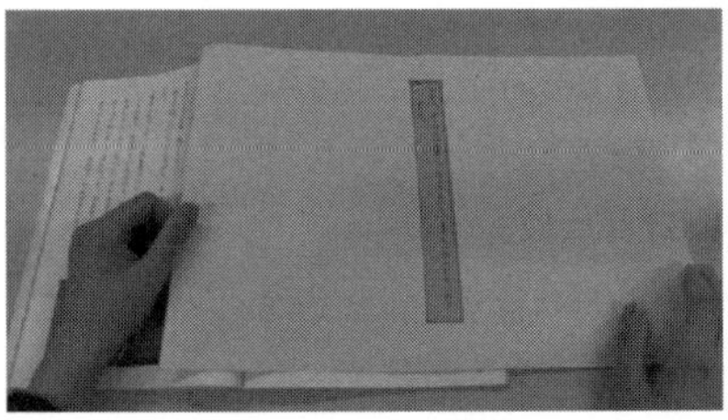

クロスボウ
「魔法の定規」等の商品名としても知られる，色のついた半透明のシート。Crossbow Japan より購入できる。

図 4-5　手作りのリーデイングルーラー

り組みが多数行われている。

　例えば，DAISY コンソーシアムや**アクセスリーディング**から提供される教科書のデジタルファイルを電子書籍閲覧アプリ（iBooks，**ボイス・オブ・デイジー**等）用いて，文字の種類・大きさ，背景色と文字色を変えて提示することができる。

　また，読みに困難があるとしても，音声言語を聞く／話すことへの抵抗感は感じないという子どももいる。そのため，文字情報を音声情報に変換するという方法も，有効な合理的配慮のひとつである。教育現場での合理的配慮として，教員による範読，クラスメイトの追い読み等は「文字−音声変換」の代表的な合理的配慮といえる。しかし，人による「文字−音声変換」の手法は「文字を認識して音読できる人」がいなければ，合理的配慮として提供できない。したがって，教員や保護者が忙しいときには，合理的配慮の提供ができない事態が生じる。

　そこで，注目されているのが，ICT の音声読み上げ機能（**VoiceOver，スピーチ**等）である。前述した教科書のデジタルファイルに，上記読み上げ機能を用いると，音声情報へ変換することができる。しかも音声読み上げ機能は，合成音声の声質（男性の声／女性の声）や読み上げ速度等を調整できるため，個々の子どもの特性や好みに応じて選択することができる。

　なお，副読本や教員が独自に作成したプリント等は，公的にデジタルファイルが提供されているわけではない。この場合，子どもがそうした教材に対しても，聴覚の支援を必要とすれば，光学式文字認識機能と音声読み上げ機能が搭載された iOS アプリ「**タッチ＆リード**」を用いる方法がある（図 4−6）。この「タッチ＆リード」を使えば，紙媒体の教材を撮影することで，視覚情報の文字を電子化し，電子化したデータを端末の音声読み上げ機能を用いて聴覚情報に変換することができる。もちろん，これも同様に子どもに随時確認を取りながら，合成音声の声質や読み上げ速度等をわかりやすい設定に変更する必要がある。

　ほかにも，教科書を教員や保護者が音読した音声を録音し，該当ページ・行を示すシールを端末で触ることで，録音した音声が再生される障害支援機器（VOCA-PEn など）もある（図4−7）。

　音声読み上げ機能の合成音声よりも自然な音声で読み上げられることや，端末がペンの形をしており「特殊な端末」という印象が少ないことから，iOS アプリよりもこちらを好む子どもも少なくない。一度録音しておけば，子どもが自由に音声情報を利用できる。ただし，教員や保護者が音読し，該当ページ・行にシールを貼る等の作業が必要であるため，支援者側に習熟が必要となる。

アクセスリーディング
障害によって読むことに困難のある子どもに向けた教科書・教材の電子データや，同じく読むことに障害のある人々に向けた書籍データを提供して東京大学先端科学技術研究センター・人間支援工学分野と大学図書室が共同で運営しているオンライン図書館。

ボイス・オブ・デイジー
デイジー（DAISY）とは，視覚障害者やディスレクシアなど，通常の印刷物による読書が困難な人のための電子書籍の国際標準規格である。ボイス・オブ・デイジーは録音図書を再生するアプリ。

VoiceOver，スピーチ
画面上の文字を読み上げるソフトウェア。

タッチ＆リード
開発・販売元：（株）atacLab（エイタックラボ）

図 4-6　タッチ&リードの画面
（atacLab　タッチ&リード）

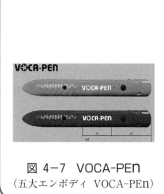

図 4-7　VOCA-PEn
（五大エンボディ　VOCA-PEn）

（2）国語（書き）

　学校教育の現場においては「運筆でとめるべきところをはねているから，誤答（バツ）にしました」等，子どもが書いた文字の細部についても教員が「正誤」として判断することが見受けられる。こうした判断が執拗になされることを契機に，書くことにつまずきがある子どもが，さらに学習性無力感に陥ってしまう事例も少なくない。

　しかしながら，文化庁が示す「常用漢字表」（平成22年内閣告示第2号）に，以下の記述を確認することができる。

　「常用漢字表では，個々の漢字の字体（文字の骨組み）を，明朝体活字のうちの一種を例に用いて示した。このことは，これによって筆写の楷書における書き方の習慣を改めようとするものではない。字体としては同じであっても，明朝体活字（写真植字を含む）の形と筆写の楷書の形との間には，いろいろな点で違いがある。それらは，印刷上と手書き上のそれぞれの習慣の相違に基づく表現の差と見るべきものである」

　この記述は，すなわち，明朝体にしろ，筆書の楷書にしろ，いわゆる「とめ」「はね」「はらい」等は装飾（デザイン）の一種であり，さまざまな表現・書き方が認められることを意味している。

　学校教育においては，子どもの混乱を避けるという意味で標準的な字形を決め，その字形を中心に指導することは必要ではある。だが，子どもが宿題やテスト等で解答した文字について「表現」ととらえる部分を，厳密に「正誤」として判断するべきではない。このような意識で書き困難の子どもとかかわることも合理的配慮のひとつとなる可能性がある。誤答と判断される文字，修正を求められる頻度が減ることで，子どもの精神的負荷が軽減されることにつながっていく。

1）板書量を減らす工夫

　学校の教室には，原則的に黒板が設置されている。多くの教員は，黒板にチョークで文字・図を書きながら（板書しながら）授業を行う。そして，その授業には，黒板に書かれた内容を子どもが自らのノートに書き写すという作業が含まれている。

　しかし，障害のある子どもたちの多くは，黒板に書かれた内容を見ることやその内容を自らのノートに書き写すことが非常に難しい。例えば，見えの困難がある子ども（例：弱視（low vision），**色弱・色覚異常**）は，黒板に書かれた文字や図を見ることが難しかったり，色を弁別することが難しかったりする。また，運動面の困難がある子ども（例：上肢の欠損やまひ，脳性まひ，**発達性協調運動障害**）は，ノートに書き写す運動を実行することができなかったり，書き写す作業に長い時間を要したりする。知的機能・認知機能の困難がある子ども（例：知的障害・知的発達遅滞，書字困難）は，黒板の文字・図の意味を知覚・認識することが難しかったり，黒板の文字・図と自分が書いた文字・図が同じかどうか弁別することが難しかったりする。

　加えて，通常の学級に在籍している子どもの中にも，「書きにつまずき」がある子どもが一定程度存在している。「書きにつまずき」があるといっても，全く書くことができない子どももいれば，ひらがな・カタカナであれば書くことができる（漢字は書くことができない・間違いが多い）子ども，誤字はないが時間がほかの子どもの2倍以上かかる子どももいる。

　いずれのタイプであったとしても，障害や「書きにつまずき」がある子どもは，授業時間内で黒板に記載された文字を，すべてノートに書き写すことが難しい。反対に，すべてを書き写すことを優先した場合，形式的に（作業として）模写しているだけで，学習記録や復習用の情報として機能しない。書きのつまずきがある子どもを指導・支援する際に教員は，「板書」によって子どもに何を習得・習熟させたいと考えるか，「板書」の目的・意義を改めて考えてみる必要がある。情報を授業で共有するためや，授業内容を視覚的に提示するため，主体的・対話的な授業を行うための手がかりにするためであれば，子どもが自らのノートに書き写す必要はないだろう。そうした状況で重要なことは，本人が学習内容を意識できることであり，支援・配慮のひとつとして「書き写す文字量を少なくする」ことを考えたほうがよいだろう。

　書き写す文字量を少なくする方法としては，重要語句だけを書き写す穴あきワークシートを用意することが考えられる。実際，教育現場では，教員が自作したものも含めて，多様なワークシートが用いられている。また，近年のビジネスシーンでよく採用される方法であるが，黒板をデジタルカメラ等で撮影し，データや印刷した写真を配布するという方法も考えられる。黒板の写真データをタブレット端末で見れば，自由に大きさや色を変えることができるので，多

色弱・色覚異常
色覚の三要素（赤・緑・青）のうち，ある系統の色覚がほかの色覚に比べて比較的弱い状態。原因が遺伝によるものである先天色覚異常と，加齢やほかの目の病気のひとつの症状として色覚に異常が出る後天色覚異常の二つがある。

発達性協調運動障害
諸種の別々の動作をひとつにまとめる運動である協調的運動がぎこちない，あるいは，走る・歩く・姿勢を変える等の全身運動（粗大運動）や，スプーンですくって食べる・ボタンをはめる・ひもを結ぶ・鉛筆で字を書く等の微細運動（手先の操作）がとても不器用な状態。

様なニーズに対応することができるだろう。

2）文房具等への配慮

黒板の内容をノートに書き写す目的が，思考の過程を残すためであれば，子ども自身が記録を残す（そのひとつの方法として書く）作業が重要になる。しかし，障害や「書きのつまずき」がある子どもが書く作業を行う場合，障害のない人が想像できないほど，心身に大きな負担がかかることを理解しておくべきである。そこで，少しでもその負担を軽減するために，文房具等を工夫・配慮する必要がある。

例えば，見えの困難がある子どもの書字を指導する場合は，白黒反転ノート（黒い紙に白の罫線が入ったノート）に白色のマジックペンで書く（図4-8），まっすぐ書くための墨字用ガイドセット（文字を書く行に穴が空いており，その穴の中に文字を書くプラスチックシート，図4-9），罫線を太く濃く印刷したノート等が用いられる。

運動面の困難や，知的・認知機能の困難がある子ども，「書きのつまずき」がある子どもの場合には，太軸の鉛筆やシャープペンシル，濃い芯（4B～10B）の鉛筆，シリコン等で作られた鉛筆用グリップを用いることで，心身の負担が随分軽減できる。

図 4-8　白黒反転ノート（19 TONE REVERSAL NOTEBOOK）

図 4-9　墨字用ガイドセット
（ジオム社 レター用墨字ガイド）

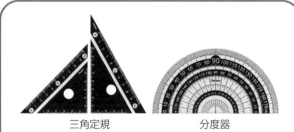

三角定規　　　　　分度器

図 4-10　視覚障害者用定規の例
（レイメイ藤井 見やすい白黒定規）

　そのほか，目盛りが大きくはっきり印刷された定規・三角定規・分度器（図4-10），押さえると滑らなくなる定規，コンパスを使わなくても円などの図をきれいに描くことができる製図用テンプレート等も，書くことによる心身の負担を軽減することができる。近年は，バリアフリー文具を含め，使いやすい文房具・道具が数多く販売されているので，それぞれの子どもの困難に合わせて選定するとよいだろう。

3　教員の専門性向上へ向けて

　障害がある（またはその疑いがある）子どもへの教科の指導の方法として，どのような合理的配慮を行えば，公正な学習参加ができるのかという点から，基礎的概念と具体例の一部を紹介した。前述したとおり，学習上・生活上の困難を支援するためには，個人に対する合理的配慮，およびその基盤となる基礎的環境整備等，多様な視点から検討し試行錯誤することが重要である。具体的には，合理的配慮を受ける子どもがどのような学校／学級風土において生活をしているのか等の社会的要因についても，吟味する必要がある。

　筆者らが相談にかかわった事例の中には，自分には合理的配慮が必要であることを感じながらも「周りの子と違うと思われることが嫌だ」という理由から，学校や教室の中で合理的配慮を提供されることを強く拒絶する子どももいた。学校の中では，なんとか周りの子たちと同じように振る舞わなければならないという焦りをつねに感じていた，その子の根底にあったのは，みんなの前で自分だけ合理的配慮を受けることへの「恥」であった。この子の反応や振る舞いが示唆しているように，合理的配慮の提供とは，単に子どもの障害特性に応じた（もしくは，対応していると考えられる）支援・配慮を実践すればよいといった，提供者側の論理で終始するものではない。

　その意味では，「多様なユーザーが公平に使い，目的を達成できるように，同時に提示される複数のデザインの中から，自らにとって直感的で使いやすいもの（使いやすい高さ・形等）を選んで利用することができる」ことを保障する必要がある。多様性を許容できる学校／学級づくり（基礎的環境整備）が，各教科の指導における合理的配慮の提供につながると表現することもできるだろう。つまり，前述した合理的配慮の方法や事例は，あくまでもひとつの提案であり，これさえやればうまくいくといった「ハウツー（方法論）」ではない。

　繰り返しとなるが，教員として大切なことは，合理的配慮を形成するプロセスの中で，配慮を受けるそれぞれの子どものニーズが最大限尊重されるよう，一人ひとりの想いや考えに耳に傾けること，また細やかに一人ひとりの子どもの様子・反応に注意を払い，その様子／反応を十全に観察・確認することである。基礎的環境整備や合理的配慮，教育・授業のユニバーサルデザイン化を

「お題目」で終わらせないためには，今後さらに，教員の専門性向上（感性の磨き方）が重要になってくるだろう。

演習課題

1. 合理的配慮とは何のことでしょうか。三つのキーワード（「基礎的環境整備」「障害者個々のニーズ」「配慮提供者にとって過度な負担」）を使いながら，ユニバーサルデザインとの違いを踏まえて説明してみよう。
2. 子どもが抱える読みの困難に対して，情報コミュニケーション技術（ICT）を用いた合理的配慮とはどのようなものが考えられるでしょうか。具体例をあげながら説明してみよう。
3. 書くことに困難のある子どもが学習性無力感に陥らないようにするためには，どのような工夫を考えることができるか説明してみよう。

引用文献

1) 文部科学省：別紙 2「合理的配慮」の例　特別支援教育の在り方に関する特別委員会（第 3 回）配付資料（2010 年 9 月 6 日開催）．
https://www.mext.go.jp/b_menu/shingi/chukyo/chukyo3/044/attach/1297377.htm（最終閲覧：2018 年 6 月 25 日）．
2) 川島聡・星加良司：合理的配慮が開く問い（川島聡・飯野由里子・西倉実季・星加良司）：合理的配慮 – 対話を開く，対話が拓く –，pp.1-15，有斐閣，2016．
3) 廣瀬由美子：インクルーシブ教育システムと合理的配慮，阿部利彦編：決定版！授業のユニバーサルデザインと合理的配慮 – 子どもたちが安心して学べる授業づくり・学級づくりのワザ –，pp.27-32，金子書房，2017．
4) 清水貞夫・西村修一：「合理的配慮」とは何か？ – 通常学級と特別支援教育の課題 –，p.39，クリエイツかもがわ，2016．

参考図書

・花熊曉・米田和子：通常学級で行う特別支援教育　中学校ユニバーサルデザインと合理的配慮でつくる授業と支援，明治図書，2016．
・西村修一：合理的配慮と ICF の活用，クリエイツかもがわ，2014．
・坂本一幸・湯汲英史：知的障害・発達障害のある人への合理的配慮 – 自立のためのコミュニケーション支援 –，かもがわ出版，2015．
・須田正信・伊丹昌一：合理的配慮の視点でつくる！特別支援教育の授業づくり＆指導案作成ガイド，明治図書，2014．
・瀧沢広人：英語授業のユニバーサルデザイン – つまずきを支援する指導＆教材アイデア 50 –，明治図書，2013．
・田中雄一監修：小・中学校でできる「合理的配慮」のための授業アイデア集，東洋館出版社，2017．

④ 二次障害への対応

1 二次障害とは

　障害のある子どもには，教育・生活環境の中で抱えている障害の特性によりさまざまな困難が生じることがある。各障害の本質的な（一次的）原因や症状，およびそれによって生じる困難を，一次障害，もしくは障害の基本特性という。しかし，周囲が一次障害に関して十分に理解していなかったり，周囲の理解不足によって適切な対応がなされないと，結果的にさらに不利な状態がつけ加わってしまうことがある。後天的，もしくは精神的な（二次的）原因によるさまざまな症状・状態は二次障害と呼ばれる。

　一次障害と二次障害の関係を理解するために，図4-11に示す予防医学のモデルを参照されたい。

　障害のある子どもは，一次障害はあるがほかの健康上の問題が発生していない状態が，その子なりの健康状態（1次予防・保健段階）であり，その健康状態を維持・増進することが望ましい。

　また，二次障害が発生しないように，可能なかぎり予防することを特異的予防という。後述するとおり，障害のある子どもには，後天的に出現しやすい二次障害がある。特定の二次障害の発生を予防することが特異的予防であり，特別支援教育領域における学校保健が果たすべき役割といえよう。

　しかし，予防していたけれども，何らかの二次障害が発生してしまうことも多い。二次障害が発生した場合は，速やかにその障害を発見し，重症化しないように対処する必要がある。早期発見・早期支援と重症化防止を，2次予防・医療段階という。

　最後に，2次予防・医療段階の対処で二次障害の重症化を防ぐことができなかった場合，その二次障害も合併した状態で生活の質を高める対応（リハビリテーション）が必要になる。この段階を，3次予防・福祉段階という。

　障害がある子どもは就学前から病院や児童発達支援事業所等の保健医療福祉機関を利用している場合も多いことから，2次予防・医療段階，および3次予防・福祉段階では，これらの専門機関とのより緊密な連携が必要となる。

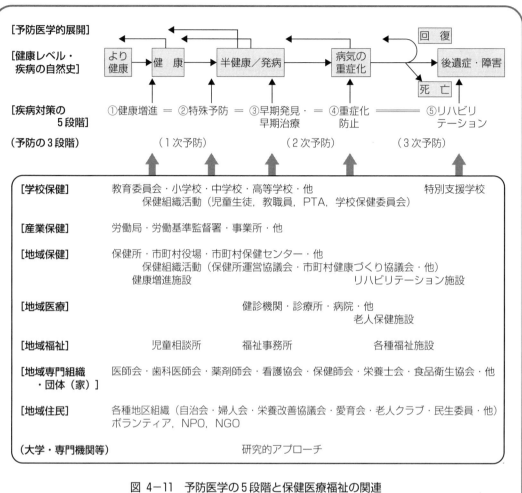

[予防医学的展開]

[健康レベル・
　疾病の自然史]

| より健康 | → | 健　康 | → | 半健康／発病 | → | 病気の重症化 | | 後遺症・障害 |

回　復

死　亡

[疾病対策の
　　5段階]

①健康増進　＝　②特殊予防　＝　③早期発見・　＝　④重症化　＝＝＝＝　⑤リハビリ
　　　　　　　　　　　　　　　　早期治療　　　　防止　　　　　　　テーション

（予防の3段階）　　　　　（1次予防）　　　　　（2次予防）　　　（3次予防）

[学校保健]　　　教育委員会・小学校・中学校・高等学校・他　　　　特別支援学校
　　　　　　　　保健組織活動（児童生徒，教職員，PTA，学校保健委員会）

[産業保健]　　　労働局・労働基準監督署・事業所・他

[地域保健]　　　保健所・市町村役場・市町村保健センター・他
　　　　　　　　保健組織活動（保健所運営協議会・市町村健康づくり協議会・他）
　　　　　　　健康増進施設　　　　　　　　　　　リハビリテーション施設

[地域医療]　　　　　　　　　　　　健診機関・診療所・病院・他
　　　　　　　　　　　　　　　　　　　　老人保健施設

[地域福祉]　　　　　　児童相談所　　　　福祉事務所　　　　　各種福祉施設

[地域専門組織
　・団体（家）]　医師会・歯科医師会・薬剤師会・看護協会・保健師会・栄養士会・食品衛生協会・他

[地域住民]　　　各種地区組織（自治会・婦人会・栄養改善協議会・愛育会・老人クラブ・民生委員・他）
　　　　　　　　ボランティア，NPO，NGO

（大学・専門機関等）　　　　　　　研究的アプローチ

図 4-11　予防医学の5段階と保健医療福祉の関連

出典）實成文彦：日本学校保健学会のパブリックコメントと中教審答申及び法改正への対応，学校保健研究，
　　　50，pp.340-357，2008.

2　心身機能・構造の二次障害とその予防

　　従来，特別支援教育や障害福祉領域において，二次障害という表現は，何ら
かの理由により，運動障害のある人（特に脳性まひのある人）のすでにある障
害（一次障害）が悪化した状態，もしくは，新たに何らかの障害・困難が生じ
た状態として使用されてきた[1]。ここでは，脳性まひのある人の二次障害につ
いて考えてみよう。脳性まひの本質的な障害の原因は「受胎から新生児（生後
4週以内）までの間に生じた脳の非進行性病変に基づく，永続的なしかし変化
しうる運動および姿勢の異常」である。

　　この本質的な障害が悪化した状態の代表例としては，筋緊張の異常（過緊張）
等が持続することにより，関節が固くなり（関節拘縮），運動がさらに障害さ

れる等があげられる。一方，新たに何らかの障害・困難が生じる状態の代表例
としては，胸郭変形により呼吸障害が生じるなど，脳性まひの一次障害（運動・
姿勢の異常）とは異なる障害が出現すること等があげられる。この二つの状態
は，国際生活機能分類（ICF）における「心身機能・構造（body functions and
structures）」にかかわる問題といえる。これらは，それぞれが独立して出現す
るのではなく，相互に連動している場合が多い。

　ひとつの事例をあげて考えてみよう。脳性まひでは多くみられる両まひの場
合，両下肢のまひに加えて，両上肢にも軽いまひがある状態であるが，比較的
まひの軽い側の上肢で日用品や文房具，電動車椅子の**ジョイスティック**を使っ
たり，頭に装着したヘッドポインター（図4-12）でパソコンのキーを押した
りしている。これらの操作は，脳性まひがある中で，自分の心身機能を用いて
日常生活を送るうえでは有効である。しかし，随意的に動かすことができるか
らといって特定の身体部位を頻繁に使い続けたり，勉強や仕事に集中している
とはいえ長時間姿勢を変えずにいると，操作や姿勢保持で使っていた部位の筋
緊張がさらに高まり（本来ある障害の悪化），関節拘縮や脊柱等の側弯が生じて
しまう場合（新たな障害・困難の発生）がある。このような二次障害に対応する
（二次障害の特異的予防，早期発見・早期支援，重症化防止）ためには，整形外科
医やPT，OT等の医療関係者との連携が不可欠である。

　さらに，一次障害が複数ある（重複障害）場合は，すでにある障害の悪化，
新規な困難の発生が生じやすく，また重度化する可能性が高い。ひとつの例と
して，重度の運動障害と知的障害を併せ有する，重症心身障害児者に生じやす
い，筋緊張異常に起因する健康問題を図4-13に示す。筋緊張の異常により，
脊柱・胸郭の変形，および胸郭運動障害や上気道閉塞が誘発され，呼吸時の換
気量が低下することで，低酸素血症呼吸不全が生じる場合がある。同時に，筋
緊張の異常とそれに伴う脊柱・胸郭の変形から，胃食道逆流や食道裂孔ヘルニ
アが誘発され，逆流性食道炎や消化管出血が起こり，消化管機能低下が生じる。

ジョイスティック
レバーによる操作で，
前後左右に倒すこと
で，前進・後進，右折・
左折を行うことができ
る装置。

図4-12　ヘッドポインター
（アズワン H71830-0000）

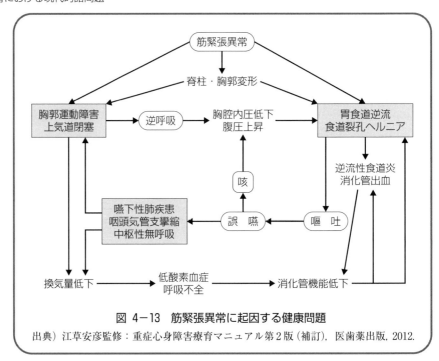

図4−13　筋緊張異常に起因する健康問題
出典）江草安彦監修：重症心身障害療育マニュアル第2版（補訂），医歯薬出版，2012.

こうした呼吸器系と消化器系の問題は相互に連動しており，消化器系の問題により誤嚥が生じると，呼吸器系の問題が誘発されるし，反対に呼吸器系の問題により消化器系の問題が誘発される場合もある。これ以外にも，重症心身障害のある人は，骨折やてんかん重積，誤嚥性肺炎，窒息等，突然に起こる症状，状態にも注意が必要である。

3 活動や参加の二次障害とその予防

　前述した，ICFにおける「心身機能・構造」にかかわる二次障害とは別に，近年では，「活動（activities）」や「参加（participation）」にかかわる二次障害が教育現場での大きな課題としてあげられるようになった。

　ここでは，聴覚障害や知的障害，発達障害について，活動や参加にかかわる二次障害について考えてみよう。

　聴覚障害のある子どもは，聞こえにくい・聞こえない状況にあるため，口頭での指示だけで授業が行われると，授業の内容を十分に理解することができない。このように，手話や文字による視覚的な情報保障がない標準的な教室環境におかれた聴覚障害児は，学習の遅れが顕著になる可能性が高まる（活動の困難）。さらに，クラスメイトと学習内容や学習上の体験を共有することができず，学級における集団活動への参加が難しくなる可能性もある（参加の困難）。

　次に，知的障害のある子について考えてみよう。知的障害の一次障害は，全

般的な知的発達の遅れである。しかし，知的発達に遅れがあるだけで知的障害と診断・判断されるわけではなく，適応行動の問題の有無も加味する（第3章3節参照）。適応行動とは，「日常生活上の行為・行動や機能の総体を指し，日常生活において機能するために人々が学習した，概念的，社会的及び実用的なスキルの集合」[2]と定義されている。

　概念的スキルには「言語，読み書き，金銭の概念，自己管理」がある。知的発達の遅滞により話しかけられた言葉の意味がわからない，文字を読んだり書いたりすることが難しい，買い物のときにお金を払ったり正確に受け取ったりすることが難しい，身辺自立にかかわることを自分で実行したり管理したりすることが難しい等は，概念スキルの問題ということになる。次に，実用的スキルには「日常生活活動，日常生活に有用な活動，職業スキル，安全な環境の維持」等が含まれる。知的発達の遅滞により，他者から介護・介助されることが多く，主体的・能動的に経験を重ねることができないことや，職業に就くことが制限されてしまうことが生じる場合は，実用的スキルの問題となる。最後に，社会的スキルには「対人関係，責任，自尊心，だまされやすさ，無邪気さ，規則を守ること，被害者となることを避ける」が含まれる。実用的スキルに関連して，主体的・能動的に経験を重ねることができないために，他者にだまされやすい，暴行・虐待等の被害者になりやすい等の問題が生じる場合は，社会的スキルの問題となる。これらの適応行動の一部を習得・習熟するうえで困難があり，実際の生活において支障・不利益をきたす状態を，適応行動の問題という。適応行動の問題は，知的発達に遅れがある子にとっての二次障害と考えることができる。子どもの知的発達（心身機能）が，実際の年齢において社会的に期待される知的発達に比べて遅れており，適切な支援（わかりやすい言語表現や例示）がない場合，概念的・実用的スキル（活動），社会的スキル（参加）にかかわる適応行動の問題が生じる。

　最後に，発達障害のある子について考えてみよう。発達障害は多様な症候群の総体であるが，ASD の基本特性としての社会性の発達の歪み，ADHD の基本特性としての多動性や不注意，衝動性等が，一次障害の代表としてあげられる。一方，発達障害における二次障害としては，行動・精神面の問題があげられる。例えば，自己評価の低下，情緒的な不安定さ，心身の変化（抑うつ状態，眠れない／朝起きられない／頭痛や腹痛，耳鳴りなどの体調不良／食欲不振など）等の症状である。また，二次障害が長期化すると，ひきこもりや，**摂食障害**，**睡眠障害**，あるいは，対人恐怖，心身症，**行為障害**，気分障害（うつ病），**強迫性障害**，**統合失調症**などにつながっていく可能性もあるので，早期の適切な対応が大切である。

　発達障害の基本特性があると，「同世代の基準から外れている」という意識が伴いやすい。特に，思春期にさしかかると，発達障害のある子自身も「皆と

摂食障害
食行動にかかわる重篤な精神障害のひとつ。患者の極端な食事制限（拒食症）と過度の食事摂取（過食症）を伴い，健康上のさまざまな問題が生じる。

睡眠障害
睡眠のリズム・規則にかかわる医学的な障害のひとつ。明らかな原因がないにもかかわらず，入眠・睡眠持続が困難な状況を不眠症，過度に睡眠が持続する状況を過眠症という。

行為障害
反復して持続的な，反社会的，攻撃的，反抗的な行動を症候とし，年齢相当の社会的規範・規則を大きく逸脱した状態が持続する精神障害。

強迫性障害
自分自身の意に反して，不合理な行為・思考を反復してしまう精神障害のひとつ。同じ行動を繰り返す「強迫行為」，同じ思考を繰り返す「強迫観念」が含まれる。

統合失調症
思考や行動・感情をまとめる能力が長期間にわたって低下し，現実とのつながりが喪失したり，幻聴・幻覚，異常行動を伴ったりする精神障害のひとつ。

どこか違う」という意識をもち始める。思春期を含む青年期は，自己同一性（アイデンティティ）を確立することが発達上の課題となる。自己同一性は，エリクソンにより「過去において準備された内的な統一性と連続性が，他人に対する自己の存在の意味の統一性と連続性に一致すると思う自信の積み重ね」[3] と定義されており，自分が何者であるかという他者と区別する概念である。つまり，他者と違う部分をもつ自己という存在を受けとめ，自信をもつことが，自己同一性の確立になる。ただ，発達障害がない人であったとしても，自己同一性の確立には時間がかかり，皆と違う自分を受け入れることは，自己同一性が確立した後であっても難しいことがある。

　そこで，この自己同一性を確立する前段階として，自分は自分と同世代の基準から外れていない，同世代の集団・文化に所属しているという意識（集団同一性）が芽生えるという説がある[4]。皆と同じ自分を自覚することで，子どもは安心感を得ることができるし，集団同一性が確立した後であるからこそ，他者と違う部分をもつ自己を受け入れ，自己同一性を確立することができるというものである。

　確かに，さまざまな保育・教育相談を受けていると，日本においては，集団同一性が果たす役割は大きいと感じる機会が多い。発達障害のある思春期前後の子は，自分が皆と違うことに気がつき始めるが，生まれたときから発達障害の基本特性をもっているため，その基本特性がない状態の自分をイメージすることが難しい。皆と違うことは意識できても，何がどう違っているのか，またどうすれば皆と同じになるのかは理解できない状況が生じる。加えて，発達障害の基本特性により，家庭・地域・学校での生活において失敗を繰り返したり，その失敗に対して頻回に叱責されたりしやすいために，大きな心理的な**不快ストレス**が高まる傾向にある。これらの積み重ねが，上述した二次障害としての症状を誘発すると考えられている。

　また，記憶力が優れている場合等には，二次障害が消失したと思っても，長い年月を経た後に，過去のつらい記憶が突然よみがえってくる**フラッシュバック**に悩まされる場合もあるため，周囲は適切な理解と支援を継続する必要がある。

　本項では，三つの障害を対象に「活動」や「参加」にかかわる二次障害を例示したが，教員として多様な障害のある子を指導・支援する際には，それぞれの障害に対応した「二次障害」としての症状・困難の増悪や，新たな症状・困難の出現に留意する必要がある。もっとも，いかに細やかに観察していたとしても，一人の教員の視点だけでは限界がある。特別支援教育コーディネーター等を含む校内委員会での情報共有はもちろん，心理・保健医療福祉に関する専門職，地域のさまざまな人材を含む「チーム学校」としての情報共有，有機的連携が必要である。

不快ストレス
生活をするうえで精神的圧力・重圧（プレッシャー）を感じた際に生じる感覚をストレスという。ストレスには生体的に有益な快ストレスと不利益な不快ストレスがある。快ストレスは，目標や夢を意識した適度な精神的圧力であり，動機づけが高まったり活動的になったりするため，生体的に有益といえる。一方で，不快ストレスは，直面する問題に対する過度の精神的圧力であり，心身のバランスが失われ，時として危機的状態に陥る等，生体的に不利益が生じやすい。

フラッシュバック
強い不快ストレスにさらされ，心的外傷を受けた場合，後になって突然，その記憶がいままさに起こったことであるかのように鮮明に思い出されたり，夢に見たりする現象。

4　二次障害としての学習性無力感とその対応

　前項で述べた，活動・参加にかかわる二次障害は，心理学では「学習性無力感」と表現する。ここでは，バンデューラの効力期待（efficacy expectation）・結果期待（outcome expectation）に関するモデル[4]を用いて，「学習性無力感」について考えてみよう。効力期待とは「特定のパフォーマンスを達成するための一連の行動を効果的に遂行できるかという観点からみた自分の実行能力に関する主観的な判断」，結果期待とは「ある行動が特定の結果を生じさせるであろうという予測，すなわち随伴性認知」[4]のことをさす。

　バンデューラは，この2種類の期待の組み合わせによって，人間の行動を説明した。どのように努力すれば目標を達成できるかわかっているのに，自分はその努力を継続できないと予測すると「（自分に対する）失望・落胆・自己卑下・劣等感」などの反応が生じる。また，どのように努力すれば目標達成できるかわからず，かつ努力も継続できないと予測したら（いくら行動しても自分の望む結果が得られないと予想したら），「どうせ行動しても無駄」とあきらめる傾向が強まる。これは，非随伴性認知を学習したために無力感を抱くようになったということであり，学習性無力感と呼ばれる。障害のある子は，その障害特性によって誘発される失敗・つまずきの体験が蓄積される過程において，どのような学習が肯定的な結果につながるかという予期（結果予期）がイメージできなかったり，肯定的結果を生み出す学習を自らが実行できるという予期（効力予期）が低下していたりする（図4-14）。

非随伴性認知
自分が何を行っても結果が伴わないという認知。なぜ失敗するのか，なぜ否定的評価が与えられるのかわからない状態に陥っていることを指す。

　例えば，ある子が新出漢字を覚えようとしていると仮定してみよう。その子が，自分が新出漢字を正確に10回書けば，必ず覚えるだろうと考えているとすれば，それが結果予期である。そして，その新出漢字を自分が正確に10回書くことができそうだと考えているとすれば，それは効力予期といえる。

　ただし，視覚障害があったり，形を正確にとらえる視覚認知が苦手だと，正確に10回書いても覚えられそうにないとか，正確に10回書いたら覚えられる

```
┌─────────────┐      ┌──────────────────┐      ┌──────────────┐
│   人        │─────▶│     行動          │─────▶│    結果       │
│  例）私     │      │ 例）新出漢字を     │      │ 例）新出漢字   │
│             │      │  正確に10回書く    │      │  を覚える      │
└─────────────┘      └──────────────────┘      └──────────────┘
        ┊                                  ┊
┌─────────────────┐              ┌────────────────────────┐
│ 効力予期：自己効力 │              │ 結果予期：随伴性認知       │
│ 例）私は新出漢字を │              │ 例）私が新出漢字を正確に   │
│ 正確に10回書くことが│              │ 10回書けば，必ず覚えるだろう│
│ できる／できない   │              │ ／何回練習しても無駄だろう  │
└─────────────────┘              └────────────────────────┘
```

図 4-14　結果予期と効力予期

とは思うが，そもそも自分が新出漢字を間違いなく10回書き写すことができそうにないと感じるだろう。こうした状態にある子には，結果予期を高める指導をしても十分ではなく，肯定的結果を生み出す学習を自らが実行できる（もしくは実行してもよい）という効力予期を高める支援・指導が必要である。

　新出漢字を覚える例でいうと，前者は正確に10回視写する技術を習得させようと指導することがあてはまる。一方，後者は，書いて覚えるのではなく，その新出漢字の意味を表すイラストと重ね合わせて全体的なイメージを見て覚える（例えば，図4-15に示すように，新出漢字が「山」であれば，山のイラストと重ね合わせる），もしくは書くことはひとまずおいておき，読むことができることを目ざす指導を行うことがあてはまる。

　「学習性無力感」の状態は，目標を達成したり課題を解決したりすることへの動機づけが著しく低下した状態である。そのため，学習への動機づけを低下させない（学習を継続させる）ためには，長期にわたって不快ストレスを回避できない状況をつくらないことが必要不可欠である。既述のとおり，障害のある子どもは，日常生活における学習場面では持続的に失敗を繰り返し，その失敗に対して否定的な評価を受けることが多い。こうした失敗・つまずき体験が繰り返されることで，子どもが不快ストレスを感じ続ける状況をつくってはならないということである。反対にいえば，成功体験，「できる」という実感を伴った体験が必要である。

　M.チクセントミハイは，取り組んでいる課題・ものに完全にのめり込んでいて，活動そのものに本質的な価値を見いだし，活動そのものが苦にならない状態を「フロー：Flow[5]」と呼んだ。彼の理論によると，人は，① 自分の能力に対して適切な難易度の課題に取り組んでいる，② 取り組んでいる課題・ものに対して，自分がコントロールできるという感覚（自己統制感）がある，③ パフォーマンスに対して，直接的・即時的なフィードバックがある，④ 集中を妨げる雑音（外乱）がシャットアウトされている状況において，フロー状態になりやすい。このフロー状態では，モチベーションが高まり，経験そのものが報酬（内発的動機づけ）になる。

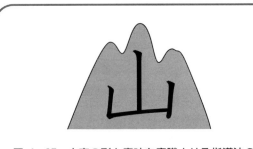

図 4-15　文字の形と意味を意識させる指導法の例

　障害のある子どもも，障害と診断・判断されていない，いわゆる「気になる子」も，自分の能力に対して適切な課題に取り組み，その課題を自分が解決・達成できると感じている場合には，過集中と表現されるほど課題に集中し，自発的に取り組み続ける。むしろ，過集中の状態が続くと心身ともに疲労困憊になるので，適切に休憩を入れるよう指導する必要がある。ただ，学校・職場等で画一的な指導が行われる場合には，個人の能力・興味・関心とはかかわりなく課題が設定されていることが多く，障害のある子どもや気になる子は自己統制感を感じられないため，集中が続かなかったり，あきらめてしまうことが増えていく。

　以上のことから，達成に向けての努力に対して相応の成果が伴うことは，子ども自身が，成果をコントロールできると実感することにつながる。すなわち，① 学習性無力感を予防するためには，障害のある子ども自身が「できる」という期待を高めることが重要であり，②「できる」という期待を高めるためには，障害のある子ども一人ひとりの能力を把握し，適切な難易度の課題を提示することが重要になる。本人の能力に対して適切な難易度の課題に取り組むこと，また適切な難易度の課題を達成することで，課題に対する自己統制感をもつことができる。加えて，子ども自身が，努力すれば相応の結果が得られる（特定の行動をすれば必ず相応の結果が生じる）という体験を積み重ねることにもなる。

　以上 2 点の重要性から，学習性無力感を予防したり対処したりするためには，子どもが活動（学習や日常生活の課題）に対してフロー状態になるよう支援・指導することが重要であろう。もっとも，大人から指示されたり与えられたりした活動では，子ども自身が活動に対して本質的な価値を見いだし，フロー状態になるまでに至らない可能性が高い。フロー状態になるには，子ども自身の主体的・能動的な取り組みが必要であり，教育現場で導入が進むアクティブラーニング（active learning）やキャリア教育（career education）が，障害のある子どもにとっても有用であるといえよう。

演習課題

1. ひとつの障害特性を取り上げ，心身機能・構造にかかわる二次障害について，自分の言葉で説明してみよう。
2. ひとつの障害特性を取り上げ，活動・参加にかかわる二次障害について，自分の言葉で説明してみよう。
3. 障害のある子が学習性無力感の状態に陥らないために，教員として留意すべき事柄を説明してみよう。

引用文献

1) 宮本信也編著：発達障害における行動・精神面の問題−二次障害から併存精神障害まで−，発達障害医学の進歩23，診断と治療社，2011.

2) American Association on Intellectual and Developmental Disabilities, 2010, Intellectual Disability: Definition, Classification, and Systems of Supports 11th Edition.（太田俊己他訳：知的障害−定義，分類および支援体系　第11版，日本発達障害福祉連盟，2012.）

3) E. H. エリクソン：アイデンティティ 改訂−青年と危機，金沢文庫，1982.

4) 鹿毛雅治：学習意欲の理論−動機づけの教育心理学，金子書房，2013.

5) M.チクセントミハイ，今村浩明訳：フロー体験−喜びの現象学，世界思想社，1990.

⑤　医療的ケア

1　医行為と医療的ケア

乳児死亡率
ある1年間に発生する1歳未満の死亡数（千人あたり）。
2019年のOECD（経済協力開発機構）の38か国の平均値が4.2に対して日本は，1.9。
（Health at a Glance 2021：OECD Indicators）[1]。

社会保障費抑制
日本では急速に進む少子高齢化の影響として，社会保険料収入が横ばいの中で，介護・医療・年金などの社会保障給付費の支出は年々増加の一途をたどっている。そのため，特に費用が膨らむ医療費の抑制が急務であり，対応として「後発医薬品の利用拡大」「窓口負担の増加」「保険の範囲の縮小」「高齢者の負担の引き上げ」，そして「入院医療から在宅医療への転換」が進められている。

（1）学校教育における医療的ケア課題の背景

　日本では子どもの出生数減少に対して，2,500g未満の低出生体重児の割合は増加している。一方，**乳児死亡率**はOECD（経済協力開発機構）諸国の中で最低レベルにある（Health at a Glance 2021：OECD Indicators）[1]。医療技術の進歩によって従来生存が難しかった子どもたちの命が救われ，病院から自宅に戻るために小型・軽量・簡便な操作の在宅医療機器が発展した。こうした在宅医療の進展には，国の**社会保障費抑制**政策の推進という側面もある。

　生命に直結する呼吸や栄養摂取や排泄など身体機能の弱さに対して，**痰の吸引や経管栄養**（図4−16）など医療的ケアを行うことで，在宅生活が送れるよ

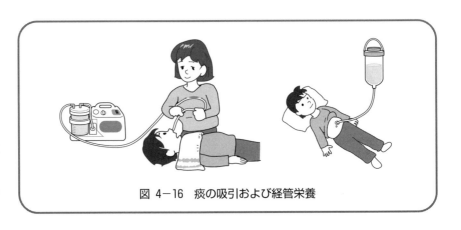

図 4−16　痰の吸引および経管栄養

うになった。医療的ケアが必要な0〜19歳の子どもは，2020年現在，約1.9万人と推計されている（2021年厚生労働科学研究田村班報告）。こうした子どもたちの学校生活における対応のあり方が課題となっている。

(2) 教育から始まった言葉「医療的ケア」

　1980年代の終わり，大都市圏の養護学校（当時）を中心に，痰の吸引や経管栄養などを必要とする子どもの対応課題が顕在化した。当時，こうした行為は，「医療行為（＝医行為）」「医療類似行為」「生活行為」などさまざまな名称で呼ばれていた。

　「医療的ケア」という言葉は，大阪府教育委員会設置「医療との連携のあり方に関する検討委員会」報告書（1991年）に載ったのが自治体文書として最初である。この会の委員であった松本[2)]は，「『キュア（CURE）治療』ではなく，『ケア（CARE）介護』」，「『医療ケア』となればそれは医療の範囲に入って，ケアは看護という意味」，「教育の場で教育行為の一環として行うのですから『医療的ケア』と『的』という文字を入れました」と医療的ケアの言葉の成り立ちを説明している。なお，文部科学省関係の文書で最初に使われたのは，「特殊教育の改善・充実について（第二次報告）」（特殊教育の改善・充実に関する調査研究協力者会議，1997）であった。このように医療的ケアという言葉は，教育の世界から始まったものである。

(3) 法律の解釈「違法性の阻却」による対応の時代背景

　1998年に文部省（当時）は「特殊教育における福祉・医療との連携に関する実践研究」を開始し，2004年に厚生労働省「在宅及び養護学校における日常的な医療の医学的・法律学的整理に関する研究会」が，「盲・聾・養護学校における痰の吸引等の医学的・法律学的整理に関するとりまとめ」を報告した。これを受けて同年10月20日に厚生労働省通知（医政発第1020008号），文部科学省通知（16国文科初第43号）が発出され，看護師の適正な配置など医療安全の確保を確実にするための一定条件が示されるとともに，「当該条件が満たされれば，教員による痰の吸引等を盲・聾・養護学校全体に許容することはやむを得ない」とする「実質的違法性の阻却」による対応が示された。これにより，懸案であった「医療資格のない教員による医療的ケアは医師法第17条違反ではないか」という疑義に対して，一定の結論が出された。

(4) 原則として医行為ではないもの

　喀痰吸引等を介護職員等が実施する体制を整備する過程において，医行為の解釈の整理として2005年7月に「医師法第17条，歯科医師法第17条及び保健師助産師看護師法第31条の解釈について」（医政発第0726005号）の厚生労

痰の吸引
気道にたまった痰，唾液，鼻水などの分泌物を吸引器で取り除いて，空気の通りをよくし，呼吸を楽にすること。

経管栄養
何らかの原因で口から食事がとれなくなった際に，カテーテル（管）を通じて栄養をとること。

医療機関以外の高齢者介護・障害者介護の現場において判断に疑義が生じることの多い行為であって，原則として医行為ではないと考えられるものを列挙

- ●水銀体温計等による腋下等での体温測定
- ●自動血圧測定器による血圧測定
- ●入院治療の必要がないもの等に対するパルスオキシメーターの装着
- ●軽微な切り傷等の処置
- ●容態が安定している等の条件を満たした場合の医薬品使用の介助

　皮膚への軟膏の塗布（褥瘡の処置を除く。），皮膚への湿布の貼付，点眼薬の点眼，一包化された内用薬の内服（舌下錠の使用も含む），肛門からの坐薬挿入又は鼻腔粘膜への薬剤噴霧を介助すること

- ●爪に異常がない場合等の爪切り等
- ●重度の歯周病等がない場合，歯ブラシ等で歯や口腔粘膜の汚れを取り除くこと
- ●耳垢を除去すること
- ●ストマ装具のパウチにたまった排泄物を取り除くこと
- ●自己導尿を補助するためカテーテルの準備等をすること
- ●市販のディスポーザブルグリセリン浣腸器を用いて浣腸すること

図 4-17　原則として医行為ではないもの

出典）平成17年 7 月26日　厚生労働省医政局長通知「医師法第17条，歯科医師法第17条及び保健師助産師看護師法第31条の解釈について」

働省通知が発出された。医療機関以外の高齢者介護・障害者介護の現場において判断に疑義が生じることの多い行為であって，原則として医行為ではないと考えられるものを列挙した（図 4-17）。

　なお，本通知が高齢者介護・障害者介護の現場等で十分に知られていない状況から，2016年11月 1 日に厚生労働省は周知のための通知を出している。

(5)「社会福祉士及び介護福祉士法」の改正

　医療的ケアの対応を「実質的違法性の阻却」という法律の運用ではなく法律に位置づけるべきではないか等の課題から，厚生労働省は「介護職員等による痰の吸引等の実施のための制度の在り方に関する検討会」を2010年 7 月に設置した。検討会での論議を踏まえて，2012年度から「社会福祉士及び介護福祉法」の一部改正が施行され，介護福祉士の場合は第48条の 2，介護福祉士以外の介護職員等（ヘルパーや教員，保育士など）の場合は附則が追加されて，**認定特定行為業務従事者**として喀痰吸引等を業とすることが可能になった。

(6) 医行為から介護行為までのスペクトラム（連続性）

　医師は「医師でなければ，医業をなしてはならない」（医師法第17条），看護師は「療養上の世話又は診療上の補助」（保健師助産師看護師法第 5 条）により法で業務独占が規定されている。原則として医行為ではないものの通知（図 4-17）が出されているが，医療職が行えば医行為の範疇に入る。一方で，医療職ではない保護者や介護職がかかわれる部分もある。医師しか許されない行為から，原則として医行為ではないものまで連続性がみられる（図 4-18）。

認定特定行為業務従事者
医療資格のない介護職員等が喀痰吸引や経管栄養を行うためには，登録研修機関で基本研修（講義とシミュレーター人形を用いた演習）と利用者に対する実地研修を修了した後，都道府県に申請をして「認定証」の交付を受けなければならない。

医行為			原則として医行為でないもの
「医師が行うのでなければ保健衛生上危害の生じるおそれのある行為」 （平成13年11月8日医政発第10号） 診断・処方・治療・手術等	医師の指示の元に行う「療養上の世話又は診療の補助」 （保健師助産師看護師法第5条） 診療の補助：バイタルサイン測定や薬の投与等 療養上の世話：生活全般の世話	認定特定行為 （社会福祉士及び介護福祉士法第48条の2及び附則第10条） 吸引：鼻腔・口腔・気管カニューレ内（人工呼吸器の着脱含む） 経管栄養：経鼻，胃瘻・腸瘻	原則医行為でないもの （平成17年7月26日厚生労働省医政局長通知） 体温測定，血圧測定，パルスオキシメーターの装着，軽微な切り傷等の処置，医薬品使用の介助等
超重症児スコアー表からケアの内容の例 元は「超重障児」	10点	8点	5点　　　　3点
	人工呼吸器 TPN，透析	気管切開，頻回吸引	経管栄養， 酸素，導尿　　体位交換，臨時薬， 　　　　　　　ネブライザー
医師	【医療職→医行為】		
	看護師，理学療法士等		
TPN：中心静脈栄養 （IVH：高カロリー輸液ともいう）	【非医療職→医療的ケア】 家族　人工呼吸器の着脱含む　介護職等		

図 4-18　医行為等のスペクトラム（連続性）

（下川作成）

2　学校教育における対応

（1）幼稚園，小・中・高等学校における対応

　文部科学省「令和元年度学校における医療的ケアに関する実態調査」（以下，「文科省調査」）によると2019年11月1日現在，地域の幼稚園，小・中・高等学校に在籍する医療的ケアが必要な児童生徒数は，1,453人と報告されている。ケアの内容は，対象者が多い順に**導尿**397人，気管カニューレ内吸引304人，**胃瘻経管栄養**230人である。この調査では，二分脊椎症児等の導尿を「本人が自ら行う導尿を除く」とされているため，自己導尿も含めるとかなりの人数になると思われる。文部科学省通知「特別支援学校等における医療的ケアの今後の対応について」（2011年12月20日）では，小・中学校等における医療的ケア対応は原則として看護師等が行い，教員等がバックアップする体制が望ましいとした。

（2）特別支援学校における対応

　「文科省調査」によると，特別支援学校に在籍する医療的ケアが必要な児童生徒数は8,392人であり，ケアの内容は対象者が多い順に口腔内吸引5,042人，胃瘻経管栄養4,655人，鼻腔内吸引4,594人，気管カニューレ内吸引3,108人である。特徴的なのは，胃瘻からの経管栄養がこの10年間で3倍以上増えている点である。さらに改正「社会福祉士及び介護福祉士法」に基づく喀痰吸引

導尿
何らかの原因で排尿が困難になった際に，カテーテル（管）を尿道から挿入して膀胱から尿を排泄すること。

胃瘻経管栄養
経管栄養法のひとつ。腹部に開けた穴から直接胃に栄養剤等を注入する方法。高カロリーの栄養剤（ミルク）のほかにミキサー食の注入もある。

学校において医療的ケアを実施することで

○教育機会の確保・充実
　授業の継続性の確保，訪問教育から通学への移行，登校日数の増加

○経管栄養や導尿等を通じた<u>生活のリズムの形成</u>（健康の保持・心理的な安定）

○吸引や姿勢変換の必要性など自分の意思や希望を伝える力の育成
　　　　　　　　　　　　　　　（コミュニケーション，人間関係の形成）
○排痰の成功などによる<u>自己肯定感・自尊感情の向上</u>
　　　　　　　　　　　　　　　（心理的な安定・人間関係の形成）
○安全で円滑な医療的ケアの実施による<u>信頼関係の構築</u>
　　　　　　　　　　　　　（人間関係の形成・コミュニケーション）
　　　　※カッコ内は対応する学習指導要領「自立活動」の区分の例

図 4-19　学校において医療的ケアを実施する意義について

出典）文部科学省「学校における医療的ケアの実施に関する検討会議」第1回
　　　資料3：学校における医療的ケアへの対応について，2017.

等研修（第3号研修）修了の認定特定行為業務従事者として登録された教職員数は全国で4,645人となっている。看護師と教員が連携して取り組んでいるのは31都道府県，看護師のみが対応しているのは16県であり，看護師数は2006年の707人から2019年には2,430人と3.4倍以上に増えている。

（3）学校において医療的ケアを実施する意義について

　文部科学省は，学校において医療的ケアを実施する意義について子どもの教育機会の確保・充実のみならず，自立活動のねらいに照らし合わせて，図4-19のようにまとめている。

3　保護者付き添いの課題

（1）小・中学校等への保護者付き添い

　2015年10月に文部科学省は，「障害のある児童生徒の学校生活における保護者等の付添いに関する実態調査の結果」を発表した。医療的ケア対応のための保護者等付き添いが388件，そのうち，看護師が学校にいないまたは常駐ではないことによる付き添いが326件であった。報告では，「平成28年4月には，合理的配慮の不提供の禁止等を規定した『障害を理由とする差別の解消の推進に関する法律』の施行を控えている。このような状況において，小・中学校における保護者の付添いは，今後も合理的配慮の提供において一つの論点となるものと考えられる（略）」とした。この調査結果を踏まえて，医療的ケアを必

要とする子どもの教育の充実を図るため，従来，特別支援学校を対象にした看護師配置事業に小・中学校等を加えた（2022年度予算の配置人数3,000人）。

（2）特別支援学校への保護者付き添い

2017年4月に文部科学省は，「公立特別支援学校における医療的ケアを必要とする幼児児童生徒の学校生活及び登下校における保護者等の付添いに関する実態調査」を発表した。学校生活で医療的ケアを必要とする通学生5,357名のうち保護者等付き添いは3,523名，最も多かった付き添い理由は「看護師は常駐しているが，学校等の希望により保護者等が付添いをしている」であった。この調査結果を受けて文部科学省は，都道府県教育委員会等に対して，「看護師配置には，教育体制整備事業費補助金を活用することが可能」「看護師配置により保護者の負担軽減の配慮に可能な限り努めること」「人工呼吸器の管理を含めた特定行為以外の医行為について個別に対応可能性を検討」「スクールバスへの乗車は個別に対応可能性を検討し判断」「通学に要する交通費（本人経費）においてタクシーや介護タクシーの利用料を**特別支援教育就学奨励費**対象とすることが可能」等と周知した。「一律には判断しない」という考えは，**障害者差別解消法に関する文部科学省の対応要領**に基づく考え方である。

特別支援教育就学奨励費
障害のある子どもが特別支援学校や小学校・中学校の特別支援学級等で学ぶ際に，保護者が負担する教育関係経費について，家庭の経済状況等に応じ，国および地方公共団体が補助する仕組み。

障害者差別解消法に関する文部科学省の対応要領
国の行政機関の長等は，障害を理由とする差別の解消の推進に関する基本方針に即して，不当な差別的取り扱いの禁止および合理的配慮の提供に関し，職員が適切に対応するために必要な要領を定めるものとされている。文部科学省は2015年12月25日付けで作成している。

4　児童福祉法の一部改正と医療的ケア児支援法の成立

児童福祉法の一部改正（2016年6月3日施行）では人工呼吸器等を必要とする子どもたちの支援が明示されたが，自治体に課せられたのは「努力義務」であるため，自治体の取り組みには地域間格差が生じた。

文部科学省「学校における医療的ケアの実施に関する検討会議」は，2018年6月20日に中間まとめを行い，「小・中学校等を含む『すべての学校』」，「人工呼吸器の管理などを含む『すべての医療的ケア』を想定」，「保護者の付き添いの協力は真に必要な場合に限る。協力を求める場合，代替案の検討，保護者へ理由や見通しの説明。」，「人工呼吸器の管理等，一律対応では無く，個別に検討」，などを通知し，その後「学校における医療的ケアの今後の対応について（通知）」（2019年3月20日）を発出した。しかし，こうした通知は国から自治体に対する技術的助言であるため，自治体の取り組みには地域間格差が生じた。

児童福祉法の一部改正や文部科学省からの通知にもかかわらず，自治体の取り組みに地域間格差が生じていることを背景に，「日常生活及び社会生活を営むために恒常的に医療的ケア（人工呼吸器による呼吸管理，喀痰吸引その他の医療行為）を受けることが不可欠である児童（18歳以上の高校生等を含む。）」を「医療的ケア児」と定義し，その支援を国・地方公共団体の責務（責任と義務）と

児童福祉法の一部改正
医療的ケアに関連して，児童福祉法第56条の6第2項「地方公共団体は，人工呼吸器を装着している障害児その他の日常生活を営むために医療を要する状態にある障害児が，その心身の状況に応じた適切な保健，医療，福祉その他の各関連分野の支援を受けられるよう，保健，医療，福祉その他の各関連分野の支援を行う機関との連絡調整を行うための体制の整備に関し，必要な措置を講ずるように努めなければならない」が新設された。

した「医療的ケア児及びその家族に対する支援に関する法律」（以下，医療的ケア児支援法）が 2021 年 6 月に成立した。同法では保育所や学校における対応の充実，地域の中で相談や情報提供等を行う「医療的ケア児支援センター」を都道府県に設置することなどが定められた。

5　文部科学省の取り組み

　　文部科学省は，医療的ケア児支援法の成立を踏まえ，小学校等における医療的ケアに関する基本的な考え方を改めて整理し，医療的ケア児に必要な医療的ケアの内容を把握するとともに，小学校等や教育委員会等における具体的な医療的ケアに関する体制の整備等への参考を目的に，「小学校等における医療的ケア実施支援資料〜医療的ケア児を安心・安全に受け入れるために〜」（2021 年 6 月）を作成した。また，中学校区に医療的ケアの実施拠点校を設けるなどして，地域の小・中学校等で医療的ケア児を受け入れ，支える体制の在り方を研究する「小・中学校等における医療的ケア児の受入れ・支援体制の在り方に関する調査研究」を行っている。

　　さらに「学校教育法施行規則の一部を改正する省令」（2021 年 8 月 23 日）が公布・施行され，学校において教員と連携協働しながら不可欠な役割を果たす支援スタッフとして，「医療的ケア看護職員」の名称および職務内容の規定を行った。

　　このように学校教育における医療的ケアの対応については，特別支援学校から，全ての学校における取り組みへと広がっている。

　　演習課題
1. 医療的ケアが必要な児童生徒が増えてきた社会背景を説明してみよう。
2. 文部科学省の示した「学校において医療的ケアを実施する意義」（図 4－19）に対応した特別支援学校現場での教育実践を調べてみよう。

　　引用文献
1）OECD：Health at a Glance 2021，OECD publishing，p.97，2021.
2）松本嘉一：医療的ケア断章－私史的観点から：医療的ケア　あゆみといま，そして未来へ（大阪養護教育と医療研究会編著），クリエイツかもがわ，pp.74-85，2006.

長期欠席・長期入院児への支援

1　長期欠席の状況

　文部科学省による「児童生徒の問題行動・不登校等生徒指導上の諸課題に関する調査」（以下，「不登校等調査」）によると，2022年度に出席すべき日数のうち，30日以上欠席した児童生徒数は表4-4のとおりである。

　長期欠席の理由として最も多いのは不登校，次いで病気となっているが，小学校では病気による欠席の割合が高いことがわかる。「その他」の具体例は，ア）保護者の教育に関する考え方，無理解・無関心，家族の介護，家事手伝いなどの家庭の事情から長期欠席している者，イ）外国での長期滞在，国内・外への旅行のため，長期欠席している者，ウ）連絡先が不明なまま長期欠席している者である。なお，本節では主に特別支援教育領域である病気療養児への支援について概説し，不登校については状況を示すにとどめる。

表 4-4　2022年度長期欠席児童生徒数（上段：人数，下段：％）

	在籍児童数・生徒数	病　気	経済的理由	不登校	新型コロナウイルスの感染回避	その他	計
小学校	6,196,688	31,955	16	105,112	16,155	43,438	196,676
		16.2	0.0	53.4	8.2	22.1	100.0 (3.2)*
中学校	3,245,395	43,642	20	193,936	7,505	18,869	263,972
		16.5	0.0	73.5	2.8	7.1	100.0 (8.1)*
高等学校	2,963,517	30,976	343	60,575	9,256	21,621	122,771
		25.2	0.3	49.3	7.5	17.6	100.0 (4.1)*

＊（　）内は全児童生徒数に対する割合
出典）文部科学省：令和4年度　児童生徒の問題行動・不登校等生徒指導上の諸課題に関する調査結果について，2023.

2　病気療養児の教育の現状

（1）病気療養児の教育システム

　病気療養児の教育は病弱者を対象とする特別支援学校で行われている。また、学校教育法第81条では幼稚園、小・中学校、義務教育学校、高等学校および中等教育学校において、「疾病により療養中の児童及び生徒に対して、特別支援学級を設け、又は教員を派遣して、教育を行うことができる」とされていることから、入院中の子どもへの教育は病弱特別支援学校の本校、**分校・分教室**、病院への訪問教育、および小・中学校の病弱・身体虚弱特別支援学級などさまざまな形態で行われている。このうち病院内の学級を院内学級と呼ぶ。

　訪問教育は小・中学校等もしくは特別支援学校から児童生徒の居所に教員を派遣して行う教育システムで、多くは特別支援学校からの派遣となっているが、病院訪問については、小・中学校等からの訪問教育も実施されている。

（2）病気療養児の教育の課題と対応

　医療の進歩に伴い、入院期間の短期化、入院回数の頻回化が進んでいる。例えば、小児がんの治療では1週間入院治療後に3週間自宅療養のサイクルを数回繰り返すことがあり、結果として年間30日以上の欠席となる場合もある。一方で入院期間が半年、1年と長期化する疾患もある。入院に伴い、前述の学校等で教育を受ける場合は、いずれも居住地の学校からの転籍が必要である。病気の子どもが入院するすべての病院にこうした教育の場が設けられていないこと、退院後は居住地の学校に戻ることなどから、病気療養児の8割は通常の学級に在籍している。また、高校生を対象とした院内学級が少なく、特別支援学校に籍を移す場合は一度退学しなければならず、もとの学校に戻るには編入学となること、単位認定の難しさなどから、休学もしくは留年となる場合も多い。さらに、入院期間の短縮化と合わせて、退院後も治療や通院が継続するため、居住地の学校に通うことが困難な場合もある。

　こうした状況を受けて文部省（当時）は、1994年に「病気療養児の教育について」（通知）を出し、実際上教育を受けられるような配慮と学習空白を生じさせない工夫を求めている。

　さらに、文部科学省は2013年には全国15か所の「小児がん拠点病院」の指定を受けて、「病気療養児に対する教育の充実について（通知）」（以下、「教育の充実について（通知）」）を出している。

分　校
本校と離れた施設で教育を行い、複数の学級および管理職等が配置されている。

分教室
本校と離れた施設で教育を行うが、管理職等はおかず、本校から教員が派遣されることが多い。
特別支援学級が分教室という名称になっていることもある。

「病気療養児の教育について」（通知）より抜粋
・保護者の協力を得ながら，入院先や医療・生活規制を必要とする期間，欠席日数，病状などを的確に把握し，市町村教育委員会と協議しつつ，病弱養護学校等への転学の必要性について適切に判断すること。
・病弱養護学校等への転学措置が速やかに講じられるよう，病気療養児の教育の必要性，制度，手続，留意事項を教職員，保護者その他の関係者に周知・徹底し，転学事務処理の迅速化を図ること。
・転学手続が完了していない児童生徒についても，病弱養護学校等において，実際上教育を受けられるような配慮が望まれること。
・近年，入院期間の短期化や入退院を繰り返す等の傾向が見られることから，これに対応して，医療機関との緊密な連携の下に，計画的かつ迅速に病気療養児の教育に必要な体制の整備を図ることに努めること。

「病気療養児に対する教育の充実について（通知）」より抜粋
（教育委員会等）
・病気療養児の転学及び区域外就学に係る手続について，病気療養児の教育についての通知で提示されているとおり，可能な限りその簡素化を図る。
・入院中の病気療養児の**交流及び共同学習**についても，その充実を図るとともに，域内の市町村教育委員会及び所轄の学校等に対して，必要な助言又は援助を行うこと。
・後期中等教育を受ける病気療養児について，入退院に伴う編入学・転入学等の手続が円滑に行われるよう，事前に修得単位の取扱い，指導内容・方法及び所要の事務手続等について関係機関の間で共有を図り，適切に対応すること。
（通学が困難な病気療養児の在籍校及びその設置者）
・当該病気療養児の病状や教育的ニーズを踏まえた指導が可能となるよう，病弱者を対象とする特別支援学校，小・中学校の病弱・身体虚弱特別支援学級，通級による指導などにより，当該病気療養児のための教育環境の整備を図ること。
・当該病気療養児に対する指導に当たり，訪問教育やICT等を活用した指導の実施などにより，効果的な指導方法の工夫を行うこと。

交流及び共同学習
障害のある子どもと障害のない子どもが共に活動すること。ふれ合うことを目ざす交流と，一緒に学ぶ共同学習がある。

2014年文部科学省の「長期入院児童生徒に対する教育支援に関する実態調査」では，長期入院した児童生徒の約半数には，在籍校による学習指導が行われていないこと，自校の教員が病院を訪問する場合は，週1日以下，1日75分未満が過半数であることを明らかにしている（図4-20）。

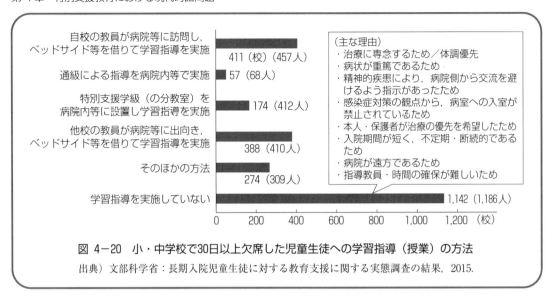

図 4−20　小・中学校で30日以上欠席した児童生徒への学習指導（授業）の方法

出典）文部科学省：長期入院児童生徒に対する教育支援に関する実態調査の結果，2015.

　　　これまでの通知によっても病気療養児への教育保障は不十分であり，次節以降に示すように医療機関や NPO 等と連携していくことも重要である。

3　病気療養児への教育的支援

（1）学籍を異動しない学習保障

　　　2018 年の全国訪問教育研究会による特別支援学校を対象とした訪問教育に関する第八次調査（以下，訪問教育第八次調査）では病院訪問において，学籍の異動を伴わない学習支援の取り組みが複数の自治体において行われていることが報告されている。「教育相談」が多いが，「交流及び共同学習」や，特別支援学校の「センター的役割」も活用されている。また，学習空白を少しでも減らす工夫として，転籍を条件に転入手続き開始と並行して学習を開始することも行われている。

（2）ICT 活用による教育保障

　　　文部科学省は「学校教育法施行規則の一部を改正する省令の施行等について（通知）」（2015 年）の中で，高等学校および中等教育学校の後期課程および特別支援学校の高等部における授業の方法として，通信機器を利用した「オンデマンド型授業」を活用し，当該授業を行う教室等以外の場所で履修させる授業を示している。「オンデマンド型授業」とは図 4−21 に示すように，高等学校等で授業を収録し，病気療養児は病院や自宅等で受講し，課題を提出することで授業を受けたとみなす仕組みである。実際に，訪問教育第八次調査では県内のある自治体では高校生の入院に伴い，在籍校が入院先に授業をライブ配信し

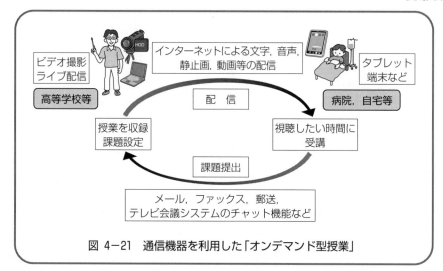

図 4-21　通信機器を利用した「オンデマンド型授業」

て教育を保障した例が示されている。

　また，2018 年 9 月に文部科学省は「小・中学校等における病気療養児に対する同時双方向型授業配信を行った場合の指導要録上の出欠の取扱い等について（通知）」を出している。この通知では，「病院や自宅等で療養中の病気療養児に対し，インターネット等のメディアを利用してリアルタイムで授業を配信し，同時かつ双方向的にやり取りを行った場合」（以下，同時双方向型授業配信）として，指導要録上出席扱いにできることとなった。高等学校・高等部の場合は受信側に教員が配置されていることが前提であるが，小・中学校等，小学部・中学部の場合は受信側に教員がいなくても出席扱いになる。ただし，「同時双方向型授業」であることから，教員と病気療養児のやり取り（病気療養児の状態により音声や文字のみのやり取りも可能）が行われ，質問の機会が確保されること等の配慮が求められている。

（3）退院後も通学が困難な病気療養児への対応

　文部科学省「病気療養児に対する教育の充実について（通知）」（2013 年）では，退院後も通学が困難な病気療養児への対応として，在籍校およびその設置者に対して，次のような対応を求めている。

① 病弱特別支援学校，小・中学校の病弱・身体虚弱特別支援学級，通級による指導などにより，教育環境の整備を図ること。

② 訪問教育や ICT 等を活用した指導の実施など，効果的な指導方法を工夫すること。

③ 教育の継続が図られるよう，保護者，医療機関，近隣の特別支援学校との十分な連携体制を確保すること。

　また，教育委員会等に対しては上記の①〜③の取り組みに対し，必要な助言

表 4-5　自宅における ICT 等を活用した学習活動を
指導要録上出席扱いとした児童生徒数（人）

	国　立	公　立	私　立	計
小学校	40	3,871	59	3,970
中学校	73	5,970	396	6,439
計	113	9,841	455	10,409

出典）文部科学省：令和 4 年度　児童生徒の問題行動・不登校等生徒指
導上の諸課題に関する調査結果について，2023.

または援助を行うこととしている。

　表 4-5 にあるように，前述した「不登校等調査」では不登校児童生徒への
対応として，自宅における ICT 等を活用した学習活動を指導要録上出席扱い
にする取り組みを行っている学校があることが示されている。学校としての取
り組みか，自治体としての取り組みかは不明であるが，ICT 機器の活用によ
り授業が受けられる体制づくりは直近の課題である。病気療養児の退院後およ
び自宅療養中の学習支援として，今後の展開が期待される。

（4）病気療養児の自立支援

　病気療養児の教育機会の保障や自立に向けた取り組みにおいては，医療機関
や福祉関係者との連携が不可欠である（第 3 章 5 節参照）。養護教諭だけでなく，
学級担任，教科担任も疾患の状況や合理的配慮について理解を深め，適切な手
立てを行えるようにしておく必要がある。現在，小児慢性特定疾病児童等自立
支援事業が都道府県および指定都市，中核市，児童相談所設置市において実施
されており，病気療養児の自立にかかわる多様な支援を行うことができる。こ
の事業は医療機関や保健所，大学，NPO 法人などに委託されている。愛媛県
でこの事業を受託している認定 NPO 法人ラ・ファミリエが行った相談支援等
に係るニーズ調査では，「学校等での疾患理解」が最も多かった。学校では疾
患に関する情報を得ても，どのように対応したらよいかわからなかったり，情
報が養護教諭や担任などに限定されて保有され，校内理解が進んでいないこと
もある。こうした状況により，ラ・ファミリエでは遠隔地からの相談も多く，
学習，就学に関する相談が増えてきている。2018 年から「地域子どものくら
し保健室」として，相談カーによる巡回相談を行うとともに，学校と保護者，
医療機関をつなぐ役割を果たしている。

4　不登校への対応

　2022 年度「不登校等調査」における小・中学生の不登校要因の割合を表 4
-6 に，高校生の不登校要因の割合を表 4-7 に示す。また，表 4-8 に学校
内外の機関等で相談・支援等を受けた小・中・高校生数を示す。

表 4-8 に示されているように，学校外で相談・支援等を受けた機関等は，病院，診療所が小・中学生，高校生で最も多くなっている。不登校の要因には

表 4-6　2022 年度　小・中学生の不登校要因（%）

	不登校児童生徒数	学校に係る状況								家庭に係る状況			本人に係る状況		左記に該当なし
		いじめ	いじめを除く友人関係をめぐる問題	教職員との関係をめぐる問題	学業の不振	進路に係る不安	クラブ活動・部活動等への不適応	学校のきまり等をめぐる問題	入学・転編入学・進級時の不適応	家庭の生活環境の急激な変化	親子の関わり方	家庭内の不和	生活リズムの乱れ・あそび・非行	無気力・不安	
主たるもの（人）	299,048	674	27,510	3,607	14,545	2,114	869	2,101	9,303	7,722	22,187	4,831	33,999	154,772	14,814
主たるもの（%）	***	0.2	9.2	1.2	4.9	0.7	0.3	0.7	3.1	2.6	7.4	1.6	11.4	51.8	5.0
主たるもの以外にも当てはまるもの（人）	***	280	12,037	2,912	21,165	2,940	1,163	2,095	3,980	4,467	22,692	5,030	20,650	26,473	***
主たるもの以外にも当てはまるもの（%）	***	0.1	4.0	1.0	7.1	1.0	0.4	0.7	1.3	1.5	7.6	1.7	6.9	8.9	***

表 4-7　2022 年度　高校生の不登校要因（%）

	不登校児童生徒数	学校に係る状況								家庭に係る状況			本人に係る状況		左記に該当なし
		いじめ	いじめを除く友人関係をめぐる問題	教職員との関係をめぐる問題	学業の不振	進路に係る不安	クラブ活動・部活動等への不適応	学校のきまり等をめぐる問題	入学・転編入学・進級時の不適応	家庭の生活環境の急激な変化	親子の関わり方	家庭内の不和	生活リズムの乱れ・あそび・非行	無気力・不安	
主たるもの（人）	60,575	124	5,576	286	3,416	2,489	492	514	5,070	1,080	1,703	1,093	9,651	24,223	4,858
主たるもの（%）	***	0.2	9.2	0.5	5.6	4.1	0.8	0.8	8.4	1.8	2.8	1.8	15.9	40.4	8.0
主たるもの以外にも当てはまるもの（人）	***	27	1,295	207	2,357	1,302	300	293	1,064	429	1,453	714	2,319	3,720	***
主たるもの以外にも当てはまるもの（%）	***	0.0	2.1	0.3	3.9	2.1	0.5	0.5	1.8	0.7	2.4	1.2	3.8	6.1	***

表 4-6，4-7 ともに，国立・公立・私立の合計。
出典）文部科学省：令和 4 年度　児童生徒の問題行動・不登校等生徒指導上の諸課題に関する調査結果について，2023.

表4-8　学校内外の機関等で相談・支援等を受けた小・中・高校生数（人）

適応指導教室
市町村教育委員会が不登校児童生徒（小・中学生）を対象に，市町村の公的な施設で学習の支援を行いながら，学校に復帰することを目標に運営している教室。適応指導教室に通った日数は出席日数に加算される。

		小・中学生		高校生	
		計	うち,90日以上欠席	計	うち,90日以上欠席
学校外	① 教育支援センター（**適応指導教室**）	25,292	17,964	279	87
	② 教育委員会及び教育センター等教育委員会所管の機関（①を除く）	23,254	15,288	351	111
	③ 児童相談所，福祉事務所	12,898	7,745	1,358	355
	④ 保健所，精神福祉保健センター	1,414	854	245	67
	⑤ 病院，診療所	39,706	22,925	9,637	2,150
	⑥ 民間団体，民間施設	12,089	8,826	402	140
	⑦ 上記以外の機関等	6,278	3,844	640	157
学校内	⑧ 養護教諭による専門的な指導を受けた人数	51,783	25,915	13,116	1,970
	⑨ スクールカウンセラー，相談員等による専門的な相談を受けた人数	99,655	55,781	18,247	3,356
	(1) 上記⑧,⑨による相談・指導等を受けた実人数	131,141	59,232	26,071	4,483

＊①〜⑨は複数回答，(1)は実人数
出典）文部科学省：令和4年度　児童生徒の問題行動・不登校等生徒指導上の諸課題に関する調査結果について，2023.

疾患による体調不良や不安がある可能性も指摘されている。また，発達障害等の二次障害として，対人恐怖やコミュニケーション困難などの症状が強くなり，不登校になる場合がある。不登校の要因を多様な観点から探り，子どもたちの教育的ニーズに応じた適切な対応を検討していくことが求められている。

演習課題
1. 身近な自治体（居住地，出身地，勤務地）で長期欠席の児童生徒に対して行われている指導・支援を調べてみよう。
2. 病気療養児への教育的支援の現状とそれらの課題について自分の言葉で説明してみよう。

参考文献
・文部省：病気療養児の教育について（通知），1994年12月21日.
・文部省：病気療養児の教育について（審議のまとめ），1994年12月14日.
・文部科学省：令和4年度「児童生徒の問題行動・不登校等生徒指導上の諸課題に関する調査結果について」，2023.
・文部科学省：学校教育法施行規則の一部を改正する省令の施行等について（通知），2015年1月14日.
・文部科学省：長期入院児童生徒に対する教育支援に関する実態調査，2015.
・全国訪問教育研究会：訪問教育の現状と課題Ⅷ，2018.
・厚生労働省：「小児慢性特定疾病児童等自立支援員による相談支援に関する研究」研究班：好事例集，2018.

コラム　学生ボランティアによる病気療養児の学習支援

　愛媛大学教育学部では隣接する病院等に入院している子どもたちを対象に学習支援の取り組みを行っている。学習支援を行うことで子どもたちが少しでも安心して復学できること，また入院中も子どもらしい時間を確保することで心理的な安定を図ることなどが目的である。

　教育学部で特別支援教育を学ぶ学生が病弱実習として病院に学習支援に行き，病院からは医療スタッフが教育学部の授業のゲストティーチャーとして，病気や新生児特定集中治療室（NICU）について説明するなど，双方向の連携を行っている。また，学習支援の方法として，病院や自宅での直接支援がほとんどではあるが，タブレット端末等を用いた間接的な支援にも取り組んでおり，病気療養児の学習空白を軽減する役割を果たしている。対象となる児童生徒がいる場合は病院から大学教員に連絡があり，学生が授業の空き時間を利用して学習支援に出かけることになるが，その際，課題となるのは感染症対策である。事前に学生の学校感染症罹患歴と予防接種歴を確認し，未罹患および未接種の場合は予防接種を受けることとしている。

　今後は教育委員会や学校と連携していくことも模索している。

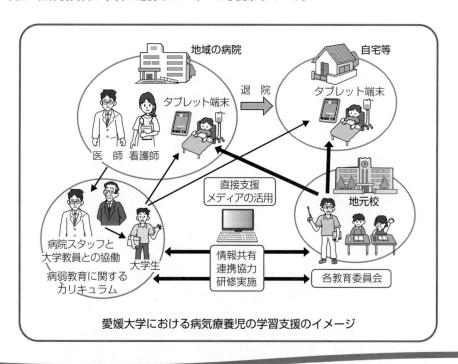

愛媛大学における病気療養児の学習支援のイメージ

コラム　小児慢性特定疾病児童等自立支援事業

　厚生労働省は 2015 年から「小児慢性特定疾病児童等自立支援事業」を実施している。この事業には必須事業と任意事業がある。必須事業は「相談支援事業」と「小児慢性特定疾病児童等自立支援員」の配置である。任意事業は「療養生活支援事業」「相互交流支援事業」などとともに「その他の自立支援事業」として「長期入院等に伴う学習の遅れ等についての学習支援」（以下，学習支援）がある。

　「小児慢性特定疾病児童等自立支援員による相談支援に関する研究」研究班の好事例集によると，好事例としてあげられている 13 団体のうち，学習支援事業を行っているのは 5 団体である。これらの団体は学習支援を行うとともに学習支援者養成にも取り組んでおり，病気療養児の学習機会の保障の一翼を担っている。

小児慢性特定疾病児童等自立支援事業

児童およびその家族の負担軽減
長期療養をしている児童の自立や成長支援
地域の社会資源を活用して，利用者の環境に応じた支援

相談支援事業

〈必須事業〉（児童福祉法第 19 条の 22 第 1 項）　　　　自立支援員

相談支援事業

〈相談支援員〉
• 自立に向けた相談支援
• 療育相談指導
• 巡回相談
• ピアカウンセリング 等

小児慢性特定疾病児童自立支援員

〈支援例〉
• 関係機関との連絡・調整および利用者との橋渡し
• 患児個人に対し，地域における各種支援策の活用の提案 等

〈任意事業〉（児童福祉法第 19 条の 22 第 2 項）

| 療養生活支援事業 | 相互交流支援事業 | 就職支援事業 | 介護者支援事業 | その他の自立支援事業 |

レスパイト　　相互交流　　就職支援　　きょうだい　　学習支援

小児慢性特定疾病児童等自立支援事業の概要

資料）厚生労働省健康局難病対策課作成資料より作成

小児慢性特定疾病児童等自立支援事業における学習支援の例

	場　所	支援者	対　象	頻　度
A	病児の自宅，入院中の病室	自立支援員，ボランティア	幼，小，中，高	月 2 回，1 時間
B	ファミリーハウス，自立支援員事務所，大学病院	教育学部生，医学部生	小，中，高	週 1 ～ 2 回，1 時間程度
C	子ども病院内	家庭教師ボランティア	高	
D	病院	学習サポーター（在籍校の非常勤講師等）	高	週 3 回，2 時間程度

　才能児への配慮・対応

　幼いころより，自然の事物現象に強い関心を示したり，驚くような抽象的で創造的な思考を示したりする子どもは少なからず存在する。例えば国際科学オリンピックに参加するような中・高生であれば，早い段階から，通常の子どもとは異なる個性や能力を示している可能性が高い。杉山[1]は，数学オリンピック入賞者の家庭での成長記録を調べ，「3歳のときセサミストリートのカレンダーをずっと見ていて，1月・3月・5月は31日で4月・6月は30日だけど，2月だけ違うと気づいた」といった，身近な生活場面での印象的でほほえましい，数や法則性への強い興味，高い能力のエピソードなどを紹介している。

　日本では，個々の子どもがもつ強い知的関心や優れた能力を広く見いだし，伸張するような教育システムが十分に発達しているとはいいがたい。学校教育において，私たちは，同じ年齢グループで同じ学年を構成し，学習指導要領に示された同じ学習内容を共に学んでいる。個人差よりも年齢差を主とした教育である。一方で現実として，筆者が米国でインタビューした5歳の子どもたちは，すでに3桁の足し算・引き算や，大統領の話をしていた。こうした子どもたちがそのまま小学校へ入学したらどうなるだろうか。少なくとも数年間は，自分がすべてわかっていることを全く知らない子どものペースで毎日いっしょに学ぶことになる。米国では，こうした子どもたちは，通常，**才能児**と認定され，通常の授業とは異なるプログラムを受ける機会が提供されている。本節では，国内外の関連情報や実践例も含めて，才能児への配慮・対応について概説を行う。

才能児
米国教育省（2001）は，「才能ある児童生徒とは，知的，創造的，芸術的分野での卓越した能力，並外れたリーダーシップ能力，あるいは特定の学問分野で卓越した能力を示す児童生徒である」と謳っている。2013～2014年データでは，米国の公立学校において才能児と認定されている子どもの割合は約6.7%である。

1　才能児の特徴と実態

（1）才能児の定義と認定

　利発，好奇心旺盛，テストの成績がよいなど，私たちの周りにはさまざまな優秀な子どもがいる。「才能児」認定の古典的な手法としてはIQ（知能指数）テストがよく知られている。世界的にみれば，IQテストのスコア（例えば，130以上のスコア）による評価は未だに根強く，その根拠の一部として利用されているケースが少なくない。また，同年齢の子どもたちと比べて優れているという点から，何かしらの得点を用いて，上位○%（10%など）といった基準を用いるケースもある。

　しかしながら，才能ある子どもを認定する方法は，古典的なIQテストを超

えて，多種多様なものが提案されるようになり，それらが利用されるべきであるという点で，研究者・実践者の意見は一致している。「才能」の認定や教育を単一の基準で一律に行うことがないように，くれぐれも用心する必要がある。例えば米国では，一般的知能，学業成績，創造性，意欲やリーダーシップなどの多様な観点を含め，ペーパーテストばかりでなく行動観察や描画テスト，コンテスト作品による代替などで評価方法を多様化するとともに，ジェンダーや人種，英語を母語としない子どもへの配慮もなされている。また，家庭所得のような要因が才能ある子どもの将来の社会的成功に影響しなくてすむような方策が議論されるようになってきている。

(2) 領域固有な才能観

　「才能児」の認定にかかわり，第一段階としてその可能性があると思われる子どもを見いだすための指標として，具体的な行動特徴が使用されることが多い。例えば，「語彙が豊富で自分を豊かに表現する」「頭の回転が速い」「ユーモアのセンスがある」「ひとつのことに長い時間集中できる」などである。しかし，ある小学生が数百種類のポケットモンスターの名前や特性を体系的に知っているからといって，118ある元素の名前や特性を簡単に学べるわけではない。大好きな虫取りでは時間を忘れて夢中になる子どもであっても，絵画や音楽には全く興味を示さず集中できないこともある。

領域固有
人間の知能を，社会文化や教育の文脈を考慮して多元化し，才能教育に大きな影響を与えた考え方のひとつが，ハワード・ガードナーの多重知能理論である。ガードナーは領域固有の才能・知能に注目し，八つの知能を提案している。① 言語的知能，② 論理数学的知能，③ 音楽的知能，④ 身体運動的知能，⑤ 空間的知能，⑥ 対人的知能，⑦ 内省的知能，⑧ 博物的知能。

　強い個性や高い能力を示す子どもについて調べると，こうした**領域固有**な才能観のほうがより実情に即していると思われる。得意科目や苦手科目があるのが普通であって，能力の偏りは，ある意味では，その子どもが特定分野に対して強い素質をもっている兆候かもしれない。

　才能ある幼児児童生徒は，心的な発達がアンバランスであったり，対人関係に困難を示したりすることも多い。興味のない分野で極端な学業不振になることもある。そのため，才能児の社会的・情緒的なサポートは重要な課題であり，才能教育研究の中心的な領域となっている。領域固有な才能観に立って子どもの才能を見いだし，伸長する教育を展開していく場合であっても，単純に特定分野の優秀な人材を選抜するというのではなく，個性の伸長や特別支援教育のひとつとして才能教育を考え，教育支援を行う視点が重要である。

(3) 才能教育の形態（拡充と早修）

　才能教育プログラムの形態は，大きく早修（acceleration）と拡充（enrichment）に分けることができる。早修は，より上位学年の学習内容を早期履修したり単位修得したりするものであり，飛び級，教科ごとの習熟度別教育，大学単位の早期取得や二重在籍などがあげられる。拡充は，通常クラスより学習内容を拡大・充実させて学習するものであり，課題研究やプロジェクト学習，サービス

ラーニング，土曜・夏期などの特別プログラム，各種コンテストなどが含まれる。

　筆者が訪問した米国のある公立学校の第8学年（日本の学年では中学2年に相当）「地球／宇宙」の理科授業では，「太陽系にある惑星を探る」という課題の下，惑星の交換カードを作成する活動が行われていた。惑星の軌道データやサイズ，構造，大気，公転周期，表面の特徴などといった基本情報を記入するだけでなく，生徒たちは各自が無線LANで接続されたノートパソコンを使ってインターネットで興味のある特徴について自由に調べていた。教室には参考図書として関連する大学レベルの本も用意されていた。

　拡充クラスとして，同じ学校の第6学年「時間を計ろう」プロジェクト授業では，生徒たちが，自分で時間を測定する方法を考え，実際に創作活動を行っていた。科学史の資料もたくさん用意されていた。砂時計のようなものを考える生徒や同じ砂時計でも砂の重さの変化で時間を計ろうとする生徒もいた。活動中には適宜，自分の考えや，作るものの設計図，その測定法などをパソコンなどで表現させ，発表させていた。この授業は，問題解決（50％），コミュニケーション（30％），協同（20％）の三つの点から評価が計画されていた。

2　「二重に特殊」な子どもたち

（1）才能と困難とを併せもつ子どもの特徴

　W.エレン[2]が才能児をめぐる神話の第一としてあげているのが，「才能児は何でもよくできる」というものである。才能児と認定されるような子どもたちであっても，すべての分野で卓越性を示す，完璧な子どもと思い込み，放っておいてよいわけでは決してない。子どもの才能が開花し，社会で活躍するように育っていくためには，適切で十分な支援が必要である。

　アインシュタインのように，歴史に名を馳せるような優れた能力を示すと同時に，現在であればLDやADHDといった発達障害の傾向を併せもっていた可能性が高い科学者もいる。「才能」と「困難」を併せもつ子どもは**二重に特殊な子ども**（2E）と呼ばれる。二重に特殊な子どもは，① 才能が見い出された後に困難な側面が見いだされるケース，② 困難な側面が見い出された後に才能が見いだされるケース，そして，③ 才能が困難を補っているため特徴がわかりづらいケースがある。

（2）「二重に特殊」な子どもを対象とした教育実践例

　筆者は，日本の小学生を対象に，学校理科教育の場面で利用できる，独自の理科才能行動観察チェックリストを開発した[3]。その項目の一部を次に示す。

二重に特殊な子ども（2E：twice/dual-exceptional children）才能（gifted）とLD，ADHDなどのようなひとつ以上の「困難」を併せもつ子ども。障害傾向の違いにより対応が異なることはあり得るが，重複しているケースが少なからずあるため，一般的な総称として「二重に特殊な子ども」とされる。

① 観察・実験の結果をわかりやすく伝える

② 理科で学んだ知識を素早く理解する

③ 観察・実験の結果から規則性や傾向を見いだす

④ 自然事象の原因と結果を結びつけて理解している

⑤ 学んだことを自分の言葉で表現する

⑥ 説得力のある理由づけを行う

⑦ 生物や鉱物などを器用に採集する

⑧ 身の回りの生物や鉱物などの名前をよく知っている

⑨ 人とは異なる自分の考えややりかたを気にせずに発表する

⑩ 失敗を気にせず思い切った観察・実験をする

　これらのチェックリストを用いて，通常児と特別支援傾向児とを対象に行動観察調査を行い，そこから「理科における一般的な有能性」「理科に関する身の回りの具体物に関する有能性」「理科における独創的な有能性」を抽出し，それらの高低バランスから「ひらめき型」「熟達者型」「勤勉型」の三つの才能スタイルを抽出した。

　①から⑥は「一般的な有用性」，⑦と⑧は「身の回りの具体物に関する有能性」，⑨と⑩は「独創的な有能性」の因子に含まれる行動特徴の例である。「ひらめき型」の才能スタイルに分類される子どもはほかの因子と比べて「独創的な有能性」の因子得点が高く，「勤勉型」の才能スタイルに分類される子どもは逆に「独創的な有能性」以外の二つの因子の得点が高い特徴をもつ。そして「熟達者型」の才能スタイルに分類される子どもは三つの因子得点すべてが高かった。「熟達者型」才能スタイルに含まれる子どもの割合について，両グループ間で有意な差はみられず，2E 傾向児が通常児グループの才能児と同程度存在する可能性が示されている。

　また筆者は，小学４年理科「もののあたたまり方」単元の授業を開発・実践し，抽出した一人の 2E 傾向児と定型発達児（同じクラス，性別で最も誕生日が近い任意の子ども）とを詳細に比較しながらその効果を分析した。そして，定型発達児以上に強い興味・関心を示して授業に参加し，豊富な背景知識を活かして深く，創造的に思考や表現を行う 2E 児の実態を明らかにした [4]。

　二つの研究成果より明らかになったことは，① 理科の授業を通して，教員が発達障害傾向のある子どもの才能行動を見いだしたり，伸長したりする（彼ら／彼女らにとってはそうした才能を発揮する）可能性が，定型発達児と同様に開かれていること，そして② 子どもたちの思考特性を教員が理解し，その特性を授業に活かすことができれば，発達障害傾向のある子どもと定型発達児とが理科をいっしょに学ぶことは互いにとって有益であり相乗効果が期待できることであった。才能教育の是非を観念的に議論するのではなく，実際に困って

教員養成にかかわる大学の授業科目としての才能教育
愛媛大学では，先駆的に 2011 年より教員免許状更新講習にて「才能ある子どもの個性や能力を伸長する教育」を開講してきた。2019 年より学部教育における授業科目としても４年次に「才能教育論」を開講している。

いる子どもを救う手立てを築いていく実証的な基礎研究と開発的な授業実践，建設的な提案の蓄積が求められる。そのためにも，**教員養成にかかわる大学の授業科目としての才能教育**にかかわる最新の内容を幅広く学ぶ機会が提供されることが望ましい。

3　才能児の特殊なニーズに応える教育支援へ向けて

才能児の特殊な個性や能力を見いだし，伸長していくためには，身体的・知的・情緒的・社会的に多様な教育機会を提供することが望ましい。本節で実践例として示した「理科」は，① 内容が多岐にわたること，② 観察実験やもの作りといった身体的で知的な活動が含まれること，③ 他教科との統合的な学習活動が可能であること，④ 実験室や野外における協同的な学習活動が可能であること，の4点から，現在の日本のフォーマルな学校教育カリキュラムであっても才能児のニーズに応じた教育実践に親和性が高いと思われる。これらはほかの教科学習を開発・実践する際にも有効な視点である。

次に，学校と家庭，社会との連携の重要さにも留意する必要がある。学校において同じくらいの年齢や経験の子どもたちといっしょに学ぶことの重要性はもちろんであるが，子ども一人ひとりの個性に応じた，時間的にも自由度の高い教育支援が可能という点で家庭でのサポートの意義は大きい。そして通常の学級や家庭では提供できないレベル・内容の教育支援や，興味・関心・能力が高い子どもたち同士による学校や地域を越えた交流は，才能児の知的好奇心を刺激し，切磋琢磨できる仲間のネットワークを構築する重要な機会となるであ

コラム　ジュニアドクター育成塾

国立研究開発法人科学技術振興機構は，スーパーサイエンスハイスクールや国際科学技術コンテストの支援，科学の甲子園，グローバルサイエンスキャンパス等の各種次世代人材育成事業を行っている。理数・情報等の分野において，小・中学校の義務教育段階から高い意欲や突出した能力を有する子どもが参加できる継続的・体系的な教育プログラムとして，「ジュニアドクター育成塾」がある。ジュニアドクター育成塾は2017年度にスタートし，現在，全国24の採択機関において特色あるプログラログラムが開発され，広く提供されている。

愛媛大学「科学イノベーションに挑戦する次世代リーダー科学者の養成」における活動の様子
—受動歩行ロボットの作成
（写真提供：愛媛大学教育学部大橋淳史准教授）

ろう。

　最後に，長期的な視座からの支援の重要性をあげる。幼い時期に突出した有能性を示していた子どもがドロップアウトすることもあれば，大器晩成といわれるように幼い時期には目立たなかった子どもが人生の中盤以降から頭角を現すケースもある。子どもは自分らしさを発揮し，その個性や能力の伸長を実感するときこそ達成感や充実感，自己効力感を覚えるものである。才能教育プログラムの普及は，長期的で大規模な分析から，国全体の質の高い底上げや低所得者層の子どもへの質の高い学習機会保障に効果があることが実証的に報告されている[5]。こうした才能教育の波及効果は特別支援教育対象児に対しても十分に期待できるはずである。才能ある子どもの特殊な能力や学習スタイルなどを積極的に認めて支援していくことによって，国全体の教育力の増強につながるという発想が重要である。学校・家庭・社会が互いの役割やターゲットを明確にしながら相補的に連携し，21世紀の日本の教育の高度化・多様化と質的向上を促進することが望まれる。

演習課題

1. 才能ある子どもの個性や能力の行動特徴を三つあげてみよう。そして，自分の同級生や自分が接した児童生徒で特に才能があると思われた子どもの特徴やエピソードをあげてみよう。
2. 才能ある子どもの個性や能力を伸長するための教育プログラムにおける「早修」と「拡充」の二つの形態に，フォーマルな学校教育とインフォーマルな学校外教育の観点を含めて，具体的な教育プログラムを分類してみよう。
3. 具体的な学年・単元の授業内容を選び，通常児，才能児，2E児のそれぞれを対象とする場合の授業方法の共通部分と差異部分を考えて整理してみよう。

引用文献

1) 杉山由美子：数学オリンピック選手を育てた母親たち，小学館, 2005.
2) エレン・ウィナー：才能を開花させる子供たち，NHK出版, 1998.
3) Sumida, M.：Identifying twice-exceptional children and three gifted styles in the Japanese primary science classroom, *International Journal of Science Education*, G(15), pp.2097-2111, 2010.
4) Sumida, M.：Meeting the needs of twice-exceptional children in the science classroom. In W. Sittiprapaporn (Ed.), Learning disabilities (pp.149-174). InTech Publisher, 2012.
5) College Board：The 10th Annual AP Report to the Nation, 2014.

⑧　帰国・外国人子女への配慮・支援

　さまざまな分野においてグローバル化が進む現代，子どもを取り巻く社会・教育環境の変化と多様性に目を向けると，特別支援教育が担う役割は確実に広がりをみせており，その意義を改めて確認させられる。かつて，「国際化」が叫ばれた時代，海外赴任後に帰国した家族の子女，すなわち「帰国子女」に対する教育的支援に関心が集まった。最近では，「グローバル化」というキーワードのもと，多様な言語・文化・教育を背景にもった外国籍の子ども，すなわち「外国人子女」に対する教育的配慮や支援が，日本人帰国子女に対するサポートとともに，喫緊の課題となっている。本節では，こうした帰国子女および外国人子女（以下，帰国・外国人児童生徒）に対する教育的配慮および支援について，統計データや関連法令を踏まえてまとめることにする。

1　統計データからみる現状

　文部科学省が2012年度から2年おきに実施している調査に「日本語指導が必要な児童生徒の受け入れ状況等に関する調査」がある。日本語指導が必要な日本国籍の児童生徒数は，2014年度が7,897人（49人），2016年度が9,612人（60人），2018年度が10,371人（52人）と増加の一途をたどっている。また，日本語指導が必要な外国籍の児童生徒数も同様に，2014年度から増加傾向にあり，2014年度が2万9,198人（177人），2016年度が3万4,335人（261人），2018年度が4万755人（277人）となっている。いずれもカッコ内の数字は，特別支援学校における人数を表しているが，こちらも増加傾向にあることがわかる。校種別で見るてみると，小学校が最も多く（日本国籍7,669人，外国籍2万6,316人），中学校を合わせると当該児童生徒（日本国籍9,740人および外国籍3万6,576人）のそれぞれ9割以上に達する結果となっており，教育におけるグローバル化の一面を見ることができる。

2　特別の教育課程

　上記のようなグローバル化の進展等に伴い，2014年4月1日から施行された「学校教育法施行規則の一部を改正する省令（平成26年文部科学省令第2号）」および「学校教育法施行規則第56条の2等の規定による特別の教育課程について定める件（平成26年文部科学省告示第1号）」では，日本の義務教育諸学校

において帰国・外国人児童生徒等に対する日本語指導の需要が高まっていることを踏まえ，当該児童生徒に対する日本語指導を一層充実させる観点から，当該児童生徒の在籍学級以外の教室で行われる指導について特別の教育課程を編成・実施することができるよう制度設計がなされた。

この特別の教育課程の編成・実施については，2014年に文部科学省より出された「学校教育法施行規則の一部を改正する省令等の施行について（通知）」において以下のように示されている。

学校教育法施行規則の一部を改正する省令等の施行について（通知）
(1) 特別の教育課程の編成・実施
　小学校，中学校，中等教育学校の前期課程又は特別支援学校の小学部若しくは中学部において，日本語に通じない児童又は生徒のうち，当該児童又は生徒の日本語を理解し，使用する能力に応じた特別の指導（以下「日本語の能力に応じた特別の指導」という。）を行う必要があるものを教育する場合には，文部科学大臣が別に定めるところにより，特別の教育課程によることができることとすること。
(2) 他の学校における指導
　特別の教育課程による場合においては，校長は，児童又は生徒が設置者の定めるところにより他の小学校，中学校，中等教育学校の前期課程又は特別支援学校の小学部若しくは中学部において受けた授業を，当該特別の教育課程に係る授業とみなすことができることとすること。

なお，この省令の前年度となる2013年度から文部科学省によって行われている「公立学校における帰国・外国人児童生徒に対するきめ細かな支援事業」（補助事業）を受託している各自治体の教育委員会には，当該児童生徒の支援についてさまざまな知見があるので，この特別の教育課程の実施にあたっては，十分に参考にしたいところである。

3　特別の教育課程における指導および時間数，実状

指導内容および授業時数については，前述の通知において，以下のように記されており，当該児童生徒の特性に合わせた柔軟な実施はが可能となっている。

学校教育法施行規則の一部を改正する省令等の施行について（通知）
　（1）指導内容
　　日本語の能力に応じた特別の指導は，児童又は生徒が日本語を用いて学校生活を営むとともに，学習に取り組むことができるようにすることを目的とする指導とすること。
　（2）授業時数
　　日本語の能力に応じた特別の指導に係る授業時数は，年間 10 単位時間から 280 単位時間までを標準とすること。また，当該指導に加え，学校教育法施行規則第 140 条の規定による特別の教育課程について定める件（平成 5 年文部省告示第 7 号）に定める障害に応じた特別の指導を行う場合は，2 種類の指導の授業時数の合計がおおむね年間 280 単位時間以内とすること。

　ただし，日本語指導にかかわる授業時数は，当該児童生徒の実態を踏まえて，特別の必要がある場合には，年間 280 単位時間を超えて指導することを妨げるものではないことが，別途記載されている。当該指導に加え，障害に応じた特別の指導を行う場合の 2 種類の指導の授業時数の合計についても同様であるとされており，授業の実施にあたっては，児童生徒の実態を踏まえ，初期段階における集中的な指導や週あたりの授業時間の段階的な設定など，弾力的な運用が可能であることが付記されている。

　この「特別の教育課程」による日本語指導を受けている児童生徒の割合および数であるが，2016 年度でみると，外国籍の児童生徒 3 万 4,335 人に対して，1 万 1,251 人と，その割合は，42.6％である。また日本国籍児童生徒では，9,612 人に対して，2,767 名と，その割合は，38.8％である。なお，いわゆる「日本語基礎」と呼ばれる日本語指導等特別な指導については，7 割を超える児童生徒が日本語の文字や表記，語彙，文法，学校への適応や教科学習に参加するための基礎的な力をつけるためにこうした授業を受けている。

　特別の教育課程による指導が，外国籍あるいは日本国籍児童生徒の 5 割に満たない点に関し，その理由については，次のように報告されている。具体的な理由の中から，上位三つを取り上げると，「日本語と教科の統合的指導を行う担当教員がいないため（3,830 校）」，「日本語と教科の統合的指導の方法がわからなかったり，教材がなかったりするため（2,202 校）」，「特別の教育課程で行うための教育課程の編成が困難であるため（2,683 校）」となっている。これは，特別の教育課程による指導は，単なる日本語の指導に加えて，他教科との統合的な指導，いわゆる**内容言語統合型学習**（content and language integrated learning：CLIL）指導が要求されるため，こうした指導法についての知識や理解が必要となるからである。例えば，算数における「文章題」などにおいては，問題内容の意図が，当該児童にわかるように国語と日本語基礎との教科指導をうまく組み合わせて，他教科との統合型の指導が必要となるということである。

内容言語統合型学習
多言語・国家が隣接するヨーロッパ諸国において主に用いられている学習方法。教科学習に英語を取り入れることによって，教科学習と英語学習の内容理解を相互に深める学習プロセスを意味する。各教科の内容を目標言語（日本語）でも理解できるようになるだけでなく，目標言語学習に対する意欲を高めるといった効果も期待できる。

215

　　　法令上，日本語指導担当教員は，教員免許を有する教員であり，日本語指導を受ける児童生徒の指導の中心となって，必要な場合は指導補助者と共に，当該児童生徒の実態の把握，指導計画の作成，日本語指導および学習評価を行うことが求められている。よって，日本語指導を受ける児童生徒が在学する学校は，個々の児童生徒の日本語の能力や学校生活への適応状況を含めた生活・学習の状況，学習への姿勢・態度等の多面的な把握に基づき，指導の目標および指導内容を明確にした指導計画を作成・学習評価を行うことが必要となっている。充実した指導を行うためにも特別の教育課程の実施にあたっては，評価を見据えた指導計画の策定と指導法の研修・開発が今後の課題となろう。

4　特別の教育課程における留意事項

　　　特別の教育課程での日本語指導では，前述の通知において，特段の留意・配慮事項が付記されている。

学校教育法施行規則の一部を改正する省令等の施行について（通知）
　1　特別の教育課程の指導内容等について
　日本語の能力に応じた特別の指導には，当該児童生徒の日本語の能力を高める指導のみならず，当該児童生徒の日本語の能力に応じて行う各教科等の指導も含むものであること。その場合の各教科等の指導内容は，当該児童生徒の在籍する学年の教育課程に必ずしもとらわれることなく，当該児童生徒の学習到達度に応じた適切な内容とすること。なお，当該児童生徒の受け入れに当たっては在籍させる学年については，必ずしもその年齢にとらわれることなく，必要に応じて相当の下学年に在籍させることについても配慮すること。

（一部文言省略）

　　　さらに，特別の教育課程の対象となる児童生徒については，十分なアセスメントが必要であることも，配慮事項として記されている。

学校教育法施行規則の一部を改正する省令等の施行について（通知）
　2　特別の教育課程の対象となる児童生徒について
　(1) 日本語指導の対象となる「日本語に通じない」児童生徒とは，海外から帰国した児童生徒や外国人児童生徒，その他主たる家庭内言語が外国語であるなど日本語以外を使用する生活歴がある児童生徒のうち，学校生活を送るとともに教科等の学習活動に取り組むために必要な日本語の能力が十分でないものを指すものとすること。
　(2) 日本語指導の対象とすることが適当な児童生徒の判断は学校長の責任の下で行うこととし，その際，主たる指導者を始めとする複数人により，児童生徒の実態を多面的な観点から把握・測定した結果を参考とすることが望ましいこと。（一部文言省略）

---

5 アセスメント

　こうした児童生徒はどのようにその対象であると判断されているのだろうか。2014年度に文部科学省は，帰国・外国人児童生徒の総合的な学習支援事業の成果として，帰国・外国人児童生徒のためのJSL対話型アセスメント（dialogic language assessment for Japanese as a second language：DLA）を開発・発行している。このアセスメントは，特に帰国・外国人児童生徒の日本語能力測定法を開発するうえでの諸課題を念頭に作成されている。日本での生活が1〜2年もたつと，日常生活では流暢な日本語を使用することができるようになるとの報告がある一方で，教科学習になると，日本語能力を含めて，困難を呈することがあるといわれている。これは，日常生活と教科学習では，求められている日本語能力が異なるからであり，学習のための日本語（Japanese for academic purpose）の指導が必要であるからといえる。特に，教科学習では，書き言葉としての日本語能力に加え，各教科で使われる専門用語のほか，既有知識・既習事項としての背景知識など，学習のための日本語の習得が不可欠となるということである。

　このDLAにおいては，① 会話の流暢度，② 弁別的言語能力，さらに③ 教科学習言語能力の三つの能力の測定を，単なる筆記試験ではなく，マンツーマンによる対話型での評価を試みている。① の会話の流暢度とは，場面依存度の高いコンテクストにおける会話力を意味しており，学校での日常生活という限定的な環境での会話力を確かめる評価項目となっている。② の弁別的言語能力は，言語の音韻要素についての識別能力を意味しており，言語そのものについての抽象的，形式的な側面についての理解を確かめる評価項目となっている。③ の教科学習言語能力は，任意の教科にそった学習場面に強く依存する言語能力を意味しており，各教科についての基礎的な知識とそれを活用する知的作業・認知能力，すなわちアカデミック・リテラシー力を確かめる評価項目となっている。

　日本語の学習内容を，その到達度として評価する従来の日本語能力試験と比べて，教科学習を踏まえた日本での学校生活における児童生徒の支援の見通しを立てることを目的として開発されたDLAは，その後の指導方針を決めるアセスメントに特化していることを踏まえると，その結果から得られる情報は，当該児童生徒への教育上の配慮や支援のための重要な基盤となるといえよう。

6 今後の課題

　帰国・外国人児童生徒への学習支援を中心にまとめてきたが，日本語支援および教科学習支援のほか，今回扱うことができなかった学校生活への適応に対

するサポート（学校適応支援）も重要な課題である。子どもの個別性ともかかわり，文化的不均衡状態への対処の支援やアイデンティティ（文化的帰属意識）形成に対する支援といった発達段階に合わせた教育的サポート体制の構築が必要となるが，そのあり方は多岐にわたる。「インクルーシブ」や「ユニバーサルデザイン」というキーワードがあるが，個別性の高い教育的ニーズに，そうした概念をどう組み入れることができるのか，熟慮する必要がある。特別支援学級および特別支援学校におけるニーズも増加していることを考えると，「言葉」にかかわる早期のアセスメントと学校適応支援体制の構築が今後の重要な課題となろう。

演習課題

1. 文化的・宗教的・言語的・教育的背景が多種多様に異なる帰国・外国人子女に対して行う教育において，その効果を高めるためには，どのようなアセスメントを行う必要があるか説明してみよう。
2. 帰国・外国人児童生徒のための JSL 対話型アセスメント（DLA）で測定できる項目をあげて，その内容を説明してみよう。

参考文献

・文部科学省初等中等教育局国際教育課：日本語指導が必要な児童生徒の受入状況等に関する調査（平成 28 年度）の結果について，2017.
・文部科学省初等中等教育局国際教育課：外国人児童生徒のための JSL 対話型アセスメント，2014.

 特別支援学級における外国語活動・小学校英語

　2017 年 3 月に告示された小学校学習指導要領の実施に伴い，2020 年度から，これまで小学校の高学年（5, 6 年生）を対象として行われていた「外国語活動」が中学年（3，4 年生）に前倒しとなり，外国語科（英語）が高学年から開始されることになった。この改訂は，小学校から英語を教科として学ぶという，日本における外国語教育の大転換を意味する。従前の外国語活動は，教科ではないため，いわゆる観点別の段階評価はなされてはいなかった。活動中，外国語に慣れ親しんでいる様子が，学期末の通知表に記述されていたのみである。ところが，教科化されることで，高学年においては，通知表に観点別の段階的な評価がなされることになる。さらに，高学年の外国語科（英語）では，文字指導が導入される。

特別支援学級や特別支援学校に通う子どもも英語を学ぶことになるのだが，実施に際しては，どのようなことに留意すべきだろうか。本節では，外国語活動および外国語科（英語）について，**アクティビティ開発**に際しての方針や授業中の手だてなど，これまで報告されている実践事例を踏まえながらまとめることにする。

アクティビティ開発
歌やゲームなど英語での活動を子どもの興味や関心に合わせて調整したり，オリジナルの活動をつくったりすること。

1　外国語活動

　特別支援学級で外国語活動を行う際の留意点に，特別支援学校小学部・中学部学習指導要領（以下，特支小中学習指導要領）に記載されている指針があり，「1　児童の障害の状態等に応じて，指導内容を適切に精選するとともに，その重点の置き方等を工夫すること」，「2　指導に当たっては，自立活動における指導との密接な関係を保ち，学習効果を一層高められるようにすること」と記載されている。特別支援学級における外国語活動では，自立活動と接点のある活動を取り入れ，特に，自立活動として特支小中学習指導要領に明記されている「六つの区分」のうち，「人間関係の形成」と「身体の動き」，「コミュニケーション」の三つと関連をもたせたアクティビティ開発と指導が重要になる。

　特別支援学級において，子どもの授業への参加を促進し，学習を保障するためには，個々の障害に応じた工夫が必要となる。発達障害においては，知的障害や肢体不自由などと比較すると個別性の高さから，支援のポイントが見えにくいため，教員は子どもの得意・不得意を十分把握したうえで，活動計画を組む必要がある。外国語活動の目標である「コミュニケーション能力の素地を養うこと」は，実は，こうした子どもへの支援における中心的課題とも重なるといえる。文化や社会についての関心を高め，言葉の役割について気づきを促すことで，外国語学習を超え日常生活に般化されるような社会性の能力が養われるよう，幅広い柔軟性のあるゴールを見据えた授業づくりが望まれる。特に，中学年で実施される外国語活動では，ほかの教科科目よりもほかの子どもとのかかわりが多いアクティビティを選ぶことができる。例えば，協力行動によってゴールが達成されるようなゲームや，歌や寸劇などが考えられる。自分の気持ちを表現したり，相手に伝わるように話したりする機会を設けることも，自己や他者の心に気づきにくい子どもにとっては効果的な活動となろう。

2　学習支援の事例

　まず，ICT教材がもつ利点を効果的に活用した事例を紹介する。久保ほか[1]は，英語の絵本の読み聞かせや英語のクイズ（missing game）をパソコンと電子黒板を使って行うことで，集中力や理解度の向上を図った。板書や紙媒体な

マルチモダル
視覚と聴覚あるいは音声認識など複数の感覚によって行う操作。

ど従来の教材を ICT 教材に変える具体的な利点として，① 強調したい情報を明示化する操作が自由にできること，② 音声やタッチ操作などマルチモダルな入出力を行えること，③ 他者との情報共有がなされやすいこと，があげられる。

　特別支援学級に在籍する子どもが抱える難しさとして，情報処理の偏り，限局的な集中や興味，社会活動の困難，身体運動のぎこちなさ，といった特徴があげられるが，こうした ICT 教材の利点が，これらの問題にうまく対応できたといえる。しかしながら，魅力的な素材であるがゆえに，活動が単なるテレビゲームにならないよう，対人的・動的な要素を組み込むことが大切である。

　発展的には，コミュニケーション支援を目的として，適切なスイッチを押すことで，そのスイッチに対応した録音音声を再生する支援機器（音声出力型携帯会話補助装置：VOCA）を使い，音声での表出が困難な人への指導・支援を行う方法がある。拡大代替コミュニケーション（AAC）という考えに基づき，対人的・動的要素を取り入れることで支援の幅も広がるといえよう（第3章4節，7節参照）。

ソーシャル・スキル・トレーニング
社会生活においてさまざまな人びととのかかわり合いにおいて生じるコミュニケーションや生活上の所作をスムーズに行えるよう訓練すること。

　次に，ソーシャル・スキル・トレーニング（social skill training：SST）の手順と，英語学習の基本ステップとの間に共通点を見いだし，外国語の運用のみならず，社会的技能も同時に習得することを目ざした授業づくりを紹介する。塚田ほか[2]は，子どもが好む歌やリズムを取り入れるなど，感情理解や表出等の苦手なテーマにも入りやすくする工夫を施し，感情表現を学ぶ活動を行った。シンボルやマーク等の比較的単純な視覚情報の処理を得意とする子どもには，写真を取り入れた教材を作成した（図4-22）。このような単純なイラストから，実際の表情やしぐさへとスモール・ステップで段階的に示し，さらには

図 4-22　英単語happyを表すスライド例

表出を促し体感させることにより，学んだ知識の一般化へと導く学びのステップをていねいに示すことができたと報告している。

　また，ルールに従えない子どもの参加意欲を高めるよう，例えば，フルーツバスケットで従来「負け」とされてきたポジションに，特別な役割，それもゲームによって他者を楽しませるといった向社会的な役割を付与することで，ゲームに対する子どものモチベーションを高めるだけでなく，勝ち負けや競い合いではない形でのほかの子どもとのかかわりの場を設けることができたとも報告している。このように意味づけを変えることで，他者とのかかわりのハードルを下げ，交流の機会を増やす試みは，英語への慣れ親しみを超えて，日常生活に必要なソーシャル・スキルの獲得に寄与する実践といえる。

3　インクルーシブ教育に向けて

　2016年度から施行された障害を理由とする差別の解消の推進に関する法律に基づき，今後は通常の学級においてもインクルーシブ教育の推進が求められることを踏まえると，交流学習および合同学級での積極的な実践を考えたい。交流学習の利点としては，特別支援学級の在籍児が通常学級と接点をもてることだけでなく，通常学級の子どもが，特別な認知特性をもった他者の存在に気づく機会を得ることにある。発達障害のある子どもは，他者だけでなく自己の内的状態を把握することが難しく，またその困難は基本的には恒久的な支援を要する。当人だけに感情理解を求めるのではなく，周囲が感情表現や理解を苦手とする仲間への理解を深め，より伝わりやすいコミュニケーションを考案する場を設けることも，相互理解の面で重要となろう。

　次に，知的障害，病弱・身体虚弱，肢体不自由という，相互に非常に異なる特性を抱え，また異学年の子どもたちがいっしょに学習する，合同学級での活動も検討したい。授業のユニバーサルデザインを目ざすうえで，最も重要なことは，「多様性の許容」にあると考えられ，ユニバーサルデザイン化の第一歩は，子ども一人ひとりのバリアフリーを実現する取り組み（長所活用，感覚代行等）を積み重ねることといえよう。まずは子どもの特性を的確に理解することが必要不可欠であり，特別支援教育担当教員や専門家等との連携（知能検査等のアセスメントを含めた情報共有など）が重要になる。

　一方，現実問題として，ひとつの授業時間内に，多様なニーズに対応した複数の合理的配慮（指導・支援法）を提供できないこともある。当然のことながら，担任教員一人がすべてを把握・実践しようとすることには限界がある。**チーム・ティーチング**や特別支援教育支援員，ボランティア等を活用しつつ，持続可能な配慮・支援を目ざしたい。

チーム・ティーチング
複数の教員がチームとなり，子どもの教育に責任をもってあたる協力型の学習形態。

4 　小学校英語

　文字指導の導入に対応すべく，留意しなければならない点として，二つのポイントがあげられる。ひとつは，語彙の習得にかかわることであり，もうひとつは，文字を扱うことで浮き彫りとなる文法操作に対する手だて・支援のあり方である。

　語彙習得に関しては，文字情報としてのアルファベットの並びであるスペリングと，その音声表出および理解に焦点がおかれる。具体的には，音韻情報の処理に困難を抱える，学習障害のひとつである「ディスレクシア」の子どもにとって，音素の聞き分けや音節の区切りといった音韻操作に支障をきたすことが予測される。アルファベットの綴りに見いだされる関係性（フォニックス）を利用した音声指導もあるが，小学校英語で，どこまで音韻構造について，特別な教育的支援が必要な子どもに対して分析的に指導できるか検討する必要があろう。

　文法指導に関しては，語順や過去形といったこれまで中学校で習い始めていた基礎的な統語構造についての理解に焦点がおかれる。小学校英語においては到達度の測定に高校・大学受験で求められるような筆記テストが推奨されているわけではない。しかし，文構造についての理解が，その後の複雑な統語構造の理解の基盤となることを踏まえると，小学校英語でのつまずきが，その英語の学習に大きな影響を及ぼしかねないことは推察できる。この点については，「**特異性言語障害**（specific language impairment：SLI）」の子どもに対する支援があげられる。ディスレクシアの子どもが年齢に応じて文法規則の習得もある程度可能であるという報告がある一方，SLI の子どもは，その習得が困難であるというのが，相違点である。両者とも読み書きに苦労することが指摘されているが，この違いが顕著であるというのが特徴であるということを念頭に，授業での手だてや支援方法を検討したい。

特異性言語障害
感覚障害（視覚・聴覚等）や知識障害，言語発声器官等に障害がみられないにもかかわらず，言語操作（特に文法法則の獲得と理解）に困難さを示す障害。

5 　支援の方針と今後の課題

　発達障害やディスレクシア，SLI などの学習障害のある子どもの症状は外見から理解されにくいため，個人差や特性は，さまざまな角度からのアセスメントが必要である。複数の言語・情報媒体を併用することで，情報の伝達と受信の幅を広げたり，視覚的な手がかりをより明確にすることで，学びの質を保つ工夫（手がかり）が必要となる。苦手なことには手だてを考え，得意なことはより伸ばせるような工夫を検討したい。個人により特徴はさまざまであるが，異なる特性を広くカバーし，子どもが達成感や自己肯定感を高められるよう工夫を施すことは，特別支援学級のみならず，通常学級においても有効な授業デ

ザインとなろう。

　例えば，理解支援という点では，情報伝達をスムーズにできるよう，視覚を主として，そのほかの認知処理に負荷をかけず，「板書中には話さない」といった配慮についても積極的な視覚教材の利用があげられる。また，黒板やスライドに文字を書き記す際は，文法項目を色分けすることで，口頭での説明を補い，理解を促す。さらに，絵や写真のほか，数を教える際には，果物などの実物を呈示するなど，視覚優位な（音声等よりも視覚的情報が処理しやすい）子どもに向けて，絵や文字，シンボルなどを使用したい。なお，実際のコミュニケーションの場面では，声色などの聴覚的手がかりや文脈情報などが，意思疎通に重要な材料となることもあるため，さまざまな情報を複合的にとらえられるように，子どもの到達度に応じて情報の複雑さを調整することも重要である（図4-23）。

　また，発話支援については，英会話の授業中，パソコンを使って「**チャット**」で行うなど，教授内容のレベルを下げることなく，効果的に支援を行っている事例もある。なお，2020年度から施行された学習指導要領においては，小学校へのプログラミング教育が実施された。プログラミング言語は英語のアルファベットが使用されており，当然その入力はパソコンを用いている。一方，小学校英語では，英単語を手書きで行うことが，デフォルトの指導となっているが，文字の指導をパソコンで行うなど，プログラミング教育と並行して，教科を超えた試みがあってもよいのではないだろうか。文字の導入が，あくまでも慣れ親しみ程度ならば，そうした対応も可能ではないだろうか。

チャット
インターネットを使い，任意のアプリケーションを利用したオンライン上のリアルタイムコミュニケーション。

図4-23　特別支援学級での外国語活動の一場面①
外国語活動では，口頭表現による英語への慣れ親しみがねらいであるので，机を使わずに，英語の歌を歌ったり，ダンスを取り入れたりするなど，身体を使った表現の場の設定を心がけたい。

図 4−24　特別支援学級での外国語活動の一場面②
英語の音声や表現に慣れ親しめるように，文字の大きさや，図・絵にはシンプルで
わかりやすいものを選んでいる。

　特別支援学級の子どもの特性はさまざまで，個別の支援計画も目標も異なる。
教員の力量に左右されることなく，子どもの理解度が個別に把握できるよう，
個別目標と活動内容とに一貫性のあるアセスメントや行動評価のチェックリス
トがあれば，教員の負担も軽減されるかもしれない。子どもが自分自身で得意・
不得意に気づき，苦手な点には達成度が目で見てとれるようなリフレクション
の機会は大切であるが，「できない」ことに対する葛藤を抱えがちな子どもが
自分をみつめ自己肯定感を高められるよう達成感を味わう機会を増やし，「自
分もできる」という効力感を高めることで，日常生活場面でのコミュニケーショ
ンにおいても他者からの肯定的印象を受けることにつながるのではないだろう
か。外国語にふれることで，母語である日本語でのコミュニケーションの質が
高められるように学習支援方法を考えたいものである（図4−24）。

演習課題

1. ICT 教材を活用することで可能な支援を，いくつか例をあげて説明してみよう。
2. 小学校英語における文字指導に際しての留意点や支援のポイントを，いくつか
   例をあげて説明してみよう。

引用文献

1）久保稔・金森強・中山晃：ICT を利用した特別支援学級における外国語活動，
　 JES Journal, 12, pp.4-18, 2012.
2）塚田初美・吉田広毅・中山晃：ソーシャル・スキル・トレーニング（SST）を
　 導入した特別支援学級での外国語活動，JES Journal, 13, pp.4-19, 2013.

索引

227

〔シリーズ監修者〕

花熊　曉（はなくま　さとる）　一般社団法人特別支援教育士資格認定協会　理事長

苅田知則（かりた　とものり）　愛媛大学教育学部　教授
　　　　　　　　　　　　　　愛媛大学教育学部附属インクルーシブ教育センター　センター長

笠井新一郎（かさい　しんいちろう）　宇高耳鼻咽喉科医院　言語聴覚士

川住隆一（かわすみ　りゅういち）　元東北福祉大学教育学部　教授

宇高二良（うだか　じろう）　宇高耳鼻咽喉科医院　院長

〔編著者〕　　　　　　　　　　　　　　　　　　　　　〔執筆分担〕

花熊　曉（はなくま　さとる）　前掲　　　　　第1章1・2，第2章2，第3章6，第4章1

川住隆一（かわすみ　りゅういち）　前掲

苅田知則（かりた　とものり）　前掲　　　　　第1章3，第3章7，第4章3・4

〔著　者〕（五十音順）

伊勢本　大（いせもと　だい）　松山大学経営学部　准教授　　　　　　　　　第4章3

小野啓子（おの　けいこ）　愛媛大学教育学部　講師　　　　　　　　　　　第2章5

樫木暢子（かしき　ながこ）　愛媛大学大学院教育学研究科　教授　　　　　　第2章3，第3章4，第4章6

加藤哲則（かとう　あきのり）　愛媛大学教育学部　教授　　　　　　　　　　第1章4，第2章3・4，第3章2

加藤公史（かとう　こうじ）　元愛媛大学教育学部附属特別支援学校　教諭　　第2章6，第3章3

河合隆平（かわい　りゅうへい）　東京都立大学人文社会学部　准教授　　　　第2章1

下川和洋（しもかわ　かずひろ）　NPO法人地域ケアさぽーと研究所　理事　　第4章5

隅田　学（すみだ　まなぶ）　愛媛大学教育学部　教授　　　　　　　　　　第4章7

高木　尚（たかぎ　ひさし）　日本福祉大学子ども発達学部　招聘教授　　　　第3章8

中野広輔（なかの　こうすけ）　愛媛大学教育学部　教授　　　　　　　　　　第3章5，第4章6

中山　晃（なかやま　あきら）　愛媛大学英語教育センター　教授　　　　　　第4章8・9

布川清彦（ぬのかわ　きよひこ）　東京国際大学人間社会学部　教授　　　　　第3章1

平林ルミ（ひらばやし　ルミ）　学びプラネット合同会社　代表社員／東京　　第4章2
　　　　　　　　　　　　　　大学教育学研究科附属バリアフリー教育開
　　　　　　　　　　　　　　発研究センター

特別支援教育免許シリーズ
特別支援教育概論

2020年（令和2年）1月10日　　初 版 発 行
2024年（令和6年）2月15日　　第3刷発行

編著者　花　熊　　　曉
　　　　川　住　隆　一
　　　　苅　田　知　則
発行者　筑　紫　和　男
発行所　株式会社 建 帛 社
　　　　　　　 KENPAKUSHA

〒112-0011 東京都文京区千石4丁目2番15号
TEL（03）3944-2611
FAX（03）3946-4377
https://www.kenpakusha.co.jp/

ISBN 978-4-7679-2122-8　C3037　　さくら工芸社／亜細亜印刷／常川製本
©花熊・川住・苅田ほか, 2020.　　　　　　　　　Printed in Japan
（定価はカバーに表示してあります）